普通高等教育"十一五"国家级规划教材
"十一五"规划高等学校核心课程教材

信息检索教程

马文峰　著

国家图书馆出版社

图书在版编目(CIP)数据

信息检索教程/马文峰著. —北京:国家图书馆出版社,2009. 2
ISBN 978-7-5013-3969-3

Ⅰ. 信… Ⅱ. 马… Ⅲ. 情报检索—教材 Ⅳ. G252. 7

中国版本图书馆 CIP 数据核字(2009)第 006869 号

书名 信息检索教程
著者 马文峰 著

出版 国家图书馆出版社 (100034 北京西城区文津街 7 号)
发行 010-66139745 66151313 66175620 66126153
66174391(传真) 66126156(门市部)
E-mail cbs@nlc. gov. cn(投稿) btsfxb@nlc. gov. cn(邮购)
Website www. nlcpress. com
经销 新华书店
印刷 河北三河弘翰印务有限公司

开本 787×1092 毫米 1/16
印张 13. 25
版次 2009 年 2 月第 1 版 2009 年 2 月第 1 次印刷
字数 300(千字)

书号 ISBN 978-7-5013-3969-3
定价 36. 00 元

目 录

前　言

21世纪以来，信息检索的理论与实践有了长足的发展，主要体现在：随着信息环境的变化，获取信息的途径和手段发生根本变革；信息检索技术日渐成熟并不断应用于实践，促进信息检索水平和效益的提高；在实践的基础上，学术界积极开展理论研究，出版发表了相当数量的教材、专著和论文。与此同时，信息检索也显示出一些新的特征：各种类型的数据库逐渐替代印刷型工具书，成为主流的检索工具；计算机检索和手工检索、文科信息检索和科技信息检索的理论、方法与技术逐渐融合。

本书参考了国内外大量研究成果、相关资料和检索系统，将信息检索的全过程作为研究对象，从理论和实践两个层面阐述了信息检索的机理、方法、技术与应用，力图做到内容全面、系统、新颖、深入和实用。

本书分为文字和光盘两部分。

文字内容分为13章。

1至5章是基本理论部分。第1章、第2章论述了信息检索的基本概念、基本原理和基本方法。第3章、第4章、第5章分别概述了三大检索系统——工具书、数据库、搜索引擎的原理、结构、类型与功能，揭示它们产生、演变与发展的历史，使读者对信息检索基础知识和不同类型的检索工具有个整体性了解，以指导对各类检索工具的利用。

6章至12章是实践部分。主要介绍各类学术信息源——图书、期刊论文、学位论文、会议论文、报纸文章、术语信息、事实数值信息、专利与标准、网络学术资源的检索与利用。鉴于数据库是目前各类信息获取的主要途径，所以在实践部分，侧重介绍检索各类信息的重要数据库，内容包括收录范围、检索方式和检索规则等，同时介绍与之对应的重要、常用的印刷型检索工具，并列举出检索该类信息的其他数据库的基本情况；对于目前无法完全通过数据库获得的信息，则以介绍工具书为主。

13章主要阐述如何在信息检索理论与实践的基础上，设计并撰写出一篇有价值的、规范的学术论文，重点说明学术论文设计与撰写过程中需要注意的一些主要问题，以及应该遵循的学术规范。

光盘内容分为31部分。主要包括各类手工工具书介绍及相关图片，各类数据库的主要检索界面，以及文字部分相关内容的补充。

信息检索的理论与实践中尚有许多值得深入探讨的问题，因时间和学识所限，难免有缺漏错误，恳请读者赐教。

国家图书馆出版社的金丽萍女士和责任编辑王涛先生为本书的编辑出版付出辛勤的劳动，在此深致谢意。

作　者

2008年6月于中国人民大学

第1章　信息检索概述

1.1　信息与信息检索

1.1.1　信息与文献信息

1.1.1.1　信息

(1)信息的含义

信息一直是被多学科、多领域研究的一个基本问题。由于信息涉及的领域广、内容丰富，人们的研究点不同，对信息的界定也不尽相同。但一般可以概括为广义和狭义两种表述。

• 广义的信息概念。广义的信息指的是事物运动的状态与方式。这一定义中"事物"泛指一切可能研究的对象，包括外部世界的物质客体，也包括主观世界的精神现象；"运动"泛指一切意义上的变化，包括机械运动、物理运动、化学运动、生物运动、思维运动等；"运动方式"是指事物运动在时间上所呈现的过程和规律；"运动状态"则是事物运动在空间上所展示的态势。广义的信息概念实际上是哲学意义上的信息的定义，其特征是不受任何条件的约束，不以人的意志为转移，具有最广泛的适应性和高度的抽象性及概括性。

• 狭义的信息概念。狭义的信息概念主要指进入认识领域和传播领域，可以被理解或被接受的消息、情报、知识、事实、数据等。这一定义包括以下要点：其一，信息是指已被人类认识、理解、开发利用的信息。自然界、人类社会时时会生成信息，但未进入人的认识领域、未被使用的就不能被看做信息。其二，信息是认识过程中不确定性的消除或减少。信息的作用是消除信息接受者认识过程中不确定性，即消除了他对某种情况的不了解状态，这就是信息论的奠基人香农认为的"信息就是不定性的排除"。

综上，可以将信息概括为：信息是物质的一种属性，是客观事物的存在方式或运动状态的表征与反映；就其存在领域而言，信息包括自然信息和社会信息两大类，自然信息是在自然界中传递的信息，社会信息是在社会领域内流通的信息；信息必须通过主体的认识才能被反映和揭示，信息必须通过一定的方法加以表示才能得以传播。本书所讲的信息主要指在社会领域中流通的、经过主体认知并以一定方式表示及传播的信息。

(2)信息的类型

信息可按多种形式划分。按人类对信息的认识逻辑层次，信息可划分为语法信息、语义信息和语用信息。三者是密切相关、互为作用的，反映了人们从语法、语义到语用的这一逐步深化的认识顺序和认识过程。

• 语法信息。语法信息是指主体对事物运动状态和方式的直观描述，表现为一连串的符号或语言，并不涉及信息的内容解释和实际效用。语法信息是最基本和最简单的信息层次。

• 语义信息。语义信息指主体对事物运动状态和方式含义的逻辑表述，也即是说要揭示信息内容真实而准确的含义，研究这些含义的表达方法。语义信息以语法信息为基础，它是从内容角度反映信息特征。

•语用信息。语用信息即主体事物运动状态和方式含义的逻辑表述不仅要反映事物的运动状态和方式，而且要揭示其对人类的价值和效用。语用信息反映信息的功能与效用，通常说某种信息“有价值”、“有用”等，即是对信息的语用性的判断。语用信息以语法信息、语义信息为基础，是最复杂的信息层次。

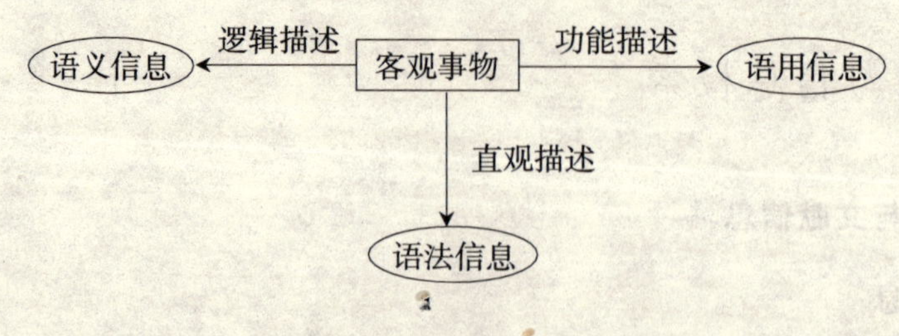

图 1-1　信息的逻辑层次

(3)信息的特征

信息具有多种特征，主要有以下几点：

1)寄载性。各种信息必须借助于各类物质形式的载体(文字、图像、胶片、磁带、磁盘、声波、电波、光波等)才能够表现，才能够被接受和共享。从某种意义上说，没有载体就没有信息。多媒体信息是各种形式信息的综合表现，它集声音、文字、图像于一身，使多种类型的信息得以集中表现。

2)可传递性。可传递性指信息可通过一定的渠道进行传输。信息传输即信息由信源(信息发送者)经信道传递至信宿(信息接受者)的交流过程。传输包括空间和时间上的传输。空间传输即信息的利用不受地域的限制，能由此及彼；时间传输即信息的传递不受时间限制，可以由古及今，信息的积累就是一种时间传输。信息在时空中交流与传输才能为人们所共享。

3)可处理性。可处理性是指信息可通过一定的方式进行加工与处理。如可以根据需求对信息进行分类、标引、组织等有序化处理；可以对信息进行筛选、浓缩、概括，以形成内容具有完整性、准确性、针对性、精炼性的信息；经过处理的信息可以被检索与利用。信息处理可以提高信息的可利用性。

4)可转换性。可转换性是指信息可利用一定的技术进行形式和内容的重新变更。如可以进行格式化转换，可复制、编辑、修改、更新，可移动存储位置等，使信息从一种形态转变为另一种形态。信息转换扩展了信息的获取与利用范围。

5)价值性。存储在某种物质载体上的信息经过加工处理或转换，就是一种资源，具有效用性。信息价值性的核心是信息可以被提炼为知识。知识是抽象化、系统化、理论化的信息，知识的主要功能是能够产生新的信息，信息既是知识的原料又是知识的载体。没有信息，就不会形成知识。信息不形成知识，就缺乏长期使用价值。

6)共享性。信息作为一种资源，可以由不同个体或群体在同一时间或不同时间共同享用。这是因为，信息传递与实物传递有本质区别，实物传递，一方有所得，必使另一方有所失。一个苹果两人分享，一人可得半个；四人分享，每人所得只有四分之一。而信息传递，不会因一方拥有而另一方失去知和用的可能，也不会因使用次数的累增而耗损信息内容。相反，信息可共享的特点，使信息资源能够发挥最大的价值效应，同时信息的共享性还使信息能够再生，并且使其增值。

1.1.1.2　文献信息

(1)文献的含义

文献一词,在我国首见于《论语·八佾》:"子曰:夏礼,吾能言之,杞不足征也;殷礼,吾能言之,宋不足征也。文献不足故也。足,则吾能征之矣。"大意是,孔子能讲解夏、殷的典章制度,但杞、宋两国的典章制度因缺乏足够的文献而无法证实。孔子所说的文献,南宋著名学者朱熹在《四书章句集注》中解释为:"文,典籍也;献,贤也。"即是说,文献一词包含典籍和贤人两种含义。典籍指历朝有关典章制度的文字资料,贤人指熟悉典籍的学者的言论。随着时代的发展,书籍文章的增多,文献中"贤"的意义逐渐消失,其含义仅侧重于"文",专指典籍资料,内容包括一切有价值图书资料。

到了现代,随着科学技术的发展,新的文献载体材料不断涌现,信息知识的记录方式也不断增多,文献概念的外延也在不断扩大。国际标准化组织《文献信息术语国际标准》对文献的定义是:"在存储、检索、利用或传递记录信息的过程中,可作为一个单元处理的,在载体内、载体上或依附载体而存储有信息或数据的载体。"我国颁布的国家标准《文献著录总则》给出的定义是:"文献是记录有知识的一切载体。"

上述两个定义,将文献含义规定得非常广泛。可以说,现代文献的外延囊括了记录信息与知识的所有载体,不仅包括纸质载体,也包括古代的甲骨、金石、简策以及现代的胶片、磁带、光盘等。只要记载有知识、信息或数据,无论其形态如何,都可以称之为"文献"。

据此,我们可以将文献理解为:通过一定的技术手段,以文字、符号、图形、声音等方式,将知识或信息记录在某种物质载体上,以便长期保存和广泛传播的固态精神产品。图书、报刊、录音带、录像带以及因特网上的资源都可以视为文献。

(2)文献形态的演变

文献载体的发展演变,大体经历三个阶段。

第一阶段:是文字与天然实物载体结合的手写文献。

这是最早的文献载体形式。古代中国两河流域和埃及是最早产生文字的地方,通过文字将信息记录在某种实物上,就形成了文献。如我国刻写于龟甲兽骨上的甲骨文献,刻铸在青铜器或石头上的金石文献,书写在竹片或木片上的简策文献,记录于丝织品上的缣帛文献,以及外国古代的泥版书、纸莎草书、蜡版书、羊皮书等。这些文献的载体基本上是自然物的原始状态,都属非纸质文献类型;记录方式是靠手工刻划和抄写来完成。

第二阶段:由手工刻写文献转为纸质印刷文献。

即以纸为载体,以油印、石印、胶印等印刷技术记录信息和知识而形成的文献形式。纸发明于我国东汉,自晋代以后,纸逐渐成为我国和世界各国最主要的书写材料。各种天然文献载体逐步退出文献生产的历史舞台。纸质载体以其重量轻、载量大、易携带、价格低等特有的优势,独居文献载体主体地位近两千年,至今仍是传播知识信息的主要载体。这是人类信息存储和传播技术的一次质的飞跃。

第三阶段:以感光材料、磁性材料、光学材料为载体的数字型文献。

纸质文献虽然便于阅读,但存储密度低,受时空局限,严重阻碍了文献的快速传递和资源共享。所以,满足文献信息高效率需求的新型文献载体——数字文献在20世纪应运而生。20世纪初,以光学缩摄技术为记录方式,以感光材料为载体的缩微制品(缩微胶卷、缩微平片、缩微胶套)是重要的文献形式。缩微文献体积小、存储容量大,保存寿命长,是当时存储珍贵文献的首选文献形式。20世纪中期,以数字形式将图、文、声、像等信息记录在光、磁等存储介质上，由计算机设备输入和输出的机读形数字文献开始出现。这是文献形态演化的过程中一次深刻的革命。它极大地提高了文献传播的速度和效率。

与传统纸型载体截然不同的是，数字载体是以虚拟形式在覆盖全球的网络上传递知识信息，可以远程利用，基本不受时空因素的影响；在信息存储容量、传递速度及检索的便捷性等方面，具有传统纸型文献载体所不具备的特有性能；同时，数字载体可以将知识信息通过多媒体（文字、图像、声音）形式加以传播。因此数字载体将成为传递知识信息的主流媒体，但这是一个比较漫长的演变过程。

(3)文献构成要素

文献主要由信息内容、信息符号、物质载体、记录方式和载体形态五个要素构成。前四者是基本要素，载体形态是辅助要素，是前四者的外在表现形态。

1)信息内容。即文献所记录的各种内容，例如数据、情报、知识等都是信息内容。没有信息内容就不成其为文献，信息内容是文献最主要的构成因素。

2)信息符号。也称记录符号，主要指记录和表达信息内容的标识符号，如文字、图形、代码、声频、视频等。信息符号是表达信息内容的手段。信息内容只有用具有特定含义的符号表示出来，才能为人们所识别。

3)物质载体。记录信息内容的物质材料，也即信息内容存储的依附体，或是信息内容传播的媒介体。如甲骨、金石、竹木、缣帛、纸张、胶卷、胶片、录音带、录像带、磁带、磁盘、光盘等。信息内容只有负载于一定的载体材料，才能进行传播。

4)记录方式。即信息符号所表示的信息内容被存储到载体材料上的方式。文献的记录方式主要有手刻、书写、印刷、拍摄、录制、计算机输入等。

5)载体形态。文献的载体形态即文献的信息内容、信息符号、物质载体、记录方式综合为一体的外在表现形式或呈现方式，如印刷型、声像型、缩微型、数字型等。文献只有通过一定的形态呈现出来，才能有效利用。

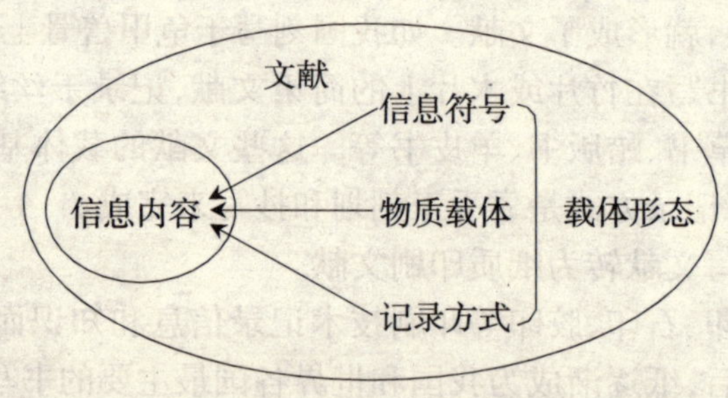

图 1-2　文献五要素

1.1.1.3　信息与文献信息的关系

(1)文献信息的含义

“文献信息”这一术语是在 20 世纪 80 年代初开始广泛使用。文献信息主要指以文献为物质载体的信息，也就是说文献信息是从文献实体结构中抽象出来的内容，它是借助于文献这种载体显示出的信息，通过文献进行存储和传播。无论来自自然界的信息，还是来自社会的信息，只要借助于文献而传递的内容，都属于文献信息。

文献信息与文献既有同一性，又有区别性。

• 两者的一致性：文献必须包含有信息，信息必须依附于一定的载体，文献信息就是文献中所记录的信息，两者在本质上没有什么区别。

• 两者的区别性：文献是一个信息实体，是文献信息的储存者；而文献信息是指文献中的信息内容进行传播交流，从而产生社会效应和思维效应的一种动态信息。人们利用文献，实质是利用文献中的信息和知识，文献信息是作为文献的价值内涵而存在。因此，文献概念侧重于物质属性，而文献信息则侧重于信息属性、价值属性。两者的关系见图 1-3。

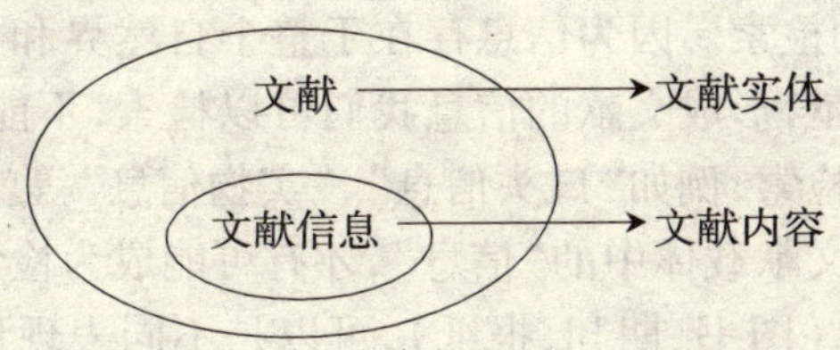

图 1-3　文献与文献信息的关系

(2)信息与文献信息(知识、情报)的异同

文献信息是信息的物化形态，是以文献为物质载体或传播媒介的信息，是社会信息的重要组成部分。文献信息是信息的下位概念，信息包含文献信息。

与信息及文献信息密切相关的概念还有知识和情报。

知识可以从不同角度来理解，按知识的可呈现程度，可分为显性知识和隐性知识。显性知识是指存储在各类物质载体中的客观知识，即系统化、理论化的信息，存储于文献载体中，就是文献信息。但并不是所有的文献信息都是知识。隐性知识也称主观知识，一般依附在人的头脑中，如个人的经验诀窍、判断联想、解决问题的思维方法等。主观知识加以表达就是社会信息，如果对其进行编码和记录，就转化为文献信息。知识和信息、文献信息是交叉关系。

情报通常指有着明确接受对象的那部分信息或者知识，具有很强的针对性。信息和知识在特定场合都可能成为情报，但并不是所有的信息和知识都是情报。信息或知识被记录在物质载体上被物化后，就是文献信息，而文献信息为满足特定需求被激活后就具有情报价值；如果某些情报(如口头表达、传递的情报信息)以文献形态存在时，就转化为文献信息。情报与信息、知识、文献信息也是交叉关系。

信息与文献信息以及知识、情报的关系如图 1-4 所示。

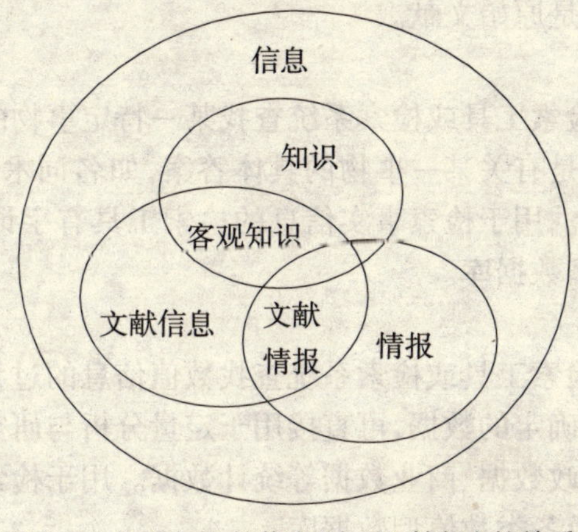

图 1-4　信息与文献信息(知识、情报)的关系

1.1.2 信息检索的概念、类型与意义

1.1.2.1 信息检索的概念

所谓信息检索，是根据特定的需求，借助于某种检索工具或检索系统，运用一定的方法，从信息集合中查找出所需信息的过程。

信息检索可以称为文献信息检索，“信息检索”中的“信息”，应该理解为“文献信息”，信息检索的实质是文献信息的检索。因为信息存在于整个自然界和社会之中，有的信息能形成文献，有的信息不能形成文献，形成文献的信息我们可以检索，不能形成文献的信息无法对其进行分析标引，就不能提供检索，例如“口头信息”、“实物信息”等就属于非文献信息。

换句话说，只有存储于文献载体中的“信息”，才有可能成为检索的对象。这里的“信息”，可以是任何出版形式的信息（图书、期刊、报纸），可以是不同表现形态的信息（文本、图形、图像、动画和声音），可以是具有不同含义的信息（数值、事实），也可以是不同程度的信息（知识、情报）。

根据检索手段的不同，信息检索包括手工检索和计算机检索两种形式。手工检索是以手工方式、利用印刷型工具书查找文献信息的过程，计算机检索是通过计算机及网络设备，利用数据库检索系统或搜索引擎检索系统检索文献信息的过程。

1.1.2.2 信息检索类型

根据检索内容、检索目的及检索工具的不同，信息检索可以分为文献检索、事实信息检索和数据信息检索三大类型。

（1）文献检索

文献检索是指利用检索工具或检索系统查找文献的过程，包括文献线索检索和文献原文检索。

文献线索检索是指利用检索工具或检索系统查找文献的出处，检索结果是文献线索，包括书名或论文题目、著者、出版者、出版地、出版时间等文献外部特征。检索工具如书目、索引、文摘印刷型工具书，以及计算机检索系统中的书目型数据库、索引/题录/文摘型数据库等。

文献原文检索是指利用检索工具或检索系统获取文献原文的过程。这是计算机全文数据库检索系统所提供的一种检索类型，在全文数据库系统中，不仅可以检索到文献线索，而且可以直接获取全文，检索结果是原始文献。

（2）事实信息检索

事实信息检索指利用检索工具或检索系统查找某一特定事物的过程。事实信息检索是一种确定性检索，检索的结果是有关某一事物的具体答案，如名词术语、概念、定义、事件、事实，或某一机构、人物的状况等。用于检索事实信息的检索工具有字词典、百科全书、年鉴、手册，以及术语型数据库和指南型数据库。

（3）数据信息检索

数据信息检索指利用检索工具或检索系统查找数值信息的过程。数据信息检索也是一种确定性检索，检索的结果是确定的数据，可直接用于定量分析与研究，如各种科学数据、人口数据、管理数据、金融数据、财政数据、商业数据等统计数据。用于检索数据信息的检索工具有统计年鉴、统计资料汇编，以及各类数值型数据库。

1.1.2.3 信息检索的意义

(1)是获取信息知识的捷径

据测算,人类知识总量在19世纪每50年增加1倍,20世纪初每10年增加1倍,20世纪70年代每5年增加1倍,20世纪80年代以来几乎是每3年增加1倍。据联合国教科文组织统计,人类近30年来所积累的科学知识占有史以来积累的科学知识总量的90%。

绝大多数有用的知识信息都储存在各种文献中。加利福尼亚大学伯克利分校的研究表明,2002年中,全球由纸张、胶片以及磁、光存储介质所记录的信息生产总量达到5万亿兆字节,约等于1999年全球信息产量的两倍。如果以馆藏1900万册书籍和其他印刷出版物的美国国会图书馆为标准,5万亿兆字节信息量足以填满50万座美国国会图书馆。据统计,当今全世界每年出版大约100万种新书,期刊10万种,报纸6万种,每年发表的科技论文约600万篇。2005年,中国出版图书22.2万种,报纸2100多种,杂志9000多种,音像制品3.5万种,电子出版物6152种。

在汪洋般的文献中,如何找到所需文献信息并加以合理有效地利用,如何以最少的精力充分占有文献资料,是一个非常实际的问题。据美国和日本20世纪60年代统计,一个科学工作者,在其整个科研工作中,用于翻检文献的时间约占50%。当今时代,科学家即使夜以继日地阅读有关文献,也只能浏览5%。解决这一问题的关键在于掌握信息检索方法与技能,它可以帮助人们快、准、全地获取所需知识,最大限度地节省查找时间。

(2)是科学研究的向导

科学研究是一种创造性的劳动。科学研究对某一课题或某一领域的认识及判断应是前所未有的。如果重新去发现他人早已知晓的真理,在已有的研究成果中周旋,这种研究就是毫无价值的,白白浪费了时间和精力。据统计,我国科研项目重复率达40%,而另外60%中部分重复率又在20%以上;与国外重复的也约占30%左右,其中大部分是国外已公开的技术,因而造成了人力、物力、财力的严重浪费。

要进行有价值的科学研究,必须以前人已提供的知识为起点,必须全面获取相关文献信息,了解各学科领域出现的新问题、新观点,这只能依赖信息检索才能实现。通过信息检索,可以了解研究课题的历史和现状,及时掌握国内外有关科学技术的发展水平、研究方向,从而确定自己的研究起点和研究目标,避免重复研究。

(3)是终身教育的基础

终身教育被认为是21世纪的生存概念。终身教育这一术语是1965年由联合国教科文组织成人教育局局长法国的保罗·朗格朗(Parl Lengrand)正式提出。他认为,将人的一生分为教育期和工作期,前半生的时间用来积累知识,后半生一劳永逸地使用知识,这是毫无科学根据的。他提出教育应当贯穿于人的一生,成为一生不可缺少的活动。其后,终身教育思想在世界各国广泛传播,对国际教育改革产生了重要的影响。

终身教育的思想有着深刻的社会根源。如前所述,人类知识的总量呈指数增长,但另一方面知识的陈旧速度也明显加快。据测算,18世纪知识陈旧的速度为80—90年,19—20世纪为30年,近50年缩短为15年。知识的陈旧速度比知识汲取的速度快得多,一个人从大学只能获得10%的知识,而人们原有知识以每年5%的速度不断"报废",如果不随时进行知识的更新和补充,10年后就有50%知识变得陈旧和老化。学校不再是学习知识的唯一的最后场所,信息化社会把所有的人转变为终身受教育者。

然而,无论接受何种形式的终身教育,首先应具备接受终身教育和继续学习的能力,这种能力在很大程度上就是获取利用新知识的能力,就是对新知识的敏感力和接受力。而绝大多数知识都储存在各种文献中,所以要培养获取利用新知识的能力,就必须掌握信息检索的方法。掌握了这种方法,有了终身不断接受教育的能力,就可不断地丰富自己、完善自己,以适应社会发展的需要。

1.2 信息检索原理

1.2.1 信息检索原理概述

信息检索包括信息存储和信息检索两个过程。

信息存储即是对信息的组织,是按照既定的标准,从信息源中选择合适的信息,根据一定的规则和标准,对信息的外部特征和内容特征进行标引与著录,并以科学的方法加以有规律的排列,使分散的文献变成有序的集合,存储在各种检索工具或检索系统中。

信息获取即检索查找信息,是根据特定的需求,依据一定的信息检索语言和相应的检索技术,提出检索需求(检索提问),通过存储信息的检索工具或检索系统,将所需信息查找出来。

信息检索的实质是将反映特定信息需求的提问概念与信息存储系统中检索标识概念进行比较匹配,从中找出与提问概念特征一致的信息。信息存储和信息获取密不可分,存储的目的是为了检索,要检索必须先对信息进行存储。信息存储是信息获取的基础,信息获取是信息存储的逆过程。其原理如图 1 -5、图 1 -6 所示。

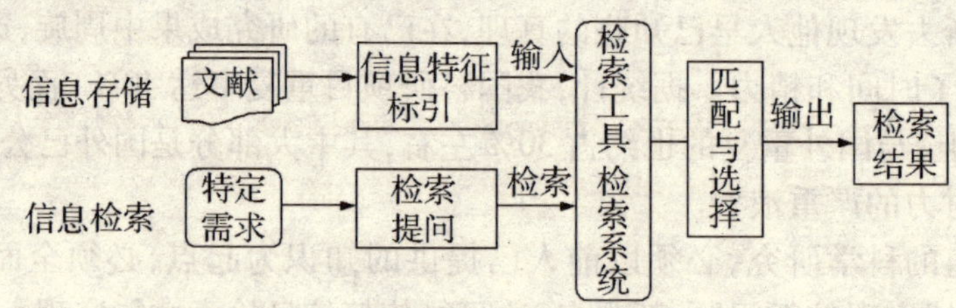

图 1–5　信息检索原理

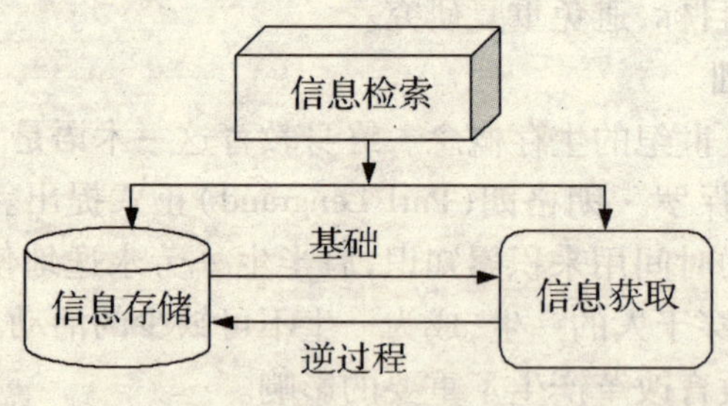

图 1–6　信息检索原理

1.2.2 信息存储过程

信息存储一般包括信息选择、信息著录、信息标引、信息整序等环节。

1.2.2.1　信息选择

信息选择是根据用户需要,从各类信息源中将符合既定标准的一部分文献挑选出来的活动。由于信息量庞大，信息内容复杂，所以信息选择需要遵循一定的标准和方法。

信息选择的标准主要有相关性标准、可靠性标准、先进性标准和适用性标准。相关性是指在信息源中选择出与用户需求有关的信息；可靠性即指要鉴别信息的真实性；先进性一般指信息内容的新颖性和信息内容的领先水平；适用性指信息内容要符合用户的需要及使用的程度。

信息选择的方法包括比较分析法、核查法、引用摘录法和专家评估法。比较分析法即对不同的信息进行比较分析，鉴别信息的优劣；核查法是通过对有关信息所涉及的问题进行审核查对来优化信息的质量；引用摘录法即是根据信息相互引证的次数来判断信息质量的高低；专家评估法是通过有关专家来评价信息的水平价值，判断其可靠性、先进性和适用性。

1.2.2.2 信息描述

信息描述是对信息实体的外部特征和内容性质进行分析、选择和记录的过程，也称为信息著录。信息的外部特征如题名、责任者、出版或发表机构、出版时间、信息编号等，任何载体形态的信息实体都有其直接反映的形式特征；信息的内容性质主要指信息所属的学科和主题等。对上述特征项逐一进行的客观描述，就是著录。

信息描述需要遵循一定的规则。不同的信息类型和不同的检索系统其著录项目不尽相同。

对传统文献信息描述的标准有很多，国际上影响最大、使用最广泛的标准有《国际标准书目著录》(ISBD)和《英美编目条例》(AACR)。我国信息著录的国家标准是《文献著录总则》(GB 3792.2－83)，该总则规定的基本著录项目分为9个大项目，依次为：题名和责任者项；版本项；文献特殊细节项；出版发行项；载体形态项；丛编项；附注项；文献标准编号及有关记载项；提要项。

对网络信息特征的描述标准主要是“都柏林核心集”(Dublin Core)，其描述项目包括15个元素项：

《都柏林核心集》描述项目

元素名称	基本定义
题名(Title)	由作者或出版者给出的被描述信息的名称
主题(Subject)	揭示信息内容的主题词(关键词、分类号)
描述(Description)	对信息特征的说明，包括文摘、目次、文本
语种(Language)	描述信息内容的语种
来源(Source)	信息出处信息
关联(Relation)	该信息与其相关资源的联系
覆盖范围(Coverage)	信息内容涉及的时间范围和空间范围
创建者(Creator)	创作信息内容的主要责任者
出版者(Publisher)	提供该信息利用的责任者
其他责任者(Contributor)	对信息内容作出贡献的其他责任者
权限(Rights)	对版权、权限管理与使用有关的信息
日期(Date)	信息创建日期，包括出版、发行、修订日期等
类型(Type)	信息内容的特征和类型
形式(Format)	信息的物理或数字化格式
标识符(Identifier)	标识信息的唯一性符号，如URL、ISDN、DOI等

1.2.2.3 信息标引

信息标引是指根据一定的规则和方法，对信息内容特征进行揭示的过程。信息的内容特征一般指某一学科或主题的内容。标引即是对信息内容进行分析，提取出信息内容所反映的学科分类概念和一定数量的主题概念，然后用标引语言（从检索的角度称为检索语言）进行标识，作为存储和检索的依据。充分而有效的揭示信息内容是检索信息的前提条件。

信息标引通常分为分类标引和主题标引两种类型（详见第2章）。

(1)分类标引

分类标引是按学科属性来揭示信息内容特征的方法。通过分类标引可将具有共同学科属性的信息类聚在一起，并依据各类信息之间的学科关系，把属于该学科的所有信息组织成一个有层次、有条理的整体。

分类标引的工具是分类法（分类语言或分类表）。国内外著名的分类法如《国际十进分类法》（UDC）、《美国国会图书馆分类法》（LCC）、《中国图书馆分类法》（CLC）。分类标引的过程，就是根据选择的分类法，对标引对象进行分析，确定所属分类类目，并将标引对象的学科特征及相关信息抽取出来，用分类法规定的符号代码予以标识。分类标引实质上就是对信息进行分类。经过分类标引，原来分散无序的信息就组织成了一个有序的学科体系。

(2)主题标引

主题标引是按主题名称（或关键词）来揭示信息内容特征的方法。主题是信息内容所涉及的事物，表达主题的语词成为主题词（主题标识）。通过主题标引，可以按字顺把同一主题的信息集中在一起。

主题标引的工具是主题法（主题语言或主题词表/叙词表）。著名的主题法如《美国国会图书馆标题表》（LCSH）、《汉语主题词表》等。主题标引的过程，即是对信息内容进行主题分析，确定主题概念，然后按照一定的词汇控制方式，用主题法中选择相应的主题词（标题词、叙词等）进行标识；或者采用自由标引方式，直接从已有的描述标引对象的语句中选择合适的关键词作为标识。与分类标引相比，主题标引可以把分散在不同学科中的信息集中在一个相关主题下。

信息标引通常与信息描述同步进行。将分类标引和主题标引的结果同该信息的其他描述项目汇总，其结果就形成款目。一个款目就是一种信息的缩影。在数据库中，信息的外部特征项与内部特征项通常称为字段，一条记录就是对信息实体不同特征的描述。

1.2.2.4　信息整序

信息整序也即信息的组织排序，就是将信息描述和信息标引的结果系列化，也即组织成相应的检索工具和检索系统。对信息的特征描述和内容揭示，形成表示某信息的记录标识，但这只是一个款目，还需要将所有信息的记录标识（一系列款目）按照一定的方法组织排列成有序的信息集合，才能为用户获取信息提供方便。

不同检索工具和检索系统有着不同的组织排序方法。常用的有分类组织法、主题组织法、字顺组织法、号码组织法、时空组织法。分类组织法是依照学科类别和事物类别特征组织信息的方法；主题组织法是按信息的主题特征组织排列的方法；字顺组织法是根据表示信息语词符号的音序或形序来组织排列信息的方法；号码组织法是根据信息所赋予的号码次序或大小顺序组织排列的方法；时空组织法是按照时间顺序或地理位置来组织排列信息的方法。信息整序的手段可以分为人工组织和计算机自动组织。单纯的人工组织效率低下，现在人工组织的自动化、智能化的程度越来越高。信息整序的形式（或类型）主要有工具书、数据库和网络搜索引擎，这三种类型的检索系统是信息整序的主要形式，也是人们检索获取信息的重要途径

(详细见第 3 章、第 4 章、第 5 章)。图 1－7 表示了信息存储的主要过程。

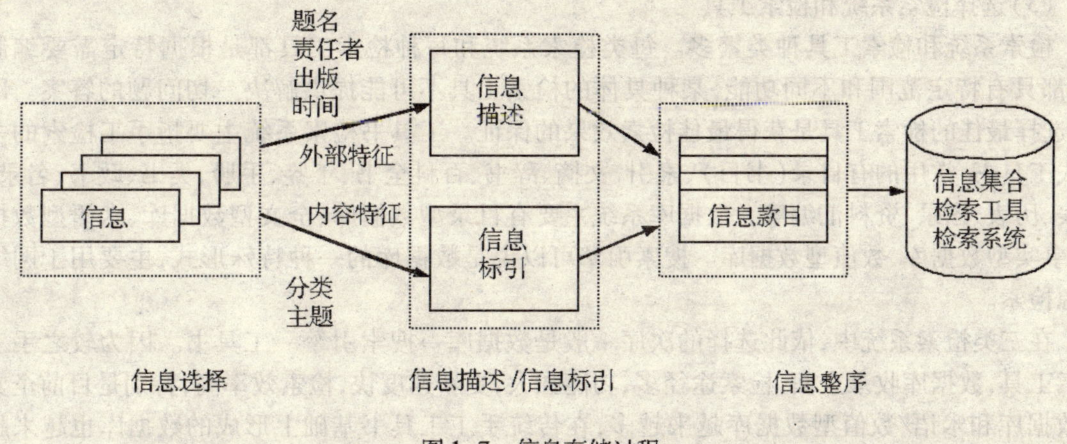

图 1–7　信息存储过程

1.2.3　信息检索过程

信息检索是信息存储的逆过程,是从经过信息整序所形成的信息集合中查找出符合需求的原始信息。一般包括分析检索需求、确定检索标识、选择检索系统和检索工具、选择检索途径、检索匹配、检索结果输出等过程(图 1－8)。

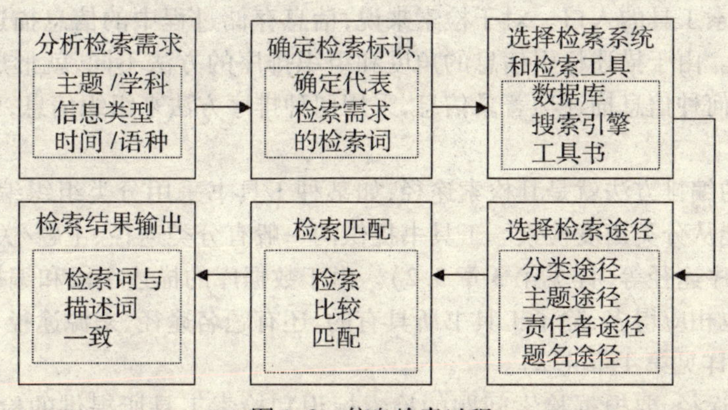

图 1–8　信息检索过程

(1)分析检索需求

检索需求是根据信息查找的需要所拟定的问题。分析检索需求,就是要辨明检索问题的内容和要求,即:检索问题所属的主题及学科范围;检索信息的类型是文献类、事实类还是数据类;检索信息所属的时间范围(即查找的年代)和语种等。分析检索需求的目的是为了确定检索词和选择相应的检索工具。

(2)确定检索标识

明确检索要求后,就要将检索问题转换成检索标识。所谓检索标识,是检索问题包含的、具有检索意义的语言,也即能够代表检索需求的检索词,向检索工具发出"提问"。它包括:所属学科、所属类型、所属主题词和关键词、作者、时间范围等。每一检索问题可能都包含一个或多个甚至一系列的标识,应该提取出主要的、有检索意义的标识,分析各个术语概念之间的逻辑关系。只有确定了有检索意义的标识，才能选择合适的检索工具和检索系统。

(3)选择检索系统和检索工具

检索系统和检索工具种类繁多。每类检索系统和每种检索工具都是根据特定需要编制的，都具有特定范围和不同功能，某种具体的检索工具不可能提供解决一切问题的答案。因而，选择最佳的检索工具是获得最佳检索效果的保证。工具书检索系统主要指手工检索的书本式工具书，常用的有目录(书目)、索引、文摘、辞书、百科全书、年鉴、手册、类书、政书、名录、年表、历表、图录、资料汇编等。数据库系统主要有目录型数据库、全文型数据库、术语型数据库、事实型数据库、数值型数据库。搜索引擎可以说是数据库的一种特殊形式，主要用于网络资源检索。

在三类检索系统中，依此选择的次序一般是数据库→搜索引擎→工具书。因为较之手工检索工具，数据库收录全面，检索途径多，功能强大，更新速度快，检索效率高，特别是目前全文型数据库和术语/数值型数据库越来越多，在传统手工工具书基础上形成的数据库也越来越多，许多检索问题在数据库中可以直接获取原文及原始信息。与数据库相比，搜索引擎资源类型丰富，但信息庞杂，整序程度不高，检索效率较差；搜索引擎虽然链接了各种类型的数据库，但是许多有价值的全文学术资源需要付费。所以根据检索问题的要求，应首先考虑选择本单位馆藏的自建或购置的数据库，如果没有符合所查问题的数据库，再选择搜索引擎查找，在搜索引擎没有结果的情况下，再考虑去翻检相关工具书。

(4)选择检索途径

检索途径即检索工具的入口。对于检索来说，信息存储过程中的信息描述项和组织排列方式就是检索途径。由于描述标引信息的角度和组织排序的方法不同，就形成了不同的检索途径，也就是说，用何种信息描述项著录信息，采用何种排序方法来组织信息，就有什么样的检索途径。

例如，工具书的编排方法就是其检索途径，如某种工具书采用分类组织编排，那么分类就是其检索途径，只能从分类角度检索。工具书提供的一般有分类途径、主题/关键词途径、字顺途径，时序途径、地序途径等(详见第3章3.2)。由于数据库的描述字段和编排方式比工具书多，所以检索途径也相应得多，除了工具书所具有的，还有题名途径、来源途径、引文途径、基金途径、代码途径等(详见第4章4.2)。

选择何种检索途径，要根据检索问题的检索标识和检索工具所提供的检索途径来确定。例如一个文献类问题，对于检索途径较为完善的期刊论文数据库来说，如果想全面获取文献，易用分类途径；如欲检准文献，易用题名途径及主题途径；如果多种途径配合使用，可以获得较为理想的检索效果。

(5)检索提问与检索匹配

简单说，检索过程就是将形成的检索标识(检索词)从检索工具中找出与检索标识相符的信息特征的过程。对于手工检索，通过某种途径查找的过程就是匹配的过程；对于数据库，则需要在检索途径相应的输入框中输入用于提问的检索词(关键词、主题词、责任者、来源出处等)，或者在系统提供的选择框中选择符合检索标识的事项，系统接受提问(即输入的检索词或选择的检索项)，并将提问检索词与数据库中的记录自动进行检查、比较、匹配。

(6)检索结果输出

经过比较匹配，数据库系统选出满足要求的记录，即检索词与描述标引词两者相一致的记录,再根据用户选择的输出方式将命中记录输出,或系统按照相关性大小进行排序(如计算权值)后输出检索结果。工具书则是标识出符合要求的记录在正文中的具体位置(页码)。

1.3 信息检索的对象:信息源

1.3.1 信息源概念与特征

1.3.1.1 信息源含义

简单说,信息源就是获取信息的来源。

信息源有广义、狭义之分。广义信息源包括文献信息源和非文献型信息源。文献信息源就是记录在某种物质载体上信息,非文献信息源主要指人物信息源、实物信息源、口头信息源。狭义信息源仅指文献信息源。我们这里主要采用狭义信息源概念。

信息源既是信息存储的对象,也是信息检索的对象。只有存储在检索系统中的信息源,才能够被有效检索与获取。

1.3.1.2 信息源特点

(1)内容交叉渗透

当代科学的一个显著发展趋势是综合性。综合主要指各学科在理论上相互渗透,对象上相互统一,方法上相互移植,概念上相互借用,成果上相互吸收,从而不断建立起新的科学联系。综合性表现为两方面,一是自然科学、技术科学和人文社会科学之间经纬交错,二是自然科学、技术科学和人文社会科学之间以及各门科学之间相互交叉渗透。由此导致在科学活动中产生的文献信息内容具有交叉渗透性,这样,便造成文献分布的分散状况,某一学科的文献,不仅存在于本学科专业领域,而且分散于相邻学科领域中。其中,人文社会科学领域信息交叉渗透、分布离散的状况尤为明显。

(2)老化速度加快

所谓文献老化,是指文献随着其"年龄"(出版距今的时间)的增长,其内容变得陈旧过时,利用者越来越少,逐渐减少或失去其作为信息源价值的现象。由于科学技术的发展,一方面,新知识、新理论、新技术、新成果以前所未有的速度增长,人类知识总量迅速猛增;另一方面,加速了知识的新陈代谢,使文献有效使用期缩短,老化速度加快,淘汰率较高。

学术界一般用文献的"半衰期"来描述文献的老化速度。文献半衰期是指某学科领域在最近一个时期(通常为1年)内所发表的全部文献所引用的文献集合中较新的一半文献的发表时间跨度。根据美国图书馆学家R. E. 伯顿和R. W. 基布勒对9个学科的文献采用被引用数据所进行的研究,它们的文献"半衰期"分别为:化学工程为4.8年,机械工程为5.2年,冶金工程为3.9年,数学为10.5年,物理学为4.6年,化学为8.1年,地质学为11.8年,生理学为7.2年,植物学为10年。

文献老化的速度不仅取决于文献的学科内容,而且还与文献的种类和性质有关。据苏联《发明问题》杂志统计各类文献的平均使用时效分别为:图书为10—20年,期刊论文为3—5年,科技报告为10年,学位论文为5—7年,技术标准为5年,产品样本为3—5年。西方国家认为,80%—90%的科技文献的使用寿命为5—7年。

由于各国科技发展水平不同,相应的文献寿命也不相同。同时不同学科领域文献的老化速度是不同的。人文社会科学文献较之自然科学技术科学文献老化速度要慢。即便同一学科文献，其老化速度也不一样，基础理论和学科史的研究成果老化速度相对慢，而应用研究成果老化速度则要快一些。

(3)载体复合

目前的各种信息源越来越多的以复合形式存在。所谓复合，即是指以多种载体形态展现，存储在不同的检索系统中。例如，一本图书，它可以印刷型形态存在，被手工检索工具收录（存储）；如果被数字化，即成为数字图书，既可以被目录型数据库收录，也可被全文数字图书数据库收录，同时它还可以是集文、图、声、像的动态多媒体信息，成为多媒体数据库的收录对象；如果被网络搜索引擎链接，就成了网络信息。

1.3.2 信息源类型

根据不同的检索需求，信息源主要包括以下类型：图书、期刊、报纸、学位论文、会议论文、专利文献、标准文献、政府出版物、档案文献、科技报告等。前 3 种一般称为常规文献或普通文献，即正式公开出版发行的文献。后 7 种一般称为非正规文献或灰色文献，所谓灰色文献即指没有正式发行较难获得的文献，也称为特殊文献或特种文献。目前随着信息交流载体和渠道的变革，越来越多的灰色文献以数据库的形式出现，进入正式交流渠道，如学位论文数据库和会议论文数据库，通过网络可以方便的获取，所以正规文献和非正规文献的界限越来越模糊了。

关于信息源主要类型的具体内容，参见以下各章节有关内容。

第2章　信息检索语言

2.1　信息检索语言概述

2.1.1　信息检索语言概念与意义

2.1.1.1　信息检索语言的含义

信息检索语言也称检索语言，它是根据信息存储和检索的需要而编制的一种能够表达信息内容主题概念及关系，并便于进行系统排列的人工语言；信息检索语言用于信息描述/标引时称标引语言，用于信息检索时称为检索语言；信息检索语言的作用是用来描述信息的内容特征、外部特征和表达检索提问，其目的是用于信息描述/标引和信息检索，而最根本的目的是满足检索的需要。

信息检索语言包括以下几层含义：第一，检索语言的目的是用于信息标引和信息检索，而最根本的目的是满足检索的需要；第二，它是一个规范化的概念体系，能够准确表达信息内容的主题并能够显示其相互的逻辑关系；第三，它是有序的，能够用于信息的系统排序，形成序化的可供检索的系统；第四，它是一种人工语言。人工语言也称受控语言，是对自然语言的规范化。

2.1.1.2　信息检索语言的作用

无论是传统的手工检索工具还是现代化的各种信息检索系统，都是通过一定的检索语言组织信息、提供检索的。信息检索语言在信息检索中起着十分重要的作用。其作用主要包括：

(1)是组织与存储信息的依据

如前所述，信息检索的前提是信息存储，在信息存储时，需要对信息的外部特征和内容特征进行著录和标引，用检索语言中的语词(标识)如分类名、主题词、关键词、责任者、编号、机构名等将信息特征标示出来，然后按一定的规则整序，存入可供检索的信息集合。也就是说，通过检索语言，可将表示信息特征的全部标识组成一个有序的系统，使每种信息在检索工具或检索系统中都有其固定的位置，从而为信息检索提供可能。

(2)是信息检索的依据

在信息检索时，检索提问也要按照一定的语言来表达，即将形成的检索语词(如分类名、主题词、关键词、责任者、编号、机构名等)转换成检索语言的语词(标识)，然后从检索工具或检索系统中找出与检索语词相符的信息特征。也就是说，检索语言也是信息检索的依据，检索提问的语言只有与检索工具中信息的特征标识相一致，才能达到检索目的。

(3)是联系信息存储与信息检索的桥梁

信息著录/标引和信息检索的依据都是检索语言，因此，检索语言是沟通信息存储和信息检索两个过程的桥梁，如果没有它来作为信息描述/标引和信息检索的共同语言，就无法使对信息特征表达的标引用语和对相同信息需求表达的检索用语取得一致，信息检索就不可能顺利进行。在信息存储与信息检索过程中只有依据同一种检索语言，遵循相同的规则和要求，才能保证信息检索的顺利进行并达到较好的检索效率。图 2 - 1 示意了检索语言在存储与检索中的作用。

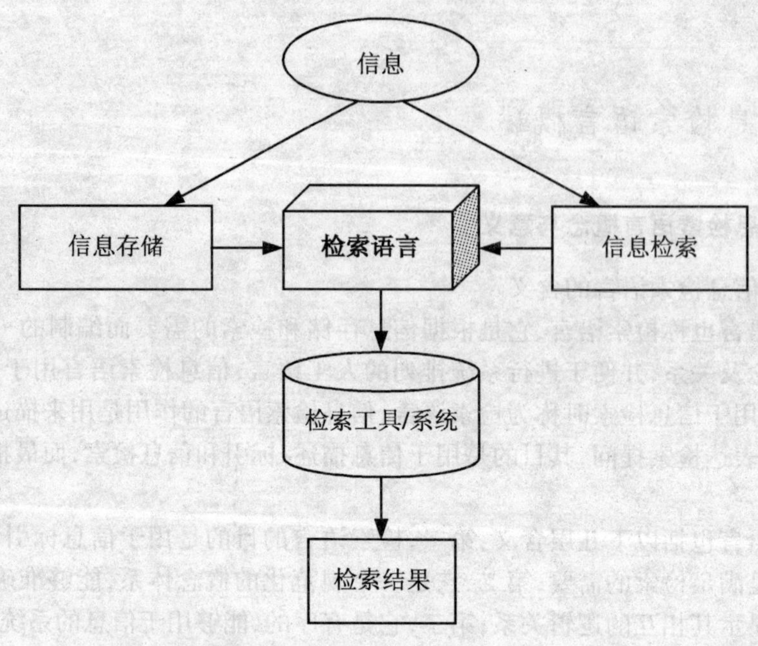

图 2-1 检索语言在存储与检索中的作用

2.1.2 信息检索语言的类型

信息检索语言是各种具有检索作用的语言总称。信息具有外部特征和内容特征,对信息的外部和内容特征进行著录与标引的检索语言也可相应的分为两种类型,即描述信息内容特征的检索语言和描述信息外部特征的检索语言。

2.1.2.1 描述信息内容特征的检索语言

描述信息内容特征的检索语言主要有分类语言和主题语言。

(1)分类检索语言

分类检索语言是从学科分类角度表述信息内容的语言,也称分类语言、分类法。它用分类号与相应的分类名来表达信息的主题概念,将各种概念按学科性质及逻辑层次结构进行分类和系统排列,以提供按学科门类进行族性检索。按照分类方式的不同,分类语言又分为体系分类语言和组配分类语言,使用较广的是体系分类语言。

(2)主题检索语言

主题检索语言是从主题角度表述信息内容的语言,也称主题语言、主题法。它是直接以代表信息内容特征的语词来表达信息,并按其字顺进行组织排列,以便于按主题进行特性检索。按照选词方式和词汇控制程度的不同,主题语言又可分为单元词语言、标题词语言、叙词语言和关键词语言。

2.1.2.2 描述信息外部特征的检索语言

描述信息外部特征的检索语言主要有题名、责任者、号码、机构名、时间等,它是以信息的题名(书名、篇名、刊名)、著者(个人、团体)、号码(专利号、标准号、国际标准书号 ISBN、国际标准刊号 ISSN 等)、机构名(责任者所属机构、出版发表机构)、时间等作为著录的对象,按一定的顺序(字顺、音序、出版年月)加以排列,检索时可将上述作为检索提问标识进行检索。

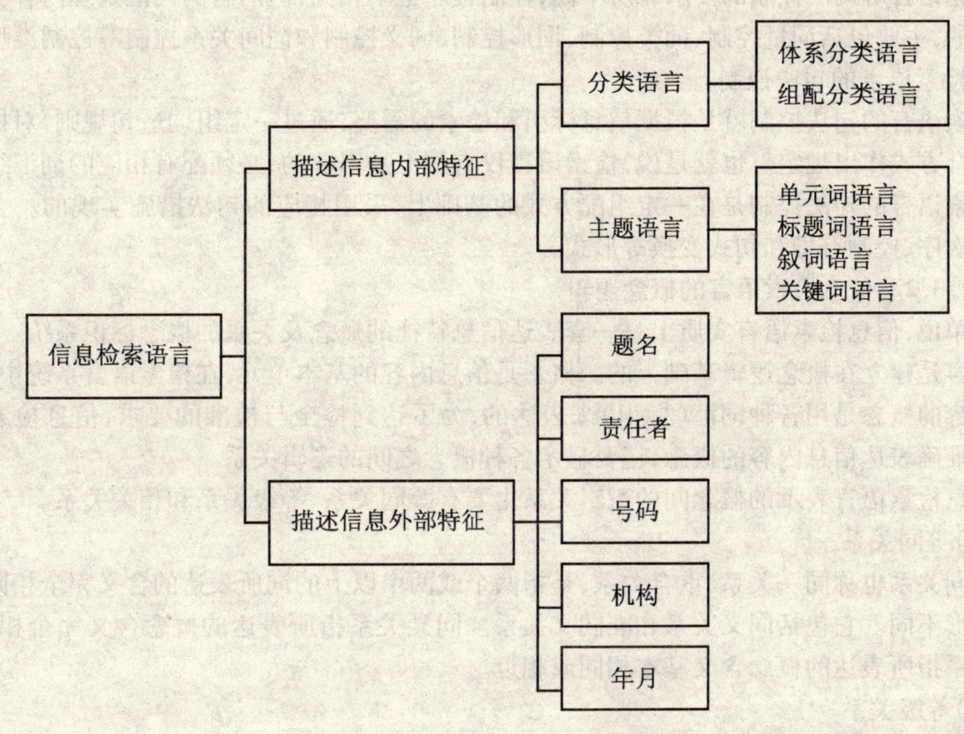

图 2–2　信息检索语言类型

2.1.3　信息检索语言的原理

本节详细内容参见光盘:1.信息检索语言的原理。

2.1.3.1　信息检索语言的控制

(1)信息检索语言是经过规范化处理的受控语言

信息检索语言,特别是标引信息内容特征的信息检索语言是经过规范化处理的受控语言。所谓受控,即对自然语言进行规范处理。检索语言都是由词汇组成的,但表述信息内容特征的自然语言词汇非常庞杂,存在着以下缺点:

第一,词量大。自然语言数量巨大,不可能不加选择的全部纳入检索语言词汇系统。

第二,词汇同义、多义。自然语言中存在着大量的一词多义(一个语词代表多个概念)、一义多词(一个概念用多个语词表达)和语义含糊不清的现象。

第三,词间关系不清晰。自然语言词汇之间的联系松散,无法反映词汇的逻辑关系。

所以,如果不对自然语言加以控制,就会造成标引困难,影响检索效果。分类语言和主题语言就是对自然语言实施词汇控制所形成的规范化语言。

(2)信息检索语言的控制内容

信息检索语言的控制内容包括两个方面:词汇控制和句法控制。

1)检索语言的词汇控制

所谓词汇控制,是指对自然语言中的词汇进行选择、规范并揭示其相关性的过程。分类语言和主题语言对词汇控制的要求有所不同,控制程序也不相同,但两者的词汇处理内容与范围是一致的,主要包括词量控制、词类控制、词形控制、词义控制和词间关系控制等控制类型。

2)检索语言的句法控制

检索语言的句法控制就是根据信息标引和检索的需要,通过一定组词造句规则,对检索词语的组合方式作出规定。也就是说,检索语言仅有词汇是不够的,必须配有相应的词汇组合方法。检索语言的句法控制是在一定组配方式的基础上,采用相应的句法措施实现的。主要包括组配次序、控制符号和句式变换等形式。

2.1.3.2　信息检索语言的概念逻辑

简单说,信息检索语言实质上是一套表达信息特征的概念及关系的概念标识系统。因此,检索语言是建立在概念逻辑基础上的。概念是信息内容的基本单元,在检索语言系统中,反映信息内容的概念是用各种词汇(标识)来表达的,为了达到检全与检准的要求,信息检索语言不仅要准确表达信息内容的概念,还要显示各种概念之间的逻辑关系。

信息检索语言表示的概念间的逻辑关系主要有等同关系、等级关系和相关关系。

(1)等同关系

等同关系也称同一关系、重合关系,是指两个或两个以上的词所表达的含义完全相同或近似而词形不同。它包括同义关系和准同义关系。同义关系指所表达的概念含义完全相同,准同义关系指所表达的概念含义基本相同或相近。

(2)等级关系

等级关系也称属分关系。主要表示概念之间的包含关系,也就是上位概念和下位概念之间的关系。等级关系的形式也有多种,主要有属种关系和整部关系两种类型。属种关系指一个概念包含于另一个概念的外延之中,是其外延的组成部分。整部关系不是严格的概念包含关系,但由于其涉及面较广,所以检索语言(主题语言)也将其作为属分关系处理,如地理区划中的整体与部分关系,人体系统与器官中的整体与部分关系等。

(3)相关关系

相关关系也称类缘关系,是指除等同关系和等级关系之外的具有语义关联的一类概念关系。相关关系是揭示检索语言词汇间各种主要联系的重要手段,通过相关关系的显示,可以扩大检索范围,查到与该词汇相关的所有信息。相关关系涉及范围广,种类多,一般包括交叉关系、并列关系、矛盾关系、对立关系等。

上述等同关系、等级关系和相关关系是概念逻辑的基本原理,也是信息内容反映的概念的主要逻辑关系。信息检索语言在表达各种词汇和词汇间的关系是以概念逻辑原理为基础的,通过概念逻辑原理的应用,检索语言将反映信息内容主题的各种词汇(标识)组织成有序的结构体系。

2.2 描述信息内容特征的检索语言

2.2.1 分类检索语言——体系分类检索语言

2.2.1.1 体系分类检索语言概述

(1)体系分类检索语言的含义

分类检索语言有体系分类语言和组配分类语言两种类型。目前使用最广泛的是体系分类语言。所以这里主要介绍体系分类语言。

体系分类语言也称体系分类法。它是以科学分类为基础,依据概念的划分与概括原理,将反映信息内容的各种类目(词汇)组织一个层层隶属、详细列举的等级结构的一种分类检索语言,所以也称列举式分类语言。分类检索语言主要用于组织分类检索工具,提供以学科专业检索信息的途径,同时用于文献信息机构的实体文献的排架。

(2)体系分类检索语言的特征

1)按学科知识领域集中文献。体系分类语言是依据文献内容的学科性质,遵循逻辑分类规则建立的。具体说,体系分类语言将全部文献按其学科性质分为几个主要大类,将内容性质上彼此相同的文献集中在一起,并将它们按由一般到具体的逻辑顺序,并根据各级类目之间的逻辑关系加以排列,从而组成一个有层次、有等级的类目系统。

2)依据标记符号标示类目前后次序。标记符号一般称为分类号,是表达各级类目的相对位置及相互关系的代号。体系分类语言用标记符号标识各级类目的前后次序,从而使文献信息的学科知识、内容特征得到充分的揭示。标记系统通常以阿拉伯数字、拉丁字母或两者的结合为基本符号。标记符号包括单纯号码和混合号码两种。采用单纯数字号码的如美国的《杜威十进制分类法》,采用混合号码的分类法有我国《中国图书馆图书分类法》、美国的《国会图书馆分类法》。标记符号的编排一般采用顺序标记制、层累标记制、顺序—层累标记制等基本类型。

3)通过概念的逻辑关系显示类目之间关系。体系分类语言中的众多类目是根据类目之间的内在联系组织起来的,类目之间的关系主要有从属关系、并列关系、交替关系、相关关系。从属关系是指一个类与其直接区分出来的子类之间的关系,也称隶属关系或等级关系;并列关系通常指某个上位类划分出来的若干个平级(同位类)的下位类之间的关系;交替关系是指表达相同主题概念的正式使用类目与非正式使用的交替类目之间的关系;相关关系指类目之间除从属、并列、交替等关系之外的其他关联关系,通常以类目参照的方式加以揭示。

(3)体系分类检索语言的性能

1)提供信息的族性检索。体系分类语言按学科体系排列类目,具有按学科专业系统、集中地揭示信息内容的功能;它既能揭示出某一学科门类所包含的文献,同时又能显示出各个学科门类之间的逻辑关系,反映一系列的相关文献,从而提供了从学科或专业角度检索信息的途径,能够满足族性检索的需要,具有较高的检全率。

2)学科系统性有一定限度,难以满足专指性检索。目前体系分类语言的类目数量较少,类目划分较粗,难以反映一些专深的主题。体系分类语言不可能详尽无遗地列举一切事物概念,遇到一些专指度较高的主题概念,不宜找到相应的类目。同时,受层层划分、层层隶属原则的限制,往往将多主题的文献纳入一个类目,同时又将论述同一主题的文献分散到各类,这对全面检索分布在不同知识领域中具有同一主题属性的所有信息造成困难。

2.2.1.2　体系分类检索语言的结构

(1)宏观结构

一部完整的体系分类语言由若干个部分组成,各个部分相对独立,具有特定的功能。一般包括编制说明、基本类目表、主表、辅助分类表和索引。

1)编制说明。说明该分类语言的编制理论、指导思想、结构体系、使用范围、标记制度、使用方法、修订情况等。

2)基本类目表。是分类语言类目体系框架。它由基本部类为基础展开的一级类目(基本大类)进一步划分出来的二级类目所组成。通过它可以把握整个分类表类目的概况,了解各个学科领域的概貌和联系。

基本部类是对知识领域及其文献所作的最基本、最概括的划分,是整个分类语言展开的基础。我国目前综合性分类法采用的基本部类通常为:马列主义、毛泽东思想;哲学;社会科学;自然科学;综合性图书。

一级类目(基本大类)是分类体系展开的起点。通常是在基本部类的基础上,根据学科知识领域的情况确定的,综合性分类法的基本类目一般在 20 个左右。例如《中国图书馆分类法》有 22 个基本类目,《美国国会图书馆分类法》的基本类目有 21 个。由基本大类直接展开的类目为第二级类目。依此类推。

3)主表。是分类语言的正文,也称详表。主表是分类标引和分类检索的主要依据。它是在简表的基础上由逐级扩展列出的子目组成,包括类号、类目和注释,并通过齐行、缩格和不同字体等方式显示其等级或并列关系。

4)辅助表。也称复分表、附表。它是将主表按同一标准对类目划分产生的一系列相同子目(如地域、民族、时代、语种等)抽出,单独编列,配以特定的号码,供主表有关类目细分时共同使用的类目表。

5)索引。也称类目索引。是将类目和注释中的概念按字顺进行排列,并注明相应的分类号,以供查找类目的工具。

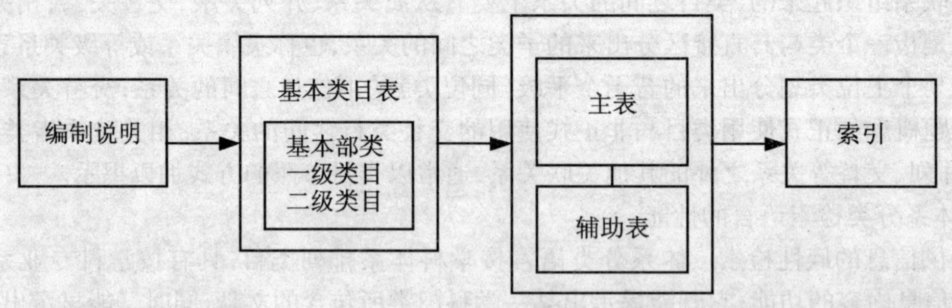

图 2–3　分类语言宏观结构

(2)微观结构

分类检索语言的微观结构是指分类法的类目结构。类目即是表达文献信息内容的词汇概念,一个类目聚合一组具有相同内容性质的文献。类目是分类检索语言最基本的要素。分类检索语言的标引与检索的整体功能都是通过类目及其联系实现的。一个具体的类目由分类号、分类名、类级、注释组成,其中分类号、分类名和类级是必需的。图 2 -4 表示了一个类目的结构。

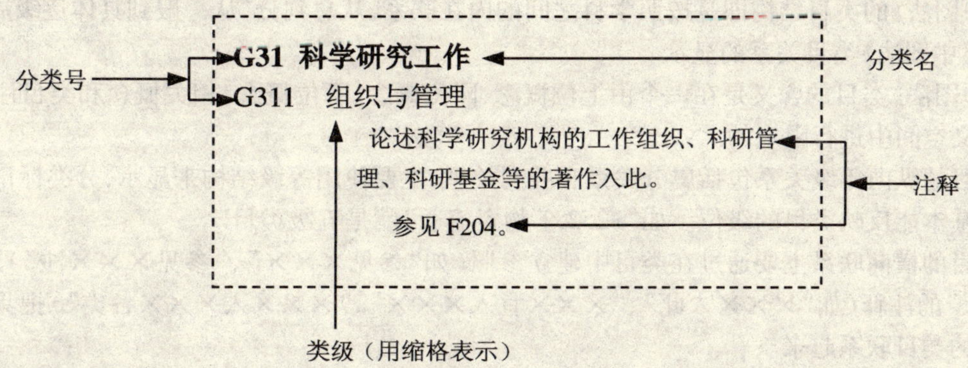

图 2–4 类目结构

• 分类号:简称类号。是类目的标记符号或代号。它起着固定类目的位置,明确各个类目的先后次序,在一定程度上表达各个类目之间的相互关系。标记符号按照其形式特征,可分纯数字类号、纯字母类号和字母数字混合类号。图 2 -4 中的分类号即是字母数字混合类号。

• 分类名:简称类名。是类目的名称,是用于描述类目内涵、外延的语词。下位类的含义一般都要继承上位类的内涵。

• 类级:即类目的级别,代表该类目在分类体系中的层次,显示类目间的等级关系。类级在文本界面中用缩格和字体表示,在数据库中用特定的字段标记。

• 类目注释:是类目的补充说明。注释的内容包括类目的含义、类目的范围、类目的分类方法、该类目与其他类目的关系等。

2.2.1.3 主要体系分类检索语言介绍

本节详细内容参见光盘:2. 主要体系分类语言。

(1)《中国图书馆分类法(第四版)》

《中国图书馆分类法》(简称《中图法》)是为了适应我国各类型图书情报机构对信息的组织与分类检索的需要而编制的一部分类检索语言。是我国当代具有代表性的图书分类法,被推荐为我国标准图书分类法。《中图法》是 1971 年由北京图书馆倡议,全国 36 个单位组成的编写组集体编制的,于 1975 年正式出版,1980 年出版第 2 版,1990 年出版第 3 版,1999 年出版第 4 版,并将原名《中国图书馆图书分类法》更名为《中国图书馆分类法》。

1)《中图法》宏观结构

宏观结构由以下部分组成:编制说明、基本大类表、基本类目表(简表)、主表(详表)、通用复分表(辅助表)、字顺索引(单独出版)、使用手册(单独出版)。

2)《中图法》类目结构

《中国法》分为五个基本部类,22 个基本大类。五个基本部类序列为:马克思主义列宁主义毛泽东思想、哲学、社会科学、自然科学、综合性图书。

22 个基本大类依次是:A 马克思主义、列宁主义、毛泽东思想、邓小平理论;B 哲学、宗教;C 社会科学总论;D 政治、法律;E 军事;F 经济;G 文化、科学、教育、体育;H 语言、文字;I 文学;

J 艺术;K 历史、地理;N 自然科学总论;O 数学科学和化学;P 天文学、地球科学;Q 生物科学;R 医药、卫生;S 农业科学;T 工业技术;U 交通运输;V 航空、航天;X 环境科学、安全科学;Z 综合性图书。

《中图法》的类目结构即是按照学科之间的内在联系,从总到分,从一般到具体逐级展开。

3)《中图法》类目关系的显示

《中图法》类目的含义是在一个由上位概念、同位概念、下位概念、相关概念和类目注释构成的语义空间中进行限定的。

类目的纵向等级关系包括属分关系和并列关系,主要使用等级结构来显示,分类标记符号的位数基本能反映类目的级位。如"F252.1 物资流通"就是五级类目。

类目的横向联系主要通过在类目中建立参照(如"参见×××"、"参见×××注"),以及通过"入"的注释(如"×××入此"、"×××宜入×××"、"×××入×××各类")把具有相关关系的类目联系起来。

类目的同一关系,主要使用交替类目来显示(交替符号"[ ]"),它既能揭示非一个类目内的从属关系,也能够通过跨类的指引起到揭示相关关系的作用。例如"[P735]海洋生物学 宜入 Q178.53(海洋生物)",说明"海洋生物学"和"海洋生物"这两个隶属于不同学科的类目具有同一关系。

4)《中图法》标记系统

① 标记符号与编号方法。《中图法》的标记符号采用拉丁字母与阿拉伯数字相结合的混合号码制。其中,拉丁字母用来表示基本大类,并可根据大类的实际配号的需要再展开一位字母标记二级类目,如"T 工业技术"的二级类目用 TB、TO、TE 等双位字母标记。在字母之后,使用阿拉伯数字表示。

② 编号制度。《中图法》基本采用层累制作为编号制度。一级类目用一位号码表示,二级类目用二级号码表示;同位类再顺序配以号码。为避免号码过长,同位类数量较多,采用八分法、双位制解决。

③ 辅助符号。为进一步增强标记符号的表达能力,适应类号灵活组合的需要,《中图法》采用一些特殊符号作为辅助标记符号。包括:间隔符号 . ;推荐符号 a ;总论复分号 - ;起止符号 / ;组配复分号 : ;交替类号[ ];国家、地区区分号( );时代区分号 = ;联合符号 + ;民族、种族区分号" ";通用时间、地点区分号〈 〉。

(2)《中国人民大学图书馆图书分类法》

《中国人民大学图书馆图书分类法》(简称《人大法》),由中国人民大学图书馆编制,1954 年正式出版,并在各图书馆广泛使用。1955 年、1957 年、1962 年、1982 年先后修订四次,1989 年对第 5 版社会科学类目进行增订,1996 年出版了第 6 版。《人大法》第一次将"马克思列宁主义毛泽东著作"列为基本大类,并置于首位。在编制技术上,采用单纯号码即纯阿拉伯数字为分类号标记,第一次突破十进制的束缚,根据学科发展设置类目,创造了 17 大类的序列。其 17 大类为:1 马克思主义毛泽东著作;2 哲学;3 社会科学、政治;4 经济;5 军事;6 法律;7 文化教育科学体育;8 艺术;9 语言、文字;10 文学;11 历史;12 地理自然科学;13 自然科学;14 医药、卫生;15 工程技术;16 农业科学技术;17 综合性科学、综合性图书。

(3)《杜威十进分类法》

《杜威十进分类法》(Dewey Decimal Classification, DDC),由美国麦威尔·杜威(Melvil

Dewey,1851—1931)设计,因其用阿拉伯数字十进(小数)制号码作标记符号而著称。1876 年首次出版,后不断进行修订,到 1996 年已经出版第 21 版。DDC 是世界上流传最广、影响最大的一部分类检索语言,已被翻译为 30 多种语言,使用于 135 个国家约 20 多万个图书馆。

DDC 第 21 版由主表、附表、索引和使用手册组成。DDC 的主表基本是以学科为中心展开的。其第一级类目先将所有的学科门类分为 9 个大类,将不能归入任何一类的设一总类,共十个基本大类。基本大类下再设置 9 个二级类加一个总类,依此类推,形成一个层层开展的十进分类体系。十个基本大类是:000 总类;100 哲学;200 宗教;300 社会科学;400 语言学;500 纯粹科学;600 技术科学;700 美术;800 文学;900 历史。

(4)《国会图书馆图书分类法》

《国会图书馆图书分类法》(Library of Congress Classification,LCC)是美国国会图书馆编制的大型综合性等级列举式分类法。LCC 分别由各类专业人员编制,各大类以分册形式先后出版。LCC 从 1902 年出版"Z 目录学"大类详表,直至 20 世纪 80 年代才基本完成,共约 43 个分册。国会图书馆经常进行一些修订,修订结果发表在每一季度出版的《国会图书馆分类表增补与修订》(Classification Additions and Changes,LC)上。1995 年美国国会图书馆将 LCC 类目全部转入机读形式。

LCC 基本上是一个以学科为中心的分类体系。共设有 21 个基本大类,基本大类下,再根据学科领域的特点展开,先划分出基本学科或分支,然后在进一步按主题、形式、地区、时代的区分展开,专门主题按从总到分,从一般到特殊的次序,逐级进行细分。21 个基本大类是:A 总类;B 哲学、宗教;C 历史:辅助科学;D 历史:世界史;E－F 历史:美洲史;G 地理、人类学;H 社会科学;J 政治;K 法律;L 教育;M 音乐;N 美术;P 语言、文学;Q 科学;R 医学;S 农业;T 工业技术;U 军事科学;V 海军;Z 目录学、图书馆学。

2.2.2 主题检索语言

2.2.2.1 主题检索语言概述

(1)主题检索语言的含义

主题检索语言,一般称为主题法。主题通常指信息论述的对象,经过筛选并经过一定程度控制的、用以表述信息内容主题的语词,称为主题词。所谓主题检索语言,一般指以表达主题内容的词语作标引对象,按主题词的字顺序列组织文献,并用参照系统显示概念之间相互关系的一种信息检索语言。主题检索语言主要用于组织各类信息检索工具,一般不用于实体文献的排架。

(2)主题检索语言的特征

主题语言也是从内容角度标引与检索文献信息的,但有着自身的特点和要求。

1)按主题集中文献信息。与分类语言从学科专业角度标识信息内容不同,主题语言是直接以特定的事物、问题、现象等主题对象揭示信息内容,不受分类语言学科体系的限制,具有专指性、明确性和单义性。为集中主题相同的信息,对同一主题对象只使用同一主题词标引。如果一个主题概念有多个同义词、异体词,一般只选用一个词作为正式主题词来标引文献(标引词),其余的词作为入口词。例如"电子商务、电子数据贸易、无纸贸易、电子商业、虚拟经济、EDI"等词,基本表示同一对象,根据使用习惯,将"电子商务"作为标引词,其他词作为入口词,指引查找标引词。这样,便可将同一主题概念的文献集中在同一主题下。

2)直接以词语作为检索标识。分类语言都用一套标记符号来标识类目(词汇),类号与类名紧密相连,一一对应。与分类语言不同,主题语言直接采用规范化的自然语言进行标引与检索,概念与类目形成一体,直观明确。例如,关于“信息的搜集”这一主题,分类语言(如《中图法》)标引为G352.2,但在主题检索语言中,则直接标引为“信息搜集”。

3)用参照系统显示主题概念之间关系。对于主题概念关系的显示,分类语言主要是通过自身的等级、层次结构(如上下位类、同位类、相关类、交替类)来实现的,而主题语言的方式是通过参照系统,在主题词下设置“用、代、属、分、参、族”参照项,以表示概念之间的等同关系、等级关系和相关关系,并备有词族索引、范畴索引等多种辅助索引,从而在主题语言系统之间建立起充分的联系。

(3)主题检索语言的性能

1)提供信息的特性检索

主题语言以反映信息内容的主题词直接表述信息,具有按事物主题集中揭示信息内容的功能。无论信息内容的属性如何,都可用简明扼要的词语将信息内容所包含的各个主题直接反映出来,并且将从不同学科角度来研究同一主题的信息集中在一起,提供按事物名称检索文献的途径,满足特性检索需求。如有关“鲁迅”的文献资料,分类语言将其归入文学、艺术、文化、历史、哲学等不同学科门类中,然而在主题语言中,可直接在“鲁迅”这个主题下集中予以揭示。

2)具有检索的直接性和通用性

主题检索语言系统是按主题词的字顺序列排列的。我国以主题语言组织的检索系统通常是根据汉字的特点,按照拼音或笔画笔顺进行排检的。因此利用主题语言编制的检索系统,不必预先了解主题词所属的学科专业范围,只要知道检索对象的名称,就可按相应的方式进行查找;在数据库系统中,直接输入主题词即可。

2.2.2.2 主题检索语言的类型

主题语言有多种类型,按照主题词的选词方式,可以分为标题词语言、单元词语言、关键词语言和叙词语言。

(1)标题语言

标题语言是最早出现的主题语言,也称标题法、标题表。标题语言是用规范化的自然语言作为标识,直接表达信息主题概念,并用参照系统显示标题之间关系的一种主题语言。目前使用范围最广的标题表是《美国国会图书馆标题表》。

标题语言中的“标题”是指经过规范化处理的,可直接表达信息主题内容的词、词组或短语,通常为独立定型、专指性强、具有检索意义的术语。例如,“西安事变”、“重庆谈判”、“国共合作”等,都可以作为标题词。而“历史”这一名词泛指一切事物的发展过程,检索性较弱,不易作为主标题。标题语言还采用了一些方法对同一标题下的内容进行细分,例如,多级标题:“肿瘤-治疗”,“水果-病虫害”,组配符号“-”后的标题称为子标题或副标题;倒置标题:“飞机,低空”,“飞机,高空”,“,”号前为原复词标题的后置部分;带限定词的标题:“橘(水果)”,“橘(树)”,置于“()”号中的为限定词。这样,通过不同形式,对同一主题对象的各个方面特性进行专指标引,以此集中同一主题的所有信息。

标题语言具有主题语言的共同特性:

1)按信息所涉及主题集中信息,具有特性检索功能。

2)用经过规范化的语词直接标引信息主题,直观而明确。

3)用参照形式揭示具有等同关系和相关关系的标题词语。

4)用字顺序列直接提供主题检索途径。

标题语言的主要不足是由于采用列举方式,往往造成词汇量大,专指度相对较低;同时采用定组式标题,即只能从事先规定的组配顺序进行查找,影响检索效率。

(2)单元词语言

单元词语言是为了克服标题语言的不足而产生的。

单元词语言也称单元词法。它是以来自自然语言,经过规范化处理的单元词作为标识,通过单元词的字面组配来表达主题概念的一种主题语言。单元词简称元词,是指字面上不能再分解的词语。如“经济法”、“贸易”就属单元词,如果再分解,就不能表达专业内容,失去检索意义,而“经济合同法”、“贸易统计”还可以进一步分解为“经济”与“合同法”,“贸易”与“统计”。对复合主题的标引与检索,单元词语言是通过单元词间的组配进行的。

单元词语言的突出特点在于,它的词汇(标题)是组配构成的。通过不同的组配形式,可将若干单元词组成多个表达复合概念的标题,专指性较高。同时它是后组式的,即到检索时才将它们组配起来使用,组成“标题”的每一个单元词都可以作为检索入口词,从而提高检索效率。

单元词语言的主要不足:由于其强调标识的单元性,难以完整表达事物的复合概念;由于其采用字面组配方法,组配单元词时容易产生语义偏差;早期的单元词缺乏完善的参照系统,难以进行相关主题信息的检索。所以目前单元词语言已被叙词语言代替。

(3)叙词语言

所谓叙词(Descriptor),我国多称主题词,指经过严格控制的用以表达信息内容主题的词和词组。叙词语言也称叙词法、叙词表。它是以自然语言中优选出来,经过严格处理的语词(叙词)作为标识,通过叙词的概念组配来表达主题概念,并用完善的参照系统显示概念间关系的一种主题语言。

叙词语言形成于20世纪50年代末,是在吸收标题语言、单元词语言和分类检索语言优点的基础上发展起来的,现已经成为主题语言的主流。目前国外叙词表的数量近千种,我国前后编制的各种类型的叙词表已达130多种,目前使用最广泛的是《汉语主题词表》。

由于叙词语言是建立在其他检索语言的基础上,所以它除了具有主题语言的共同特性外,还具有以下三个突出优点:

1)直接表达主题,概念标识更为明确。叙词语言以表达信息内容基本概念的语词作为标识,语词既包括单元词(单一概念),也包括词组(复合概念)。例如,“人体摄影”这一复合主题,单元词语言使用“人体”、“摄影”两个单元词组配,分解的词义和它们独立表达的概念不一致,容易造成误检。而叙词法则可直接用“人体摄影”一词标引,因此对主题的表达更为明确。

2)依据概念组配,语义标识更为准确。对于复合概念的标引,单元词语言采用字面匹配方式,标引结果容易一致,但概念的准确揭示易受影响。叙词法严格按照概念关系处理复合主题的分解与组配,能够准确、专指地揭示各种主题。例如,“进化遗传学”这一主题,按字面组配,是将“进化”与“遗传学”进行组配,而依据概念组配,则是用构成该主题的概念单元“进化论”与“遗传学”进行组配,其结果显然比字面组配精确。

3)参照系统完善,具有较强的概念表达能力。叙词语言采用比较严密的参照系统来显示叙词之间以及叙词与非叙词之间的等同关系、等级关系和相关关系，同时采用体系分类语言基本原理编制叙词范畴索引和词族索引，从更多的途径来反映叙词的语义关联性，有助于提高叙词语言的标引与检索质量。

叙词语言的主要不足表现在：其一，词汇控制要求严格，使得叙词表的编制与管理难度较大；其二，概念组配规则较为复杂，标引难以较大，标引速度慢。

(4)关键词语言

关键词语言是直接以描述主题内容的关键词作为标识，按字顺排列，提供主题检索的一种主题语言。所谓关键词，是指对表达信息内容主题具有实质意义的语词。如文献的标题（篇名、章节名）、摘要、正文中对于揭示主题内容起关键作用的，具有检索意义的语词。例如“都市文明与女性文学关系论析”，其中“都市文明”、“女性”、“女性文学”三个词都是描述这篇文献主题的，具有检索意义，可以作为关键词。

与标题语言、单元词语言和叙词语言相比，关键词语言的主要特点是：

1）规范化程度低。关键词语言、标题语言、单元词语言和叙词语言都是来自自然语言，不同的是，标题词、单元词和叙词要对取自自然语言的词语进行严格的规范化处理，而关键词不作或者只作少量规范化处理，一般保持语词原状，同义词、近义词、一个词的不同形态等都可以并存，只要有检索价值、反映主题内容的，都可以作为关键词。

2）不能显示词间关系。在关键词系统中，所有的关键词都是平等的，按字顺排列，其间没有关联。

关键词语言突出的优点是，利用关键词语言可以实现主题的自动化标引，标引速度快，效率高。常规的做法是编制“非关键词表”（又称为“禁用词表”），分别列出冠词、介词、连词、代词等无检索意义的词。在标引或检索时，只要是不在禁用词表中的词，都可作为关键词的备选词。

关键词语言的不足在于，由于缺乏词汇控制，不显示词间关系，因而在关键词系统中，同一主题的文献往往因用词不同而被分归在不同地方，所以，虽然关键词语言直接采用原文献词语进行标引，具有较高的检准率，但难以进行族性检索，检全率则较低。因此，一般将关键词语言作为一种准主题检索语言。

2.2.2.3　主题检索语言——叙词语言的结构

(1)叙词表的宏观结构

叙词语言的表现形式是叙词表。世界上叙词表种类较多，结构也不完全相同，但大体是由一个主表（字顺表）和若干个辅表组成。

1）字顺表。是叙词表的主表。是将叙词（正式主题词）和非叙词（非正式主题词）按字顺排列的词汇表。每一叙词款目包含标注事项和显示词间关系的参照系统。参照系统以用、代、属、分、参5个参照项表示叙词间的等级、等同和相关关系。字顺表的基本功能提供按字顺查找所需叙词的途径，并通过参照系统及有关标注项帮助确定叙词含义，指引找到更多和更恰当的词。字顺表是标引和检索的主要依据。

2）专有叙词表。是将专有名称叙词（如地名、人名、机构名等）单独集中并按字顺排列的词汇表。它是主表的一个组成部分，其作用是缩小主表的篇幅，便于专门领域叙词的查找。

3）分类索引。也称范畴索引。它是将正式叙词和非正式叙词按其所属学科或范畴编制的词汇索引。一般先设立若干大类，在大类下再分若干二级、三级小类，小类之下将所属叙词按字顺排列，形成一个类似体系分类表的概念分类系统。分类索引是一种重要的辅助索引，其功能是提供从学科或专业角度查找叙词。

4）等级索引。也称词族索引。它是将字顺表中具有等级关系（种属关系和整部关系）的正式叙词，按属分关系构成词族，并按各词族的族首词（外延最广的词）字顺排列的索引。等级索引的主要作用是，提供从族首词出发查找叙词的途径，通过族首词可以找到一系列同族的叙词。

5）轮排索引。又称轮排表，是将全部叙词按其所含的词素的字顺进行排列，使含有相同词素的叙词集中在一起的词汇索引。轮排索引的主要方式有词外轮排、词内轮排和倒置轮排三种。轮排索引是一种从词素角度查找叙词的辅助索引，其主要功能是提供查找叙词的多个入口，便于在具有相同词素的词中选择叙词。

6）双语种索引。是将全部或大多数叙词与其外语译名相对应，按外语译名字顺排列的索引。双语种索引的作用是提供通过外文译名使用叙词表的途径，便于标引与检索另一种语言时选择叙词。

（2）微观结构——字顺表的款目结构

叙词表的微观结构即是主表（字顺表）中叙词的款目结构。正式和非正式叙词的款目一般由款目词项、标注项和参照项组成。但两者在参照项目上具有差别。

正式叙词的款目内容一般包括：

• 款目叙词项：在汉语叙词表中除了款目叙词外，还有汉语拼音和对应的英语译名。

• 标注项：包括款目叙词所属的范畴号、款目词的序号、族首词符号、部分款目词的含义注释和用法注释等。

• 参照项。比较多的参照项有："代"项（非正式叙词），符号为"D"；"分"项（下位叙词），符号为"F"；"属"项（上位叙词），符号为"S"；"族"项（族首词），符号为"Z"；"参"项（相关叙词），符号为"C"。一些叙词没有参照项，即是无关联词。

非正式叙词的款目项与正式叙词基本相同，标注项中，一般没有注释项，参照项只有"用"项（应用的正式主题词），符号为"Y"，指出代替它的正式叙词。

2.2.2.4 《汉语主题词表》

本节详细内容参见光盘：3.《汉语主题词表》及其结构。

《汉语主题词表》（以下简称《汉表》）由中国科学技术情报所和北京图书馆主编，1980 年正式出版。是我国第一部大型综合性汉语叙词表。全书按社会科学和自然科学两个系统分别排列，共分三卷十个分册，收录主题词108 568条，其中正式主题词91 158条，非正式主题词17 410条。第一卷社会科学（两个分册），第二卷自然科学（七个分册），第三卷是社会科学和自然科学共用的附表（含世界各国政区名称表、自然地理区划名称表、组织机构名称表及其英汉对照索引）。整个词表共收词108 568个，其中正式主题词91 158个，非正式主题词17 410个。

《汉表》结构完备，词汇控制严格，词汇类目丰富，专指度深，是我国图书情报单位通用的主题标引工具。1991 年，中国科学技术情报所对词表自然科学部分进行修订，出版了自然科学部分的增订版。1994 年，由北京图书馆主持出版了在《中图法》类目和《汉表》主题词对应的基础上编制的《中国分类主题词表》，2005 年出版了第二版（详见后）。

2.3 信息检索语言应用趋势

分类检索语言和主题检索语言在功能上各有优势和不足。为了满足信息存储和信息检索的需要,人们将它们加以结合,从而形成分类主题一体化检索语言。随着信息存储和信息检索的计算机化,使分类检索语言和主题检索语言向机读化发展,促进了这两种检索语言结合使用。随着计算机技术的发展,直接来自信息本身,未经规范化处理,标引与检索简便快捷的自然语言又受到人们的关注。分类主题一体化语言和自然语言代表了未来信息检索语言的发展方向。

2.3.1 分类主题一体化语言

2.3.1.1 分类主题一体化的基本原理

所谓分类主题一体化语言,是指兼具分类与主题两种标引和检索功能的检索语言。分类语言和主题语言是标引信息的两种不同方法,虽然各有特征,但两者存在密切关系,具有其共性。20 世纪 80 年代始,我国开始研究分类语言和主题语言二者结合的可能性,提出分类主题一体化语言。

分类主题一体化的内在依据在于分类语言和主题语言的基本原理是相通的。主要表现为:其一,两者都采用分类这种人类思维的基本形式为认识论基础。其二,两者都是表达文献主题概念及其相互关系的概念标识系统,相应领域的分类类目和主题词之间有着极为密切的对应关系。其三,两者都进行基本相同的词汇控制,标识含义大致相同或对应。分类语言与主题语言的基本原理一致性为两者的一体化结合和互补提供了可能性。

所谓分类主题一体化,是指综合分类语言和主题语言的功能特点,对分类表和叙词表的术语、标识、参照及索引实施统一的控制,并根据相应的转换规则建立起一一对应的关系,使两者有机地融合为一体化词表,通过一体化词表把分类语言与主题语言联系起来,发挥两种检索语言的整体优势。这种优势主要表现为:从标引的角度说,利用分类主题一体化词表,可以同时完成文献的分类标引和主题标引,提高标引的效率和质量;从检索的角度说,可以在一个系统中同时进行分类和主题两种方式的检索,实现分类检索和主题检索的互补,从而提高检索效率。

20 世纪末,我国陆续编制出版了十余部一体化词表,如《中国分类主题词表》、《社会科学检索词表》、《农业科学叙词表》等。其中《中国分类主题词表》影响最大,使用最广。

2.3.1.2 《中国分类主题词表》

本节详细内容参见光盘:4.《中国分类主题词表》及其结构。

《中国分类主题词表》由《中图法》编委会编,是在《中国图书馆分类法》第三版和《汉语主题词表》第一版的基础上编制的分类语言和主题语言相互对应、兼容的一体化检索语言。第一版于 1994 年出版,分 2 卷 6 册,收录分类法类目 5 万余个,主题词及主题词串 21 万余个,其中正式主题词101 376个。包括"分类号—主题词对应表"和"主题词—分类号对应表"两部分。

2005 年出版第 2 版和电子版,它是以《中国分类主题词表》第 1 版编制规则和"主题词机读规范数据"、"《中国图书馆分类法》第 4 版机读数据库"为基础,以满足电子版功能为主,兼顾手工印刷版需求而编制的。第2版对第1版全面系统地做了修订，增补新学科、新事物、新概念的主题词20 000多条，删除无使用频率的旧词包括修改为入口词的有12 000多条，增补自然语言形式的入口词共21 000多条，修改和完善主题词的参照关系，其中有属分关系或相关关系参照的主题词达77%，对《中图法》第4版类目做了部分修订和调整。共收录分类法类目52 992个，主题词110 837条，主题词串59 738条，入口词35 690条，包括哲学、社会科学和自然科学、工程技术等各领域的学科和主题概念。

《中国分类主题词表》（第2版）是我国目前规模最大的一部分类主题一体化检索语言。其功能主要体现在以下两方面：

（1）实现分类主题的一体化标引

《中国分类主题词表》实质是将《中图法》的类号、类目与《汉语主题词表》的主题词对应起来，以实现两种不同检索标识的兼容互换。从分类角度看，它是将主题词对应于类目之后，使主题语言兼容到分类语言中；从主题角度看，它又将分类号对应于各主题词下，使分类语言兼容于主题语言之中，从而使两种检索语言有机地融合于一体，实现有效的互补。在文献标引时可一次标引获得两种检索标识。特别是电子版可通过各种检索途径快速准确地检索类目和主题词，通过超文本技术实现类目间、主题词间、类目与主题词间的自动链接，对命中的标识与文献主题所需标识进行比较分析、判断、选择，实现分类主题一体化的准确标引。

（2）实现分类主题的一体化检索

《中国分类主题词表》采用基于类目含义的一体化对应方式来反映类目和主题的关系，实现了类目含义与主题意义的兼容，因而可以说是构建了一个完整的知识地图。特别是电子版采取分类逻辑排列体系和主题词字顺体系显示方式，达到浏览和互动检索的目的，可依主题概念和主题词查找到所需文献的类号，通过类目树鸟瞰该学科体系，选择合适的类号和对应的主题词检索文献。可以说真正实现了分类主题一体化的概念检索，是族性和特性互补检索的重要工具。

2.3.2 自然语言

（1）自然语言的含义

自然语言指文献作者原来使用的语言，包括文献题名、摘要、正文及参考文献中的具有一定意义的语词。

自然语言是相对于受控语言而言的。受控语言和自然语言的最大区别在于，它对自然语言进行了人工控制，排除了多词一义、一词多义和词义含糊的现象，有较高的检准率。然而这种规范化语言有其固有的弊端：第一，受控语言规范化程度高，一般都有复杂的标引规则，所以标引速度慢，成本高，无法适应信息量急剧增长的态势；第二，受控语言一般以实体文献为主要标引对象，难以处理网络各种类型、形式多样的信息；第三，受控语言特别是分类语言体系结构相对稳定，词汇更新频率较慢，对学科新概念的反映滞后；第四，受控语言既是标引语言，也是检索语言，检索时需要遵循选词的规范性和检索句法的合理性，增加了用户的负担。因而，受控语言越来越不适应标引与检索的实际需求。

受控语言的弱点正是自然语言的优势。自然语言没有词表的约束和复杂规则的限制，可以使用在文献中出现的任何一个有实际意义的词进行标引与检索，所以比使用受控语言方便得多。随着网络技术和计算机技术的发展，自然语言得以广泛的应用。

(2)自然语言的标引类型

自然语言的标引方式大体包括以下三类：

1)无标引方式

这是一种不进行标引，直接利用计算机，对存储在计算机中的文本进行任意字词的匹配查找的方式，也即全文检索。理论上说，原文中的每一个单词(字)都可以作为检索词使用。由于不需要标引，信息处理的速度快，但查准率低。

2)自由标引方式

自由标引即人工标引，标引人员在对文献信息内容进行分析后，按一定的规则，将文献原文所用的，能够描述文献内容主题的，具有关键性意义的词抽出来，按字顺排列提供检索。由于不使用词表，自拟标引词，所以标引速度比使用受控语言标引快得多，标引成本也大为降低。同时可自由选择与信息内容主题专指度一致的词标引，可达到较高的检索效率。

3)自动标引方式

自动标引即利用计算机从信息内容中自动抽取词汇作为标引词的方法。主要有两种方式：①自动抽词标引。即采用计算机来"阅读"被标引的文本内容，统计文本中词的出现次数，将文本与"禁用词表"进行比较，剔除各种非实义词(如冠词、介词、连词等无标引意义的词)，再对剩下的词按出现频率进行排序，按照一定规则，选择具有一定频率的词作为标引词。②自动赋词标引。即将从文本中抽出的词与事先存储在计算机中的主题表中的词进行对比、分析，来选定标引词。

(3)自然语言的优势与不足

1)自然语言的优势

自然语言的优势主要是：①标引速度快。由于直接使用不经过控制的自然语言中的语词作为标引与检索标识，所以标引灵活，速度快。②专指度高。经过精选的受控语言不可能使用文献中的全部词汇，所以专指度有限；而直接使用原文献用语标引和检索，可以达到较深的专指度。③信息表达客观。由于标引词来自原文献，因而能够客观表达文献主题内容，概念失真率低。④更新及时。自然语言标引不受语词的限制，不存在受控词汇或类目滞后的问题，可以随时增加新词，达到理想的查准率。

2)自然语言的不足

自然语言的最大不足是检全率较低，误检率较高。由于自然语言的标引与检索用词没有进行控制，因而无法排除多词一义、一词多义的现象，这样必然使同一主题的信息分散在其同义词、近义词汇和不同专指度的词下，要想检索出某一主题的所有表达形式，难度较大，极易造成漏检；同时自然语言也没有显示词语间的各种关系，因而无法实现扩检、缩检和相关检索。

为了克服自然语言的局限性，人们对自然语言采取了某些改进措施。例如，对自然语言检索系统实行词汇控制，当然这种控制不是完全搬用受控语言检索系统的词表和分类表，而是采用配备后控制词表的方式。所谓后控词表，是对自然语言词间关系进行揭示和控制的概念集合。这种方法允许在标引阶段可以不查词表，自由地选择标引用词，但在检索时利用后控词表。后控词表采用字顺或分类方法显示自然语言之间的各种关系，兼有自然语言和常规受控语言的优点，既可提高检索专指度，又可满足族性检索。

第3章　信息检索工具：工具书

3.1　工具书概述

3.1.1　工具书的含义与特征

(1)工具书的含义

所谓工具书，是根据一定的需要，广泛收集某一范围的有关资料，按特定体例或方式编排，提供文献线索和基本知识的一种特殊类型的图书，是信息检索的重要工具。

(2)工具书的特征

与普通图书相比，工具书有其自身的特点，这就是：

①概括性和信息性。工具书是对大量文献进行提炼加工后而形成的信息密集型文献。在内容上既广采博收，又高度浓缩，能提供完整详尽、系统概括的基本知识和高密度的信息资料。

②检索性和查考性。工具书以科学的编排形式，严谨的结构体系，将原本松散无序的一次文献排列组合为有序的、可供检索和利用的知识。

③正确性和客观性。工具书一般要求摒弃不成熟的、有争议的、含糊不清的概念和知识，而收录、介绍比较成熟的、可靠的、公认的、具有权威性的观点和概念。

3.1.2　工具书的结构

工具书的结构大体上由前言、凡例、目录、正文、辅助索引和附录补遗等几部分组成。

(1)前言

前言一般说明工具书的编纂宗旨、编纂经过、收录范围、内容特点、使用价值等。

(2)凡例

凡例也叫说明，置于前言之后。主要介绍其编纂体例、编排方法及细则、特定符号等，并辅之典型举例。通过凡例，可以了解工具书的使用方法。

(3)排检法

排检法置于凡例之后，主要反映工具书正文的编排方法，是查询正文的途径。一般包括分类(或主题)类目表、词目笔画(或音序)表、时间或地域表等。

(4)正文

正文是工具书的主体部分，是查阅的主要内容。正文一般按目录表以连续号码编排。

(5)索引

索引排列于正文之后，是供查阅正文部分的检索途径。一般来说，辅助索引越多，检索途径就越广，检索效率也就越高。

(6)附录(补遗)

附录(补遗)附于工具书最后，一般包括与工具书有关的文章、图表、资料、索引等，或补充正文遗漏处及须订正的事项。其功能是扩大工具书查考功能，帮助理解正文。

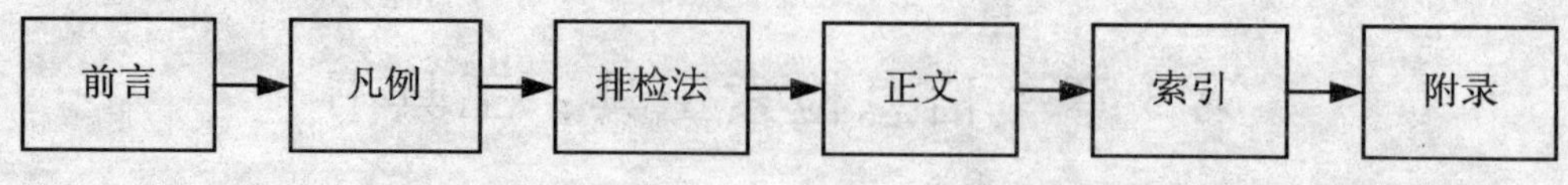

图 3–1　工具书结构

3.1.3　工具书的类型

按工具书的性质和功用划分，工具书可划分为以下六种类型。

（1）线索类工具书

这类工具书主要提供查找文献线索，包括书目、索引、文摘。书目是书本式图书目录的简称。它记录一批相关图书的外部特征，如书名、作者、卷册、版本、出版社、出版时间等，也涉及图书的源流和主要内容，按一定的次序编排而成，具有提供文献线索、介绍文献概况的作用。索引是将书、报、刊中的资料，如篇名、主题字句、人名、地名等分别加以摘录，按一定的顺序编排组织，并注明出处或页码，以供检索的工具。文摘是将论文和书籍的主要内容准确扼要地摘录下来，按一定方式编排而成的工具。它既能提供文献线索，又可查到文献的摘要。如《民国时期总书目》、《十三经索引》、《化学文摘》等。

（2）词语类工具书

这类工具书主要提供字、词的形、音、义和使用方法，以及学科名词术语的含义、演变和发展，包括字典、词典和百科全书。字典以字为单位，按一定次序排列，说明形体、读音、意义和用法。词典，也作辞典，以词语为单位，按一定次序排列，解释词汇的概念、含义和用法。百科全书是以词典的形式编排，系统而又客观简明地叙述各学科专门术语、重要名词，注重反映学科新研究的大型工具书。典型的词语类工具书如《汉语大字典》、《汉语大词典》、《中国大百科全书》等。

（3）资料类工具书

资料性工具书能够提供各种基本知识或某一专题的资料。主要有年鉴、手册、类书、政书、名录等。年鉴是汇辑一年内重要资料，如学术动态、重要事件、统计资料等，按年度出版的工具书。手册也称指南、便览、大全等，主要汇录某一学科或主题既概括全面又具体实用的知识和资料。类书是辑录历代典籍中各个门类或某一门类的资料，包括史实典故、丽词骈语、诗赋文章、名物制度等，按其类别或声韵编排的工具书。政书是汇集历代或某一朝代的政治、军事、经济、文化、外交等方面制度史料的工具书。名录是一种专门对人名、地名、机构名以及其他事物名称进行排序，并对相关事项予以简要揭示和介绍的工具书。如《中国经济年鉴》、《基础化学反应实用手册》、《佩文韵府》、《中国政府机构名录》等。

（4）表谱类工具书

表谱性工具书是按对象的类别或系统，以表格或其他较为整齐的形式，附以简略的文字，着重反映史实和时间。主要包括年表、历表和专门性历史表谱。年表按年代顺序编制，专供查考历史年代、历史纪元及历史大事。历表除用于查考历史年代和历史纪元外，主要用于换算不同历法的年、月、日。专门性历史表谱主要用于查考人物、职官、地理等专题资料。如《中华民国大事记》、《中国历史纪年表》、《历代职官表》等。

（5）图录类工具书

这类工具书主要反映各种事物、人物的空间概念和形象概念。包括地图、历史图录。地图是地球表面事物和现象在平面图上的缩影,以反映各种自然和社会景象的地理分布及其在空间与时间上的相互制约、内在联系和发展动态。历史图录是以图形揭示历史人物和事物的工具书。如《世界地图集》、《中国现代史地图集》等。

(6)工具资料书

工具资料书也叫边缘工具书。主要指那些介于工具书与非工具书之间,既具有一般图书的阅读功能,又备有工具书的查检功用的文献。这类文献主要是资料汇编。资料汇编根据既定要求,有针对性地摘编文献的片断或全文,按专题或学科分类编排,既可阅读,也可查检。包括法规资料汇编、条约资料汇编、统计资料汇编、教学科研资料汇编。

3.2 工具书排检法

本节详细内容参见光盘:5.工具书排检法。

所谓排检法,是为便于人们从不同途径查阅工具书而采用的编排组织形式。排即编排,任何工具书都是对所收资料的科学化、系统化的组织,并按一定的顺序排列而成。检即检索,指根据工具书的编排方式查找文献的方法。编排的目的是为了检索,检索则需按排列的规则去进行。对工具书的编纂者来说是编排方法,而对工具书的使用者来说则是检索方法。因而排与检是互相联结、密不可分的,所以统称为排检法。

工具书排检法主要有三大系统:字顺排检法、类序排检法和自然顺序排检法。

3.2.1 字顺排检法

简称字顺法。字顺排检法是按照汉字字形或读音的一定顺序编排工具书词目的方法。由于汉字具有形音义的特点,形体结构和读音较为复杂,所以,人们根据汉字的形体结构或字音,从中归纳其共同特征,就形成了字顺法。字顺法包括形序法、音序法两大类。

3.2.1.1 形序法

形序法是根据汉字形体结构的特点进行排检的方法。常用的有部首法、笔画法和号码法。

(1)部首法

部首法是根据汉字的形体结构的特点,以其偏旁(汉字的各个组成部分)的同一性来归类编排的方法。汉字的形体结构,除少数属独体字外,大多是合体字,其间彼此具有一部分相同的形体,把这些形体相同的部分归为一类,称为偏旁或部首。例如:发、叔、叟、桑,其间都有相同形体“又”,“又”即这些字的部首。同部首的字再按笔画多少依次排列。在独体字中,有的本身就是部首,如食、鱼、自、一。

东汉许慎的《说文解字》把9353个汉字归纳为540个部首,首创部首法。南梁顾野王的《玉篇》为524部;辽代释行均的《龙龛手镜》改为242部;明代梅膺祚的《字汇》又简化为214部;后来的《康熙字典》、《中华大字典》,以及旧版《辞源》、《辞海》均沿用214部。

建国后出版的字词典依然沿用部首法,但对其进行了较大的删并和调整。《新华字典》减化为189部;《现代汉语词典》则减化成188部;1979年版的《辞海》将旧版《辞海》的214部删减增并为250部;《汉语大字典》和《汉语大词典》以传统的214部为基础,酌情删并为200部。

(2)笔画法

笔画法又称笔数法,是以汉字笔画的多少为排列次序的方法,笔画少的在先,笔画多的在后。笔画相同的汉字,其次序的排列一般有两种方法,一是笔画部首法,即同笔画的字,再按部首顺序加以排列;一是笔画笔顺法,即同笔画的汉字,再按笔形的顺序排列。汉字的书写,起笔一般有七种,即丶(点)、一(横)、乛(横折)、丨(竖)、乚(竖折)、丿(撇)、𠃋(撇折)。这七种笔形,通常归为五种,即丶、一、丨、丿、乛、(包括乚、𠃋)。

(3)号码法

号码法是根据汉字一定部位的笔形及结构,用数字标出并连结为一个号码,再依号码顺序排列的方法。号码法包括四角号码法、中国字庋撷法等。其中,四角号码法影响最大,流行最广,为各种工具书所广泛采用。

四角号码法是把汉字四个角的笔形,用数字表示并连接为四角号码,再按号码顺序排列的方法。首先把汉字的笔形分为十类,用0—9 十个数字表示(0 头、横 1、垂 2、点 3、叉 4、插 5、方 6、角 7、八 8、小 9),然后,将字的四个角的笔形转换为四个数字,例如"增"字的左上角为"4"、右上角为"8"、左下角为"1"、右下角为"6"。最后,按字的左上、右上、左下、右下四角的顺序取号,把笔形数字连接起来,就组成这个字的四角号码。如"增"的四角号码为 4816。

四角号码的优点是不管部首,不数笔画,只要掌握其十种笔形所代表的号码,见字形就知号码。如"鬳"字,一看便知是 0026,查找速度很快。其不足之处是取号规则较繁。

3.2.1.2　音序法

音序法是按字音顺序排列汉字的方法。有汉语拼音字母法、注音字母法和声韵法三种,使用最普遍的是汉语拼音字母法。

(1)汉语拼音字母法

汉语拼音字母法是按《汉语拼音方案》26 个字母顺序排列汉字的方法。26 个字母顺序是:Aa Bb Cc Dd Ee Ff Gg Hh Ii Jj Kk Ll Mm Nn Oo Pp Qq Rr Ss Tt Uu Vv Ww Xx Yy Zz。其中 V 字母只用于拼写外来语、少数民族语言和方言,i、u 两个字母不用于音节开头。

汉语拼音字母法的编排是逐字按字音的第一个字母的次序排列,第一个字母相同的,按第二个字母的顺序,依此类推。字母完全相同者,再依声调即阴平(—)、阳平(/)、上声(∨)、去声(\)、轻声顺序排列。检字时,应先确定首字母在 23 部中的部位,然后顺序查出音节,最后看其声调。

汉语拼音字母法据音以查字,不受汉字笔画、笔形和部首的制约。但如果不知读音或读音不准,也即无法检索。然而由于这种方法排列科学、严谨、稳定,检索快速、准确、简便,因而有较强的实用性。

(2)注音字母法

注音字母法是按照注音字母的顺序排列汉字的方法。注音字母是在《汉语拼音方案》公布以前所使用过的以北京语音为标准的字母。注音字母共 37 个,其中声母 21 个,韵母 16 个。顺序是,声母:ㄅㄆㄇㄈ(ㄪ)ㄉㄊㄋㄌㄍㄎ(ㄫ)ㄏㄐㄑ(ㄬ)ㄒㄓㄔㄕㄖㄗㄘㄙ。韵母:ㄚㄛㄜㄝㄞㄟㄠㄡㄢㄣㄤㄥㄦㄧㄨㄩ。扩号内的三个字母,是注方言用的。

注音字母法的排列也是按字母顺序,同字母者再按四声次序排列。按这种方法编排的工具书不多,大都附有辅助索引,或附"注音字母和汉语拼音字母对照表"。

(3)声韵法

声韵法是我国古代以平上去入四声和韵部排列汉字的方法。这种方法先将汉字按平上去入四声分为四类,在每一声类下,再将韵母相同的汉字归在一起,组成一韵部,并取其一字作为这一韵部的代表字,称为“韵目”。古代许多韵书都用此法。

韵部的划分,各个历史时期有所不同。隋代陆法言等编的《切韵》为193部;宋代陈彭年等的《广韵》、丁度等的《集韵》沿袭《切韵》的体例,分韵增至206部;南宋刘渊的《壬子新刊礼部韵略》将206韵并归为106部;金代王文郁的《平水韵略》又改并为106韵;明代乐韶凤等的《洪武正韵》将汉字重新归类,把韵目改订为76部。其中较为通行的是106韵。由于当代多数人不懂古韵,所以按声韵编排的工具书新版重印时都附有辅助索引。

3.2.2 类序排检法

类序排检法是按学科体系、事物性质及主题内容等分类排列的方法。包括类别法和主题法两大类。

3.2.2.1 类别法

类别法是根据文献内容所属不同的类目进行编排的方法。文献的类目既可按学科系统划分,也可按事物性质划分。因此类别法可分为两类:按学科体系归类和按事物性质归类。

(1)学科体系分类法

学科体系排列法是将文献资料内容按分类体系进行编排的方法。古今对文献资料的分类方法不同,所以古今文献的编排方法也有所不同。

我国的文献分类产生于汉代。刘向、刘歆父子所著的《七略》和班固的《汉书·艺文志》均以“六分法”(六艺、诸子、诗赋、兵书、数术、方技)来类分图书。西晋初年,荀勖撰《中经新簿》,改六分法为甲、乙、丙、丁四部。唐代魏征撰《隋书·经籍志》,又以经、史、子、集类名标示四部,奠定了四分法的基础。清代纪昀等编纂《四库全书》时,对四部分类又加以整理,使四分法日臻完善,成为我国古籍图书的分类标准。

四部的收录范围如下:经部主要收录儒家经典著作十三经和历代注释、阐述儒家经典的大量古籍。经部文献所涉及的知识门类相当广泛,涉及哲学、经济、政治、文化、历史、语言文字、艺术等方面。史部主要收录正史及各种体裁的历史著作,此外还收录政治、法律、外交、地理、教育等类的图书。子部收录内容较为繁杂,除收录儒、墨、名、法、阴阳、道德家等诸子学派的著作,还收社会科学、自然科学、技术科学以及小说、艺术、宗教等方面的著作。集部收录的图书主要是文学作品、文学评论著作。

现代文献多是按照一定的体系分类语言(体系分类法)进行排列,建国前,我国先后出现过数十种分类法,其中影响较大的是刘国钧的《中国图书分类法》、皮高品的《中国十进分类法》和杜定友的《世界图书分类法》。这几部分类法都是根据美国的《杜威十进分类法》并对古代四部分类法加以改造而编制成的,曾被图书馆界广泛使用。建国后,各图书馆编制的图书分类法近30种,目前影响使用范围最广的是《中国图书馆分类法》(简称《中图法》)(参见第2章2.2.1),《中图法》不仅被广泛用以类分图书文献,而且还被用来编制目录、索引、文摘、百科全书、专科词典等工具书。如《中国国家书目》、《全国报刊索引》即是根据《中图法》的类目编制的。

(2)事物性质排列法

事物性质排列法是将文献资料内容按事物性质归类集中的编排方法。古代的类书、政书和现代的年鉴、手册及某些辞书多采用此法编排。

例如，古代综合性类书一般都以天—地—人—事—物为基本部类顺序分为若干大类，每大类下再把同一性质的或同一主题的材料集中在一起分为若干小类，也有的再于小类之下分细目。如《太平御览》从天、地、人、事、物为序分为55部，每部之中又分若干子目，共5426子目。专题性类书一般按所收专题材料分部，每部下再将相关材料集中细分类目。如《册府元龟》是一部专记历代君臣事迹的类书，它对自上古至五代17史的材料按人按事分为帝王、闰位、僭伪、列国君等31部，每部又分若干门，共1127门。

政书的类目均按典章制度详分。如"三通典"(《通典》、《续通典》、《清朝通典》)的类目都分为九部：食货、选举、职官、礼、乐、兵、刑、州郡、边防。部下再分子目。

年鉴、手册和一些辞书的类目，均是按事物性质、系统归属来立类的。如《中华人民共和国年鉴(2005)》设宪法、地理、历史、特载、国家机构、中国人民政治协商会议、政党、职工·青少年·妇女、法院·检察·公安·司法、纪检监察、军事、外交、祖国统一·"一国两制"、人口·民族·宗教·侨务、劳动·人事·社会民政、精神文明建设、经济总类、财政·金融、城乡建设、国土资源·环境保护、农业、工业、交通·信息产业、商务、旅游、科学技术、教育、文化事业、文学·艺术、新闻·出版、体育、卫生·医药、省·自治区·直辖市·特别行政区、法律、大事记、主要统计资料、人物、优秀郊县和乡镇、附录和索引等40个部类。

3.2.2.2　主题法

主题法是将有关资料汇集起来，用能表达、描述文献主题的名词术语来进行编排的方法。它将不同学科领域论述和研究同一问题或同一事物的文献资料集中于同一主题下，按字顺加以排列(参见第2章2.2.2)。主题法可分为以下两种类型：

(1)按规范化的叙词法(叙词语言)编排。这种类型的工具书，其标引和检索需借助于叙词表(主题词表)。如《列宁全集索引(上册)》就是以此法编排的。

(2)按未经规范化或经少量规范化的关键词法编排。关键词法是将文献中的有关内容，用关键词加以标识编排，这种关键词虽不规范、固定，但均是对于揭示文献内容有实际意义的重要词语。由于此法的标引和检索不需要借助主题词表，所以用这种方法编排的工具书较多，如《毛泽东、周恩来、刘少奇、朱德、邓小平著作主题集成》等。

3.2.3　自然顺序组织法

自然顺序组织法是根据事物发生发展的时间顺序或事物产生所处的地理位置编排工具书的方法，包括时序法和地序法。

(1)时序法

时序法是按时间顺序排列文献资料的方法。这类文献资料一般包括文献的写作、发表和出版年代，某一具体历史事件的产生、发展，人物的生卒年及生平活动，以及不同历法的年月日之间的关系。按这种方法编排的工具书主要是年表、历表和专门性表谱等，如《中外历史年表》、《中西回史日历》、《中华人民共和国大事记》、《中国历史人物生卒年表》等。时序法的特点是线索清晰、检索方便。按此法查找资料，应先确定事件所发生的年月或人物所处的年代，也可根据有关工具书查出具体时间，再按年代顺序依次查检。

(2)地序法

地序法是根据所查资料内容地理位置的顺序或地区次序进行编排的方法。按此法编排的工具书主要是地图和地方文献，如《中华人民共和国地图集》、《中国地方志联合目录》等。20

世纪80年代以来出版的某些介绍名胜古迹及期刊出版情况的工具书,也按地序法编制。如《中国名胜词典》、《最新中国期刊全览》等。

按地序法查检,只需根据某一地名或某一资料所在的地区,即能准确查到所需资料。现代行政区划的类别顺序是:国—省—直辖市—行政区—县—乡镇。古代行政区划的类别顺序是:省—府—州—厅—县—乡。如不知地名和资料所属的确切区域,可利用辅助索引配合查找。

3.3 常用工具书概要

如前所述,工具书的种类很多,常用的主要是:书目、索引、文摘、年鉴、辞书、百科全书、手册、类书、政书、表谱、图录。下面主要介绍它们的含义、类型、特征及作用,各类工具书产生和发展的历史过程参见光盘:6.工具书源流(1);7.工具书源流(2)。

3.3.1 书目

3.3.1.1 书目的含义

书目是对一批相关文献信息进行著录,并按一定次序编排而成的一种揭示与报道文献信息的工具。"书"指图书文献,"目"可理解为目录、线索,"书目"即为图书文献的目录或线索。目录的外延相当广泛,不仅指图书目录,还包括其他各种事物的目录。但在我国古代,目录专指图书目录。本章所讲的书目主要指书本式图书目录。

"目录"一词最早见于西汉刘向《别录》一书,其中著录有《列子目录》。这时的"目录"含有图书篇章,名目次序和图书等意思。后来变成仅仅记录图书的清册以及任何物品清册的名称。除称目录外,我国古代还有"略"、"志"、"考"、"题解"、"录"、"提要"、"记"、"簿"等多种称谓。在西方,目录一词源于希腊文的Biblios(书)和Graphein(写),意为"书的抄写"。到了17世纪,该词开始用来表述"群书的描述",具有了目录、藏书目录的意义。

3.3.1.2 书目的特征

(1)揭示与描述一批相关的图书。这里的图书指广义的图书,除书籍外,也包括类似书的报纸、期刊以及其他载体的文献。但是主要以描述图书信息为主。

(2)描述每种图书的基本特征。如书名、著者、出版者、出版时间、地点、开本、页数、有无图片照片、价格等。古代书目还对文献的内容、作者、流传情况、阅读对象加以扼要的介绍。一部图书的基本特征即是一个款目。

(3)按一定的方法编排。把一定范围的款目按一定的方法加以组织,以供检索。

3.3.1.3 书目的类型

如果按照编制目的和用途划分,书目检索工具大致包括以下几种类型:

- 登记书目。为全面登记和反映一国或一地在一定历史时期或一定范围的出版、收藏情况而编制的书目。国家书目是登记书目的主要类型之一,它包括回溯性书目和现行国家书目。回溯性书目全面反映一国在一定历史时期内出版的图书文献总目,如《民国时期总书目》;现行国家书目全面报道一国近期出版的图书文献总目,如《全国新书目》。
- 通报书目。为及时报道新出版和新入藏的文献而编制的书目。如各图书馆编的新书目录、出版社和书店的征订书目。

• 推荐书目。也称导读书目。是根据特定的需求，围绕某一主题，选择推荐有关文献，用以指导阅读而编制的书目，如《书目答问》和《大学文科书目概览》。其特点是阅读对象的针对性和推荐书籍的选择性。推荐书目具有指导读书、劝学教育的特殊作用。

• 专题书目。为某学科专业或某一研究课题编制的书目，它集中揭示报道有关方面的全部图书信息，如《经济学著作书目》、《鲁迅研究资料编目》。专题书目的主要特点是内容的系统性、选题的针对性和文献的学术性。

• 地方文献书目。是报道某一地区有关自然和社会等方面的文献而编制的书目。如《上海地方文献中文图书书目(1949.10—1998.12)》。其特点是文献收录的地域性、文献内容的综合性。地方文献书目的主要作用在于全面揭示与报道某地区的地方史料、地方著述和地方出版物，为开发利用地方文献提供基础，为研究地方历史提供资料。

• 个人著述书目。也称个人书目、传记书目。是全面反映特定人物的著述及与他有关的文献信息而编制的书目。一般包括个人著述文献书目和个人著述研究资料两部分。如《郭沫若著译书目》、《鲁迅著作目录》。其特点是作者著述收录的广泛性和全面性，以时间顺序编排资料。由于个人著述书目提供了作者的生平、思想和学术成就，所以是研究有关人物的学术思想、历史地位及影响的有效工具。

• 馆藏目录。是揭示、报道某一图书馆所藏文献的书目。

• 联合目录：是报道全国或某一地区某一系统若干图书馆所藏文献的书目。

3.3.1.4　书目的作用

(1)指引读书治学

古代书目功用上的显著特点是"辨章学术，考镜源流"。古代书目不仅著录图书的外形特征，还侧重从学术角度揭示其内容特征。如古代书目中有大序、小序和题解。大序是部序，是群书之提要，叙述本部包括的学术流派及某流派的起源、发展、转变，对古今学术作一总的评价。小序即类序，阐述学术派别、师承渊源。题解也叫叙录，后世称提要，主要介绍作者生平、学术思想，综述全书要旨，指出其得失所在，指示治学门径。古籍往往有多种版本，有优有劣，因而有的书目注重介绍图书的版本情况，以供读书治学鉴别版本的好坏，选择最佳版本。此外，古书还有真有伪，有些书是伪托、伪造之书，有的书目在著录时即予以指出，以供考辨图书的真伪。近代目录学家余嘉锡先生说：目录即学术史也。从而揭示了古代书目功用上的显著特点。

现代书目较之古代书目，分类体系更为科学化，结构款目日益规范化，图书信息丰富，检索手段完备。如建国后编撰出版的大型综合性书目《民国时期总书目》、《全国总书目》、《中国国家书目》，各学科的专题书目、各图书馆馆藏书目、联合目录等，能够科学地揭示和有效地报道文献的基本外型特征，便于更准确、更方便地获取图书信息，为读书治学寻找所需图书提供一条省时节力的便道。

(2)指导科学研究

图书和其他类型文献的不同之处，在于系统地记录了人类知识，全面反映一切学术文化的演变。那么，反映各门学科发展的综合性书目，即是一个国家科学文化发展的缩影；反映某一学科发展的专题书目，即是这门学科发展的轨迹。因此，通过书目，可了解本学科的研究历史和研究现状。特别是通过各类新书目，可掌握本学科最新研究成果，这对考知学术源流、确定研究课题是非常重要的。此外，在研究过程中，需要收集和查找资料，这也离不开书目，通过古今各类书目,可查寻到与研究课题密切相关的事实和资料。

3.3.2 索引

3.3.2.1 索引的含义

所谓索引,是将报刊书籍中某些重要的有检索意义的信息,如书名、刊名、篇名、主题、字词句、人名、地名等分别摘录出来,按一定方式编排,并指明出处,以供查检的工具。它或附在一书之后,或单独编辑成册。

索引一词的英文名称是"index",源于拉丁文"indecare",意思是指出或指点,后借用为工具书之名。1905 年,日本坪井五正郎把"index"译成日文汉字"索引"。在我国,索引还有一些其他名称,如"玉键"、"针线"、"韵编"、"通检"、"备检"、"引得"等,虽称谓不一,但其性质、功能是同一的。

3.3.2.2 索引的特征

索引和书目一样,都是一种揭示和报道文献的工具,有其共性,如书名索引、刊名索引和篇名索引,可当作书目使用。但是,同书目相比,索引在结构和功能上均有其特点,主要表现为:

(1)侧重揭示文献的内部特征。书目重在书籍的宏观描述,重在揭示其外部特征。而索引则侧重文献的微观描述,对其内部的特定事项或单元知识给予具体而深入的揭示。这种检索深度是书目所不能达到的。

(2)著录内容标明出处。索引的款目有指引项(文献地址项),以指示具体标目所含文献信息在原文中的确切位置(页、段、行),这是索引(内容索引)区别于书目及其他检索工具的重要特征。

(3)揭示范围广,信息含量大。书目的著录对象主要限于图书,而索引的著录范围涉及书、刊、报等各类文献,反映了各类文献中的各种信息,容纳了较丰富的信息量。

3.3.2.3 索引的类型

索引按其检索对象可分为名目索引和内容索引两大类型。

(1)名目索引

即摘录书刊报的篇名、作者及出处等外部特征,按一定方法编排而成。包括书目索引、书籍篇目索引、报刊篇名索引和论著索引。

• 书目索引。书目索引是专以群书(如总集、丛书、类书)中的图书目录为标目,以一定方式编排而成的索引,如《四库全书目录索引》、《艺文志二十种综合引得》等。有的将书目索引附于图书目录之后,如《丛书子目书名索引》。

• 书籍篇目索引。书籍篇目索引又可分为群书篇目索引和专书篇目索引。群书篇目索引揭示群书中的篇名,如《清代文集篇目分类索引》,它将 440 种清代学者文集里的文章篇日逐一编成索引;专书篇日索引揭示一书中的篇名及出处,如《全上古三代秦汉三国六朝文篇名目录及作者索引》,是专为查《全上古三代秦汉三国六朝文》中的作者和篇名编制的。

• 报刊篇名索引。报刊篇名索引专门揭示报刊中的文章篇目,也可分为两种。一种为单报单刊索引,单报索引如《光明日报索引》。单刊索引大都附在该刊每年的末期后,是一种年度索引。另一种是群报群刊索引,如《报刊资料索引》等。

• 论著索引。这是将某学科某专题的图书书名、报刊论文篇名并录的索引,如《中国现代史论文书目索引》等。

(2)内容索引

内容索引是摘录图书中的主题、事物、人物、地名、词名等而编制的,包括主题索引、字词句索引和专名索引。

• 主题索引。这是汇集书内的有关资料,将能表达文献主题的名词术语加以标引编制的索引,它可直接提供书中某专题全面、系统、具体的资料,如《马克思恩格斯全集主题索引》、《食货志十五种综合引得》。

• 字词句索引。这种索引将书中全部的字、词或句子逐字、逐词、逐句按一定次序加以编排,标明其在原始文献中的具体位置,如页数、篇数、段数、句数等。这类索引又可分为字词索引和句子索引。字词索引是将专书中每一个字或字词单独标目加以编排,包括单字索引和字词索引。单字索引即逐字索引,它将专书中的单字逐一标目,如《杜诗引得》和《诗经索引》;字词索引以专书中字词或词语为标目,如《春秋经传引得》和《韩非子索引》。句子索引是将书中所有句子逐一标目而编成的索引,如《十三经索引》。

• 专名索引。专名索引是将文献中有关人名、地名等专有名词加以摘录整理而编成的索引,可分为人名索引和地名索引。人名索引包括人物传记索引、别名索引和著者索引。人物传记索引将有传记资料的人物整理编排,提供其具体出处,如《二十五史纪传人名索引》;别名索引直接提供人名的特殊内容,如《室名别号索引》;著者索引则提供人物的著述线索,常和书目索引或篇目索引合编;地名索引以文献中的地名为索取对象;如《三国志地名索引》。

3.3.2.4　索引的作用

(1)提供学术源流和科研成果

进行科学研究,必须了解研究课题的学术源流,借鉴古今中外的研究成果。如何从众多的书刊中查到所需文献,索引提供了便捷的途径。多数索引是将文献的内容分解报道,但有些索引其内容结构与书目相似,如书名篇名索引。这类索引把散见于书刊中的有关某学科某专题的文献加以系统整理,使同一性质的资料聚集在一起。所以,通过索引能够获得某个学科专业领域系统而全面的资料。如方克立编的《中国哲学史论文索引》,收录了1900—1984年间我国有关哲学史、思想史的论文篇目3万条。通过这本索引不仅可了解中国哲学史研究的历史和现状,了解各类研究课题的来龙去脉,而且其本身就是中国哲学发展史的一个缩影。

(2)从多种途径为学习和研究提供较广较深的文献信息

学习和研究需要参考引用大量资料,这靠书目是不能完全解决的,还必须借助于索引。因为索引不仅能反映图书信息,还可反映其他类型的文献信息;不仅描述文献的整体特征,还可揭示文献内容中的任何有价值的信息,如主题、字、词、句、人名、地名、数字、年号等。所以,索引给学习和研究提供了广泛、准确、系统的参考资料,利用索引可以收到"踏破铁鞋无觅处,得来全不费工夫"的效果。例如,林仲湘等编的《古今图书集成索引》,将《古今图书集成》这部大书经纬交错进行分解,编制成多角度索引,包括部名索引、图表索引、人物传记索引、艺文篇名和作者索引、引书和引书作者索引、职方汇考索引及禽虫草木典释名索引等,可通过多种检索途径获得各种资料。

3.3.3 文摘

3.3.3.1　文摘的含义

所谓文摘,是将某种文献或某一文献集合中的重要文献进行浓缩,简明确切地反映其主题、方法、目的、成果、数据、结论和效益等,并著录原文献标题、著者、出处,将众多的单篇文摘按一定方法编排,以供阅读和检索的工具。它除了提供如书名、刊名、篇名、主题、人名、地名等文献信息线索外,还提供原文的文摘。

文摘一词来源于拉丁语"Abstractus",原意为"抽取",经过不断扩展,当今已具有丰富的内涵。关于文摘的定义,目前尚尢一个统一的标准。国际标准化组织对文摘的定义:是指一份文献的内容的缩短的精确的表达而无须解释或评论。我国国家标准局对其的定义为:以提供文献内容梗概为目的,不加评论和补充解释,简明、确切地记述文献重要内容的短文。二者的表述基本一致。

3.3.3.2　文摘的特征

(1)客观性与准确性

文摘是对原始文献的简要真实的复述,它忠实于原文的本来面貌,客观准确地摘录它的内容要点。对于所摘内容,不作说明解释,不作引申评论,避免将文献编者的思想、情感折射于文摘之中。

(2)浓缩性与完整性

浓缩性是指要对原文进行高度压缩,以最短的篇幅、最精炼的形式包含最大的信息量。一般认为,文摘应控制在200至500汉字以内,长文摘不超过1000汉字,社科文摘篇幅可稍长,但不宜超过原文的1/4。完整性是说以凝练的文字表述完整的信息。与科技文摘相比,社科文摘更注重语义连贯,逻辑严谨,形式独立完整,一定程度上起到替代原文献的作用。

(3)引导性与检索性

文摘不仅要有规范化的编制系统、标引和著录格式,同时还应具有引导性和检索性。文摘的引导性是指注明文摘的出处(原文献的作者、刊物、卷期页码),提供检索原文的线索;检索性是指文摘所附的辅助索引,如主题索引、关键词索引、著者索引,以及半年、一年或几年的累计索引,以从不同角度检索刊物中每一篇文摘。

3.3.3.3　文摘的类型

文摘按其对原文献的揭示程度,可分为报道性文摘、指示性文摘和报道指示性文摘三种类型。

- 报道性文摘

这类文摘是在对原文献进行深入的语义和逻辑分析的基础上进行高度浓缩而形成的。它概括地叙述原文献所有或部分的重要信息,包括研究对象和目的、基本观点与方法、主要结论、全部论据、有关资料以及结论的价值与意义。报道性文摘所含信息量大,参考利用价值高,在多数情况下是原文献的代用品,一般不需要再查找原文即可获得有关信息。

- 指示性文摘

指示性文摘主要在原文献的章节、标题、前言、结束语的基础上,揭示其主题范围和主要结论。它不能直接提供具体的事实和理论信息,不能取代原文,只供对原文有初步的了解,以决定是否阅读原文。

- 报道/指示性文摘

也称混合性文摘。这类文摘介于报道性文摘和指示性文摘之间,是这两种文摘形式的结合。它表述原文献中信息价值高的内容是报道性的,而将其他辅助性内容采用指示性的描述。

文摘可从不同的角度来划分。按摘录范围分,有综合性文摘和专科性文摘;按内容性质分，有论点性文摘和数据性文摘；按发表时间分，有首次文摘、同期文摘和后期文摘；按所用语种分，有本国语文摘和外国语文摘；按写作者分，有著作者文摘和第三者文摘；按出版形式分，有附录式文摘、卡片式文摘、期刊式文摘和书本式文摘；按载体分，有印刷型文摘、缩微型文摘和机读型文摘等。

3.3.3.4 文摘的作用

(1)节省阅读时间

由于文摘是对原文献主要内容的描述，每一条文摘实际是一篇高度浓缩、信息完整的文献，因此，在不需阅读原文献的情况下，即可真实地了解该文献的内容，明确其基本要点，并可直接引用，从而节约阅读时间。

(2)引导检索原文

由于文摘具有引导性，当通过文摘判断原文对其研究课题有参考利用价值时，即可通过该文摘对原文献出处的注明，掌握其来源和线索，并据此查阅原文献。

(3)能获得因语言障碍无法得到的科学文献

据有关资料，全世界拥有近5000种语言，其中使用人口超过百万的为140种。在目前出版的全部科学文献中，有一半的文献是用50%以上的科学家没有掌握的语言出版的，这便妨碍了国际学术信息的传递、交流和利用。而用本国语言翻译的文摘，可以帮助克服语言障碍，从而了解国外有关领域的发展水平和趋势，获得因不懂外文而无法利用的文献信息。

(4)科学研究的评价工具

在科学研究领域，一般都把科研论文是否“被摘录”作为评优的一项重要指标，因此，文摘具有评价功能，可作为一种对论文的科学水平、学术价值进行间接评价的手段。

3.3.4 年鉴

3.3.4.1 年鉴的含义与特征

年鉴是系统汇辑一年内重要的文献信息，并按年度出版的资料性工具书。年鉴既具有知识性、查考性、易检性、系统性、概括性等工具书的共性，同时又独具特色，主要表现为：

(1)连续出版。年鉴按年出版，当年出版的年鉴反映的是上一年资料。如《中华人民共和国年鉴(2006)》反映的是2005年的信息资料。也有的名称不叫年鉴，如《人民手册》、《中国纺织工业发展报告》，但逐年出版，每册汇集上一年的下半年至本年的上半年的资料，也应看作年鉴。年鉴主要通过不同的栏目反映各种文献信息，各类年鉴均有其稳定的基本栏目，所以年鉴的资料具有连续性。

(2)内容新颖。由于年鉴按年出版，能及时反映上一年的最新信息，其主要内容不断更新。其间虽有回溯性资料，但所占比重很小。因此，年鉴时效性强，信息价值高。正因为年鉴有如此特点，所以很多著名的百科全书出版社都逐年出版年鉴作为其补编，以弥补百科全书不能经常修订、最新信息内容不易收入的不足。

(3)信息密集。年鉴“集万卷为一册，缩一年为一瞬”，收录资料广泛且集中。它既概述各学科新知识、新进展、新成果，又反映各学科各行业的事件、人物、统计数据等，容纳了丰富的信息量。

(4)材料准确。年鉴选材严格，其学术性条目多由专家学者撰写或审定。其文献、资料、数据主要依据政府公告、统计部门及重要报刊。许多年鉴的主要资料都注明出处。因此，年鉴在内容上具有一定的权威性。

3.3.4.2　年鉴的类型

按其内容涉及领域,年鉴可分为综合性年鉴和专业性年鉴。综合性年鉴系统反映社会各方面情况、各学科研究信息和相关资料,内容广泛、信息丰富,如《中华人民共和国年鉴(2006)》、《中国百科年鉴》等。专业性年鉴集中反映某一学科、某一部门、某一行业领域的信息,如《中国经济科学年鉴》、《中国哲学年鉴》、《世界石油年鉴》、《中国化学工业年鉴》、《中国电子工业年鉴》等。

按其内容反映的地域范围,年鉴可分为国际年鉴、国家年鉴和地方年鉴。国际年鉴内容涉及许多国家,如《东南亚年鉴》。国家年鉴收录范围以本国为主,兼及他国,如《中国年鉴》。地方年鉴反映一省、一市、一地的基本概况,如《湖南年鉴》、《武汉年鉴》。

按其表述手段,年鉴可分为综述性年鉴和统计性年鉴。综述性年鉴以文字表述为主,统计性年鉴以表格和数字反映各方面或某一方面的进展情况,如《中国统计年鉴》、《中国科技统计年鉴》、《中国城市统计年鉴》。

年鉴分类较为复杂,采用不同标准划分,一部年鉴会分属不同类型。如《中国教育统计年鉴》,按内容涉及领域属于专业性年鉴,按内容反映的地域范围归为国家年鉴,按表述手段又可归入统计性年鉴。

3.3.4.3　年鉴的功能

年鉴主要通过栏目反映各种信息。一般说来,年鉴都设有专文、综述、概览、动态、大事记、统计资料、书目、索引、文摘、名录、便览、指南等栏目,每个栏目都具有不同的职能,提供不同的信息。因此,年鉴集多种工具书之功能于一身,可从不同角度满足读者的各种需求。具体地说,年鉴有以下功能:

(1)提供国内外大事、时事动态及有关重要文件

大型综合性年鉴如《中国百科年鉴》和《中华人民共和国年鉴》均有专栏全面介绍一年中的国内外重大事件,记载政府重要文献及党政领导人重要讲话。地方综合性年鉴则反映本地区一年度的大事。专业性年鉴则提供各行各业一年度的要闻。有些专门介绍国内外时事动态的年鉴如《国际形势年鉴》、《世界知识年鉴》,提供的时事信息更为丰富、系统。

(2)提供各学科、各行业的发展动态

年鉴分综合性年鉴和专业性年鉴。专业性年鉴集中反映某一学科、行业的信息,是系统掌握某一学科、某一行业研究动态、研究成果和发展趋势的重要途径。各专业年鉴大都通过相应的栏目反映本学科研究信息,例如:

• 学科、行业进展栏目:该栏目是把上年度若干相关文献进行整理、归纳、分析而写成的综述,概括地反映了本学科、本行业的研究发展动态。例如《中国法律年鉴(2005)》"第八部分——各学科发展概况",《中国哲学年鉴(2004—2005)》的"热点聚焦",《中国文学年鉴(2005)》的"研究综述",《中国物流年鉴》的"物流行业与行业物流综述",《中国机械工业年鉴(2005)》的"行业概况"、"地区概况"、"企业概况"等。

• 论著选介栏目:主要提供上年度本学科出版的重要学术专著和发表的重要学术论文的概要,反映了本学科主要科研成果。如《中国文学年鉴(2005)》的"论文摘要"、"论著评介",《中国哲学年鉴(2004—2005)》的"新书选介"、"论文荟萃"、"获奖作品选介"、"全国优秀博士学位论文简介"等栏目。

• 动态栏目：此栏目简介该学科/行业重要学术活动行业活动概况、讨论的重要学术问题及主要学术分歧。有的年鉴还附"会议一览表"，以表格形式反映会议名称、时间、主办单位、地点和主要议题。通过上述栏目，可概要地了解某一学科、某一行业、某一专题或某一学派的研究动态、研究成果和发展趋势。

(3) 提供各类具体事实、资料和详细数据

年鉴一般均设人物传记、学术机构团体简介、大事记、新学科介绍、新词语浅释、统计数据等栏目，这些栏目所提供的信息，常是学习和研究中必需的资料。如《世界经济年鉴(2005)》的"世界经济统计汇编"，《中国金融年鉴(2005)》的"统计篇"、"大事记篇"、"机构名录篇"，《中国纺织工业发展报告(2005)》的"国内统计"、"国际统计"等。特别是一些专门性统计年鉴，如《中国统计年鉴》、《中国城市统计年鉴》、《中国农村统计年鉴》、《中国工业经济统计年鉴》、《中国科技统计年鉴》等，收录了经济和社会各方面大量的统计数据。此外，各类年鉴均设"附录"，虽然篇幅不大，但信息量大，实用性强。值得注意的是，各类年鉴的创刊号一般都收载一些历史性的资料。因此，通过创刊号可查到有关回溯性大事和数据。

3.3.5 辞书

3.3.5.1 辞书的含义

辞书是字典、词典和各类专科辞典的统称。字典是以字为单位，解释字的音、形、义及用法的工具书；词(辞)典是以单字为字头，汇集包含这一字的词语，解释词语的概念、意义及用法的工具书。

在中国古代，没有明确的字词概念，因而字典词典界限不清，都统称为字书，词典这一名词是近代才出现的。实际上，汉语中字和词是有区别的，字典和词典也有所不同。字典以收字为主，主要收录单位是字，说明单字的读音、写法和意义。而词典以收词为主，主要收录单位是词，解说词语的概念、意义及用法。一般词典除收词外，也收一些词组和成语。但是，由于汉语的词和字之间存在差别，有时一个字就是一个词，有时一个词由两个以上的字组成，这就使字典往往要收一些复音词。而词典则要以单字为领头，由单字带出复词、词组和成语。虽然字词典无太大区别，但由于收录的侧重点不同，查字应选择字典，查词应利用词典。

3.3.5.2 辞书的特征

(1) 以字词为收录对象

辞书主要以语言中的字、词为收录对象。其中，字典是以字为收录对象，有些字典收字范围较广，如《汉语大字典》古今文字皆收；有些字典只收一定范围的字，如《古汉语常用字字典》和《甲骨文编》。词(辞)典一般以收词为主，此外还收一些词组和成语，有些词典收词范围较广，以通用性词语为主，兼收专科词语，如《汉语大词典》收词范围包括古今词语、熟语、成语、典故及古今著作中进入一般语词范围和比较常见的百科词语等；有些词典主要收录某一学科、某一专业或专题领域内的词语，如《计量经济学辞典》、《医学伦理学词典》。

(2) 侧重解释语词概念及用法

辞书侧重于对字词的读音、含义、用法等作出解释，以便正确理解与运用。字典解释单字的音、形、义及用法，如《汉语大字典》不仅注重收列常用字的常用义，而且注意考释常用字的生僻义。词(辞)典解释词语的概念、意义及用法，如《辞海》对辞目的解释简明扼要，主要介绍基本知识。

(3)内容描述浓缩、精炼、准确

辞书对其所收的字词以条目形式编排,用精炼的语言准确概括每个字词的含义及用法,内容高度浓缩、凝练。

3.3.5.3　辞书的类型

(1)字典

字典是以字为单位,解释字的音、形、义及用法的工具书。按其功用特点归类,字典可分为综合性字典和专门性字典。综合性字典收字范围较广,对字的形音义及用法进行全面的解释,如《汉语大字典》和《中华大字典》。专门性字典只收一定范围的字,如《中国隶书大字典》、《敦煌俗字典》。字典一般说来都是语文性的。

(2)词典

词典也称辞典,是以单字为字头,汇集包含这一字的词语,解释词语的概念、意义及用法的工具书。词典按编撰目的和性质,可分为语文性词典和知识性词典两大类。

① 语文性词典

以汇集通用的词语为主,兼收专科词语,重点在于辨析词形,审正读音,举示用法。语文性词典又可分为综合性和专门性两类:综合性的如《汉语大词典》、《辞海》等;专门性的如《汉语成语词典》、《动词用法词典》等。

② 知识性词典

是为学习学科基本知识或为研究某一专门学科、某一专门问题而编的,可分为百科性词典和专科性词典。百科性的如《文史哲百科辞典》、《辞海》(兼具语文性词典和百科性词典功能)、《简明社会科学词典》等。专科性词典又可细分为以下四类:

• 学科辞典。全面收录某一学科、某一专业或专题领域内的词语,并加以解释,如《哲学大辞典》、《现代医学辞典》。

• 人物辞典。专录人名,进行或详或略的介绍,如《世界人物大辞典》、《中国人名大辞典》。

• 地名辞典。专收地名并从自然地理、经济地理、历史地理、人文地理等方面进行解释,如《世界地名词典》、《中国古今地名大辞典》。

• 书名辞典。专门收录书名、篇名并简要介绍它们的作者和内容,如《中国法学著作大辞典》、《中国当代文学作品辞典》。

3.3.5.4　辞书的作用

(1)具有语言教育作用

辞书的主要功能是解决字词的读写、理解和运用问题。辞书能够规范字词的拼写、释义和用法,促进语言规范化;能够提供语言文字知识,帮助扫除语言障碍,引导人们在表达思想时使用规范的、为全社会普遍接受的、最有利于传意的词语去说话和作文。

(2)具有阅读和参考功能

除了百科全书和年鉴外,辞书的阅读和参考功能比较强,特别是一些专科辞典,概括扼要地阐述了学科基本知识,因此它具有一定的阅读性,可提供不少学习与研究所必需的资料。

3.3.6　百科全书

3.3.6.1　百科全书界说

百科全书是荟萃各学科或某一学科的专门术语、重要名词,包括人名、物名、地名、书名、人物事件名称等,以辞典的方式分列条目,以综述、概述的形式加以全面系统而又客观简明的阐述,具有查考与教育双重作用的一种大型工具书。

百科全书原出于希腊文"enkyklios"和"Paideia",意为"普通教育"或"全面教育"。日文称百科全书为"百科事典",我国曾译为"百科类典"、"百科学典",现在通称为百科全书。

3.3.6.2 百科全书的特点

(1)汇编性与概括性

百科全书取材广泛、深入,汇编已有的大量资料,并在此基础上进行浓缩、提炼、加工、整理,编写成概括性的知识整体。

(2)学术性与权威性

百科全书各条目的撰写,都是由各个领域、各门学科的专家学者完成的,以保证其质量。

如担任《美国百科全书》顾问编辑的,都是有相当影响的自然科学和社会科学的教授,他们帮助遴选各学科领域的权威人士为全书撰写有关条目。《中国大百科全书》总编辑委员会及其下设的各学科卷的编辑委员会,也都由代表着我国的尖端学术水平的各学术领域的权威人士组成,因而百科全书具有很高的学术性与权威性。

(3)检索性与查考性

凡属工具书均具有检索性与查考性。相比较来说,百科全书的检索性与查考性较为完备,它集中了日臻完善的编排方式、索引和参见系统,重要条目后都附有参考书目,或在文中注明征引资料的出处等,使之具有多种功能,被誉为"工具书之王"。如《中国大百科全书》就设有九种检索途径,以供检索与查考。

3.3.6.3 百科全书的类型

按内容收录范围,百科全书分为综合性百科全书和专科专题性百科全书。综合性百科全书即大型百科全书,汇集一切学科和门类的知识,如《中国大百科全书》。专科性百科全书即中型百科全书,汇集一个或几个学科知识,如《中国医学百科全书》。专题性百科全书即小型百科全书,汇集某一专题知识,如《中国旅游百科全书》、《集邮百科全书》等。

百科全书按地域来分有国际性百科全书和地域性百科全书。国际性百科全书如英、美、法、德等各国有名的大百科全书,力图反映世界文化遗产和现代成就,具有国际性。地域性百科全书侧重反映某一地域、某一国家、某一省的各种情况,如《亚洲百科全书》、《加拿大百科全书》等,我国的地域性百科全书如《黑龙江百科全书》和《北京百科全书》等。

3.3.7 手册

(1)手册的含义

手册是汇集某一学科或某一主题的基本知识资料,有系统地加以编排,以备随时翻检的工具书。手册有多种异称,如指南、便览、大全、全书、概览、要览、必备、必读、须知、百科、总览、入门等。

(2)手册的特点

手册在内容上有两个特点:

①侧重基础知识。手册所收资料通常偏重于已成为现实的、成功的具体专业知识,而不是定义、概念、历史的叙述和当前的发展状况。

②实用性强。手册专门汇集经常需要查考的文献资料,如各种事实和数据,科技手册还注重技艺、操作方法、基本公式、图表、规格和条例的收录。无论是社科手册还是科技手册都具有较强的实践指导意义。

(3)手册的作用

手册的主要作用是能简明扼要地提供各学科专业基础知识和各行业实用知识。它灵活多样、资料稳定、实践性强,是方便实用的工具书。

(4)手册的类型

手册通常分为综合性手册和专门性手册。综合性手册主要为各学科专业提供基本知识和资料,如《新社会科学知识手册》、《当代外国社会科学手册》等;专门性手册则侧重为某一学科专业提供基础知识、基本事实,包括数据、图表、条例等,如《哲学基本知识》、《当代世界经济实用大全》等,或是侧重为某项具体工作或某一具体活动提供特定的实用性知识,如《人民法院司法政务手册》、《重要有机化学反应及机理速查手册》、《园林树种栽培养护手册》、《工程建设常用专业词汇手册》、《甲骨文速查手册》、《编辑工作手册》、《磨工工作手册》等。

3.3.8 类书

3.3.8.1 类书的含义

类书是我国古代摘录、汇集多种文献中的原文,按内容性质分门别类地编排组织,以供寻检和征引的一种工具书。类书采撷文献中可供参考的资料,如史实典故、名物制度、诗赋文章、丽词骈语等,按其类别或按韵进行编排,以供查询征引。它是我国古代颇具特色、影响深远的参考工具书。由于类书收录广泛,往往成为一定历史时代或一定范围的知识总汇,加之主要按类编排,内容客观,故又被称为古代的百科全书。

3.3.8.2 类书的特点

类书的特点可概括为以下几方面:

(1)内容广采博收,包罗宏富。类书的收录范围非常广泛,特别是综合性类书,经、史、子、集四部全收,诗文、词藻、人物、典故、天文、地理、典章、制度、飞禽、走兽、草木、虫鱼、服饰、器物等尽收其内,可谓百科具备。类书规模之宏大、内容之丰富,在古代各类工具书中首屈一指。

(2)编排方式上主要以类相从。古代类书多按当时人们对客观事物的认识水平,把在群书中收集的资料分门别类地编排,以便查检。其分类体系大致相同。一般是根据封建社会的政治、经济、文化制度和社会生活的需要,划分为天、地、人、事、物五类,在每一大类下再划分小类。“天”部主要收集天文、气象、灾害、神怪等方面的资料;“地”部主要收集山川、湖泊、地理、古迹等方面的资料;“人”部主要收集帝王君臣事迹等方面的资料;“事”部主要收集政治、经济、文化等方面的资料;“物”部主要收集自然、博物、农艺、医学、工艺、器物等方面的资料。各类部序清晰,便于查检。也有少数按韵部编排的,如《永乐大典》和《佩文韵府》。

(3)具有汇编性。类书只是辑录原书原文,述而不作,按类编排,仅注明出处,不加以解释,客观地反映古籍的原始面貌和原始记录,因而具有资料汇编的性质。

3.3.8.3 类书的类型

类书按采集范围来划分,有综合性和专门性两大类。大型官修类书多是综合性的,其收录范围广,使用价值也大,如《太平御览》和《古今图书集成》。专门性类书仅采撷某一方面的史料,如《佩文韵府》和《册府元龟》。

类书还可按其他角度划分，按用途分有查考史实典故、名物制度的《太平御览》，有查考事物起源的《事物纪原》，还有供辑佚和校勘古籍的《初学记》；按材料类型分，有专录史实的《格致镜原》，有收集历代小说的《太平广记》，有辑录诗赋文章的《文苑英华》等。

3.3.8.4 类书的作用

类书作为封建社会的产物，主要是供帝王熟悉封建文化、治乱兴国的借鉴，同时供作诗、查取典故词藻、科举考试之用。时过境迁，类书对今人的作用主要有两个方面：

(1)提供各种原始、系统的资料。类书保存了中国历代丰富的文献资料，既可当作一种百科词典来查，解决阅读古书中的一般知识性问题，也可当作一种分类资料汇编来使用，从中找到所需资料。具体来说，类书可提供以下资料：事物起源资料；诗词文句出处；词语典故资料；史实掌故、名物制度资料；历史人物资料；古代作家作品；典章制度资料等。例如，想了解农业生产工具的演变利用情况，查《古今图书集成》中"考工典"，即可查到我国农业生产工具的全部记载及其图样。这些资料原散载于各种古籍，而《古今图书集成》集各种古籍原始文献于一处，查检十分方便。

(2)校勘古籍和辑录佚文。古代流传下来的古籍版本很多，由于辗转抄录翻刻，常有讹误。由于类书保存了这些古书的片段甚至全貌，因此可以类书校勘异文、改定今本。例如，宋人周必大用《艺文类聚》校《文苑英华》，清人刘文琪以《册府元龟》校《旧唐书》，近人鲁迅曾用《北堂书钞》、《艺文类聚》、《初学记》和《太平御览》等类书校勘了《嵇康集》。此外，古代典籍由于各种原因散佚很多，若想获得已亡佚的古代典籍，只能靠类书所保存的失传古书的片断，作为辑佚资料的根据。例如从《永乐大典》中辑出并录入《四库全书》及其存目中的佚书共达515种。清人孙星衍辑《括地志》八卷，即是取材于《初学记》。

3.3.9 政书

(1)政书的含义

政书是对历代或某个朝代的政治、经济、军事、文化制度方面的史料，重新进行加工组织，分门别类地加以编排以供查检的工具书。历代统治阶级都十分重视典章制度的制定，并不断考查其历史沿革，研究其利弊得失，以资借鉴。政书就是历代或某一朝代的各种制度和法令及其沿革的记录。政书之名是清代修《四库全书》时开始使用的。

(2)政书的类型

政书可分为三种类型：一类为记述历代典章制度的通史式政书，以"十通"为代表；一类为记述某一朝代典章制度的断代式政书，称为会典、会要；一类为记述某一方面的典章制度，如《历代兵制》、《谥法》等。

(3)政书的作用

政书的主要作用是提供历代典章制度的史料。由于政书真实、系统地辑录了历代制度的法令，其中包括礼制、乐制、刑法制、兵制、选举制、官职制、赋税制等典制的因革损益，对了解、查考这些制度的演变和发展，研究政治、经济制度的兴衰都具有重要的参考价值。

(4)政书与类书

政书和类书编排形式相似，但不属同类工具书。其明显的区别在于：

• 编纂方式不同。类书的编纂是述而不作，只是摘抄汇编原始材料，按类堆砌，不加改动。而政书则将史料融会贯通，重新编纂，使之成为一个整体。有的还对重要问题加入按语，多为作者精辟独到的见解。

• 内容不同。类书取材广泛，经、史、子、集无所不收，记载的多为史实典故、名物制度、诗赋文章、丽词骈语等。而政书取材则以史书为主，专收历代或一代的典章制度加以论述，说明其来龙去脉，因此政书也被称作一种特殊体裁的史书。

• 在古代分类法中所属类目不同。在《四库全书总目》中，政书列于史部政书类目；而类书因其收录广泛，“四部之内，乃无何类可归”，只好列入子部类书目。从两者的分类，即可见类书与政书存在较大差异。

3.3.10 表谱

3.3.10.1 表谱的含义及特征

表谱是按对象的类别或系统，用简单的文字或准确的数字，以表格、谱系或其他较为整齐的形式，按年次记载史实和时间的工具书。关于谱，《辞源》(1979 年版)解释说：“谱，布也，刊其事也。”谱的体裁，一般以简要的文字，整齐的形式，将繁杂的史实一条一条地记载下来，大都以表的方式加以处理，就逐渐发展为表谱类工具书。

表谱类工具书内容丰富，形式多样。但无论何种表谱，都应具备两条：均按年代顺序或按类别反映事物；均以表格或其他较为整齐的形式简而要之地记载事物。表谱具有信息密集、眉目清晰、便于查检的特点，是学习研究历史科学的辅助工具。

3.3.10.2 表谱的类型

表谱一般包括年表、历表和专门性表谱。

• 年表。年表是查考历史年代和历史大事的工具书，分纪元年表和纪事年表。纪元年表以时间为主，不述史事，主要用于查考历史年代和帝王庙号、谥号、年号、干支、公元等各种历史纪元，如《中国历史纪年表》。纪事年表以年月为纲，兼载历史大事，供查考历史事件的原委及线索。纪事年表又可分为综合性纪事年表和专门性纪事年表。综合性纪事年表各科大事均载，如《中华人民共和国大事记》；专门性纪事年表只记载某一学科、某一专题的事件，如《中华人民共和国经济大事记》、《当代中国民族工作大事记》。

• 历表。历表是将多种计时方法和符号，准确而规律地统一在一定形式的表格上，除可查考历史年代和历史纪元外，主要用于查考换算不同历法的年月日。

• 专门性表谱。包括年谱、人物生卒年表、职官表、地理沿革表等。年谱是逐年逐月记载某人物一生事迹的一种传记著作，也可作为查考历史人物生平的工具书使用。如汤志钧的《章太炎年谱长编》，谭嗣同的《三十自纪》。生卒年表将各代名人的字号、别名、籍贯、生年、卒年等项，按人物的生年或卒年先后次序编排，供查考历史人物简历、出生和亡故年代，如《历代名人生卒年表》。职官表简要地反映各种职官的名称、建置、职掌的变迁、品级、员额的增减等情况，专供考察我国古代职官制度，如《历代职官表》。地理沿革表主要用于考证我国历代疆域分合、地名演变等情况，如《历代地理沿革表》。

3.3.11 图录

3.3.11.1 图录的含义

图录是以图形、图像揭示事物、人物形象的工具书。地图和历史图录是图录的主要类型。地图和历史图录在内容与表现方式上有些区别：在内容上，地图以地表事物和现象为对象，历史图录以历史人物、事物为对象；在表现方式上，地图运用投影和比例尺等手段，历史图录运用图绘和摄影等手段。然而，地图和历史图录之间的"异"和其"同"相比较，居于次要地位，两者的共同性比较突出，即都与"图"有关，都是以"图"的形式反映事物，并且都具有形象性和直观性，因而可将它们列为一类介绍。

3.3.11.2 图录的类型

图录包括地图和历史图录。

(1)地图

地图是将地球的部分或全部缩绘在平面上，以反映各种自然现象和社会景象的地理分布及其在空间与时间上的相互制约、内在联系和发展动态。

地图按其内容可划分为普通地图和专题地图。普通地图也即综合性地图，它较全面地反映地面上事物和现象的一般要素，包括各种自然地理要素和社会经济现象，如地形、水系、土壤、植被、居民点、通信线、交通线、境界线等。专题地图突出而深入地表示一种或几种要素和现象，又可进一步区分为自然现象地图和社会现象地图。反映自然各要素或现象的地图是自然现象地图，如地质图、水文图、植被图、气候图、海洋图等；反映人类社会的经济及其他领域的事物或现象的地图属于社会现象图，如人口分布图、经济地图、交通运输地图、文化地图、历史地图等。

地图还可按其他方式划分。按地域范围分，有世界图、半球图、洲图、海洋图、国家图、省图、地区图、县图及城镇图等；按用途分，有教学图、参考图、交通图、航海图、航空图、宇航图、旅游图等；按地图形式分，有挂图与桌上用图、单幅地图、成套地图、地图集等。

(2)历史图录

历史图录是以图绘、摄影等手段反映历史人物、历史事物的形象。它汇集历代著名人物、重大事件、珍贵文献、文化遗址、名胜建筑、器物服饰、书法绘画等图像资料，并配有简略的文字说明，生动地反映了政治、经济以及意识形态等方面的变化和发展，是研究历史和文化的重要形象资料。

历史图录按其内容范围可分为综合性历史图录和专题性历史图录。综合性历史图录收录图像广泛，历史跨度大。专题历史图录又可细分为文物图录、人物图录、艺术图录、事件图录、文献图录、植物图录等。各种专题性图录在内容上有些交叉。历史图录如按其内容涉及的历史年限，可分为通史性图录和断代性图录；按其地区划分，又有国家性图录和地方性图录。

第4章　信息检索工具:数据库

4.1　数据库原理

4.1.1　数据管理的发展

数据管理是对各种形式的数据进行收集、加工、整理、存储、检索以及维护等方面工作的总称。数据管理技术经历了从低级阶段向高级阶段的发展过程,大体分为人工管理、文件管理、数据库管理三个阶段。

(1)人工管理阶段(20世纪50年代末以前)

这一阶段的计算机系统主要用于科学计算,没有相应的操作系统,没有专门的软件来管理数据,数据处理采用批处理方式。人工管理阶段利用计算机进行数据管理是一个巨大的进步,但是也存在许多局限,如缺乏统一的数据管理软件支持,对数据的管理完全由程序员进行,程序员除设计程序外,还需具体安排数据的物理位置,由于数据和程序是一体的,局部的数据修改会造成程序的全面变动;数据与程序之间是一个有机体,一个程序对应一组数据,即使两个应用程序处理相同的数据,也需要各自定义和使用,数据不能被多个通用和共享等。

(2)文件管理阶段(20世纪50年代至60年代中期)

这一阶段,计算机已经超出科学计算的范围,开始进入管理系统中。计算机软件与硬件发展迅速,出现了许多直接存储设备和操作系统,为数据处理的文件管理方式奠定了基础。文件管理是把相关数据按一定方式组织起来,存放在数据文件中。较之人工管理方式,文件管理当时的优势体现在:数据与程序分离,局部修改不必再改变全部程序内容;数据文件独立于程序之外而保存在存储介质上,可以通过文件名进行存取,并可让多个用户使用;通过文件管理系统可以建立程序和数据之间的联系,而不必关心数据存储的物理位置等。文件管理方式也有其自身的不足,如:数据虽与程序分离,但独立性不强,改变数据逻辑结构时,也要修改相应的应用程序;数据冗余度较大,浪费存储空间;一般不支持多个应用程序对同一文件的并发操作;数据的安全性和完整性不高等。

(3)数据库管理阶段(20世纪60年代至今)

20世纪60年代中后期,计算机技术迅速发展,计算机的管理范围日益扩大,信息量、数据量急遽增多,数据处理量也急速增长。为了提高数据管理效率,人们开始研究与开发数据库管理系统。数据库管理系统是利用数据库技术建立的位于用户和操作系统之上的数据管理软件,它克服了文件系统方式下分散管理的不足,其数据管理的优势非常明显:对数据能够实行统一和集中管理,可以合理组织数据,冗余度较小;数据和程序具有较高的独立性,数据存储与其程序完全分析,实现了数据共享;提供统一的数据控制,保证了数据的安全性、完整性以及并发访问时的数据一致性,在发生故障时能够完成数据一致性的恢复等。

在数据库管理阶段的头十年,在一些大型机构的数据管理中,主要是集中式数据库管理。随着应用要求的不断提高,集中式数据库管理的局限性越来越明显,迫切需要将分布式异构数据库连接起来,组成统一的分布式数据库。所以,随着网络技术的成熟与广泛应用,分布式数据库于20世纪70年代中期兴起。分布式数据库是在逻辑上统一,在地域上分布的数据集合,是网络环境中各个结点数据库的逻辑组合,受分布式数据库管理系统的统一控制和管理。在分布式数据库系统中,用户对任何数据库的操作就如同在本地执行,不必关心其数据模型、物理位置,它屏蔽了各种数据库在物理上和逻辑上的差异,使用户用自己所熟悉的一种数据操作语言就能够操纵任一种数据库。20世纪80年代以来,研制了许多分布式数据库原型系统,20世纪90年代开始向分布式数据库管理系统方向发展,开始投入使用阶段。

目前,数据库技术与计算机网络、人工智能等相结合,产生了许多新型数据库系统,除了分布式数据库系统,还有相对于传统数据库的被动性而言的主动数据库,以及移动数据库、多媒体数据库等;数据库在应用系统中的新应用主要集中在决策支持系统领域,数据库的海量数据为决策提供了数据依据。随着数据分析、数据挖掘技术、数据仓库技术的成熟,由此产生了数据仓库系统,数据仓库系统是将数据库系统、决策支持系统、数据分析和数据挖掘结合在一起的一个新的发展。数据库技术与相关技术的融合而形成的新应用,极大地发展了数据库的概念和技术,丰富并提高了数据库系统的数据管理功能。

4.1.2 数据库的含义、特点与结构

4.1.2.1 数据库的含义

根据ISO/DIS 5127号标准(文献与信息工作术语),数据库被界定为:至少由一种文档(File)组成,并能满足某一特定目的或某一特定数据处理系统需要的一种数据集合。

简单说,数据库是存储在磁带、磁盘或光盘上的一系列有组织的信息记录的集合。可以通过特定的计算机程序对数据库的建立、运用和维护进行统一的控制和管理,使用者可以通过对数据库的访问获得所需信息。数据库是计算机技术与信息检索技术的有机结合,是计算机检索的重要对象。

4.1.2.2 数据库的特点

①数据的结构化

即按照一定的数据模型来组织和存储数据,也称数据集成化。结构化数据不仅能够描述各项数据本身,而且能反映数据之间的联系。数据的结构化保证了对数据的集中控制,以减少数据的冗余度,既节约空间,又减少存取时间。

②数据的独立性

是指数据的存储独立于程序。包括物理独立性和逻辑独立性。物理独立性即指数据的物理结构如存储结构、存储位置和存取方法等改变了,其逻辑结构可不改变,无需修改原应用程序。逻辑独立性是指当数据库总体结构如数据的定义、数据类型、数据间的联系等改变时其原有程序可不改变。

③数据的共享性

即指数据库管理系统能够协调用户的访问,使一个数据库的数据可以在任何地点为不同的用户共享,允许多个用户同时访问数据库,甚至同时访问相同的数据。

④数据的完整性

是指当多个用户对同一数据进行操作时,数据库系统以集中控制的方式,保证数据的正确性和一致性。

⑤数据的安全性

是指数据库管理系统具有安全控制机制，规定用户的访问权限，以保证数据的安全，防止数据的非法使用和非法修改。

4.1.2.3 数据库的结构

数据库通常以文档的形式组织，一般由主文档和索引文档构成。主文档即顺序文档，是数据库的主体内容；索引文档即倒排文档，其作用是快速查询主文档。文档的基本组成单元是记录，每条记录又由不同的字段组成，每个字段都有相应的标识符，字段的含义称为字段的属性值。也就是说，标识信息特征的不同字段构成一条记录，若干条记录组成一个文档，多个文档的有机构就形成数据库。简单说，数据库的结构由文档、记录和字段三部分（或三个层次）组成。如下页图4－1所示。

（1）文档

文档即是由若干个逻辑记录构成的数据集合，它是信息记录的一种组织形式，可以存储在磁带或磁盘上，或内存储器中。在数据库中，文档结构主要分为顺序文档和倒排文档。

• 顺序文档。顺序文档是文档在计算机存储器中的一种存放形式，文档中的记录按信息记录存取号的大小顺序依次存放，记录之间的逻辑顺序与物理顺序一致。顺序文档又称主文档，相当于书本式工具书的正文部分。

顺序文档决定了检索时只能按文献为单位顺序进行检索，计算机将按存储顺序把所有信息记录逐个扫描匹配，直到查找完最后一个记录才显示命中篇数。存储的记录越多，扫描的时间就越长，影响检索速度。由此产生了倒排文档。

• 倒排文档。倒排文档存储是从顺排文档中派生出来的一种存储方式。它将顺排文档中的标引词（即描述信息内容特征与外部特征的词）抽出，作为检索标识，按某种顺序重新组织排序而形成的一种文档。“倒排”一词相对于按顺序存放的顺序文档，在数据库的存储器上，倒排文档可以按照顺序文档方式存取。两者的主要区别在于，顺序文档存取的对象是完整的信息记录，而倒排文档存取的对象是记录中的一个个字段。

倒排文档相当于工具书正文部分后所配置的辅助索引。倒排文档决定了检索时应先查倒排文档（相当于先查索引），再从顺序文档抽取信息内容。建有倒排文档的数据库检索速度快，从数以百万计的词中检索一词，只需几秒时间。一旦找到所需求的词，马上知道命中记录的篇数及在数据库中的位置，并很快将命中记录显示到终端屏幕。

（2）记录

记录是对某一信息的外部特征和内容特征描述的结果，数据库即是由若干记录组成的。一条记录相当于工具书的一个款目。记录可以分为逻辑记录和物理记录。逻辑记录是指将逻辑上具有关联的数据组织在一起的数据集合；物理记录是指存储在存储器上的一个基本单位，具有不同的类型和长度，一个物理记录可包含一个或多个逻辑记录，而一个逻辑记录可能存储于一个或几个物理记录中。

（3）字段

字段是记录的基本构成单位，用于描述文献信息的某一属性特征。一条记录由若干字段组成，如分类字段、主题字段、题名字段、作者字段等。字段可以进一步分为若干子字段，如主题字段包含若干主题词。

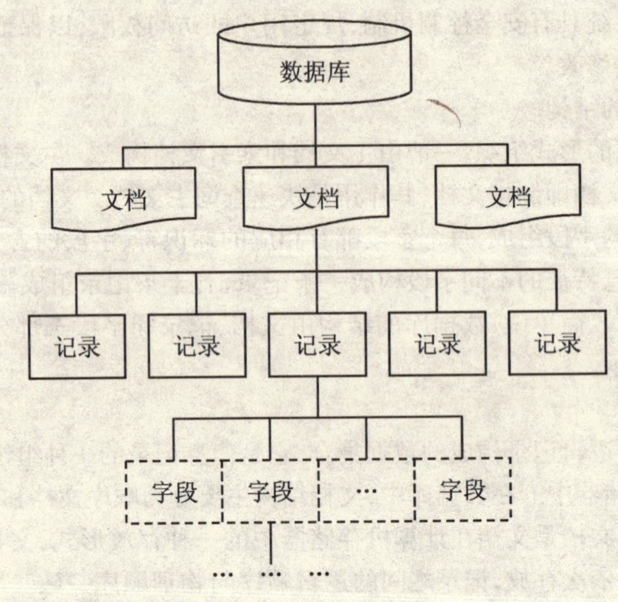

图 4–1 数据库结构示意

4.1.3 数据库的数据模型

现有的数据库均是基于某种数据模型来组织数据的。数据模型是用来表示实体与实体之间关系的模型，是数据之间的整体逻辑结构图。人们可以使用数据模型定义、操纵数据库中的数据。依据数据模型的不同，数据库可以分为层次数据库、网状数据库、关系数据库、面向对象数据库等。

(1)层次模型与层次数据库

层次模型是按照层次结构的形式来组织数据的数据模型。它把整个数据库结构表示成一个树型结构的集合。树由结点和连线组成，树每一个结点表示一个实体，即记录的类型。树枝即为连线，表示数据之间的联系。树的最高节点只有一个根结点，除根结点之外，其他的结点只有一个父结点与其相连，同时可能有一个或多个子结点与该结点相连。没有子结点的结点称为叶，处于分枝的末端。整个树是一棵倒向的树，树根在上，树叶在下。层次模型是一种一对多的联系。层次数据库采用的是层次数据模型，只能逐层访问数据。

(2)网状模型与网状数据库

网状模型用网络结构表示实体与实体之间的关系，可以直接描述实体之间多对多的关系，即每个结点可以有多个父结点，并且允许多个根结点。网状模型和层次模型在本质上相同，都是用连线来表示实体间的联系，但是网状模型中的数据联系较复杂，因此其数据结构也更为复杂。网状数据库采用的是网状模型组织数据。

(3)关系模型与关系数据库

关系模型是目前最成熟的数据模型，它建立在严格的关系理论基础上，具有坚实的逻辑和数学基础。关系模型在逻辑上用二维表格描述实体及其联系。在关系模型中，把现实世界的数据组织成一些二维表格，这些表格称为关系。关系模型的最大特点就是无论是事物还是事物间的联系都用表来描述，既可表达“一对一”的关系，也可以表达“一对多”的关系。采用关系模型的数据库就是关系数据库，关系数据库是当今应用的最为广泛的数据库。

(4) 面向对象数据模型与面向对象数据库

数据库系统经历了多年发展，其基本定义并没有多大改变，但数据的概念的内涵却有了很大的扩展。现在的数据库系统不仅要处理简单的数据类型，还要处理包括声音、图形、图像、动画等多种音频、视频信息。一种新的数据模型——面向对象数据模型应运而生。面向对象数据模型是现实世界对象或实体以及对象的约束和对象间联系的逻辑组织，是用面向对象的方法构建数据模型。面向对象的方法是一种分析方法、思维方法和程序设计方法。面向对象数据模型能够精确地描述数据、数据之间的联系、数据的语义和完整性约束，在数据库应用中起到了重要的作用。目前，由于标准化和形式化等一些关键问题尚未解决，面向对象数据库尚未真正流行。

(5) 对象关系模型与对象关系数据库

对象关系模型结合了面向对象模型和关系模型的特点，对象关系数据库既具有关系数据库的功能，又具有支持面向对象的特性，能扩充基类、支持复杂对象、增加复杂对象继承机制，支持规则系统，能够更好地满足当今不断快速发展的多媒体应用、WEB 应用和不断增长的商业应用的需求。

4.1.4 数据库的数据组织技术

数据库是海量数据的综合性集合，如何将大量的数据集合以最优的方式进行组织与管理，如何按照用户特定查询要求，快速、准确地查询出相应的数据是非常重要的。有效的数据组织管理是提高数据库数据存取性能和节省存储空间的必要手段。目前，数据库系统中应用最广泛的数据组织和管理方式是索引技术。

“索引”在数据库的术语中是指根据某特定域（或属性）对数据库中的数据的一种排序，这一特定域（或属性）称为关键域或关键属性。索引常表示为树结构，索引树中的中间节点是它们子节点的抽象，一个索引树既可以自底向上通过抽象来构造，也可以自顶向下通过分类来构造。通过索引，不必要遍历所有的数据库记录就能找到某条数据库记录的存储位置，实现对数据库的快速访问。传统的基于文本的关系型数据库组织的索引技术比较成熟，随着多媒体信息的增多，各种面向对象数据库组织的索引技术也趋于完善并走向应用。

(1) 基于关系型数据库组织的索引技术

也称文本数据库组织的索引技术。索引顺序文件组织是关系型数据库数据组织的基本方法。这种索引方式是为既能顺序处理整个文档又能随机处理单个记录的应用而设计的。在顺序索引中，文档数据记录根据搜索码的值顺序存储，其物理存储顺序和索引顺序一致。用于在文档中查找记录的属性或属性集称为搜索码，像作者、主题、题名等就是不同的搜索码。如同图书馆目录一样，索引按顺序存储搜索码的值，并将搜索码与包含该搜索码的记录关联起来。在数据库中，一个文档可以有多个索引，分别对应不同的搜索码。

顺序索引包括主索引和辅助索引两种。数据库是按照某个属性的取值进行存储，如按题名、按作者、按主题、按年代等，当以某属性指定的顺序排列而建立索引时，该索引就称为主索引，其余索引称为辅助索引。辅助索引可以提高对非主索引的搜索码进行查询的效率。

用顺序索引组织数据文档的主要缺陷是:随着数据的增加,顺序索引查找性能和数据顺序扫描性能会相应降低。人们通过在文档上使用B+树索引来克服这一缺陷,B+树索引是从树根到树叶的所有路径长度相等的平衡树,B+树结构模式下可以解决索引查找时性能下降的问题。同时,为了避免过多地访问索引结构来定位数据而影响查询速度,可利用散列技术来组织文档。基于散列的文档组织可以通过计算所需记录搜索码值上的一个函数直接得到数据项,使索引性能不随文档的增长而降低。

(2)基于面向对象数据库组织的索引技术

也称多媒体数据库组织的索引技术。传统关系型数据库采用顺序索引结构或B+树索引结构实现对文本数据的高效存取,但B树是一维索引,针对的是字符、数值等传统数据类型,而多媒体数据具有媒体数据的多样性和不同媒体数据的特殊性,各种数据之间的语义联系非常复杂,表达形式多样,维数大于1且无法排序,使得传统的数据库索引结构已经不能适应多媒体数据库的发展要求。人们开始研究高效存储多媒体数据的方法。一般采用的方法是:在多媒体对象存档的同时提取对象的特征,建立多媒体对象的特征库。在进行检索时,通过进行特征的相似性检索来存取多媒体对象。为了提高检索的效率,出现了一些适合于多媒体信息特征的索引技术,如多维索引技术、图像索引技术和视频索引技术等。

4.2 数据库检索途径与检索技术

4.2.1 数据库的检索途径

检索途径也称为检索字段,是数据库检索系统所提供的检索入口。数据库的检索途径包括两类,一类是检索信息内容特征的途径,如分类途径、主题词/关键词途径,这是由对信息内容特征的分类标引和主题标引而形成的检索途径;一类是检索信息外部特征的途径,如题名途径、责任者途径、时间途径、出处途径、代码途径、机构途径等,这是由对信息外部特征进行描述/著录而形成的检索途径。

4.2.1.1 检索信息内容特征的途径

(1)分类途径

是按文献信息内容的学科分类体系来查找的途径。它是以分类语言编制的检索系统所提供的一种查询方式。在工具书中一般是按分类编排的分类目次或分类索引,可按类查检。在数据库中,一般是利用系统提供的分类目录树进行浏览,也可按分类名和分类号进行检索。分类途径提供了从学科或专业角度检索信息的门径,能够满足族性检索的需要,具有较高的检全率。

(2)主题词/关键词途径

是以表达文献信息主题内容的主题词/关键词为标识进行查找的途径。它是以主题语言编制的数据库(主要是文献型数据库)所提供的一种查询方式。在工具书中一般是按主题编排的主题索引或关键词索引,可按字顺查检。在数据库中,一般是输入某一关键词/主题词,即可检出文献标题、文摘或正文中包含该关键词/主题词的文章。也可从主题词/关键词表中选择欲查询的词。

4.2.1.2 检索信息外部特征的途径

(1)题名途径

题名途径也称篇名途径。是根据文献信息的标题或名称(书名、论文篇名、专利名称、标准名称、科技报告名称等)来查找的途径。题名途径是数据库重要检索途径,输入题名中的字词或题名中的一部分,可检索出所有在题名中出现该字、该词或该部分的文献。

(2)责任者途径

责任者途径也称作者途径、著者途径。是根据已知文献作者的名称进行查找的途径。责任者包括个人/团体责任者,编/译者,专利发明/申请者等。输入责任者名称,可以获得该责任者出版、发表的全部文献或有关资料。

(3)代码途径

代码途径是通过文献信息已知的专用代号进行查找的途径。代码是一些文献类型的唯一或固定的特有标识,与文献有对应关系,如国际标准书号(ISBN)、国际连续出版物号(ISSN),专利号、专利申请号、标准编号等。输入某一文献信息的代码,可以获得该代码标识的文献信息。例如,在"国家图书馆联机公共目录数据库"中选择"ISBN"途径,输入"7-301-10557-6",可以检索出该代码标识的秦铁辉主编、北京大学出版社 2006 年出版的《企业信息资源管理》一书。

(4)出处途径

出处途径也称来源途径,是通过文献的出版/发表处来查找文献的途径。输入文献的刊载处,如报刊名、出版单位名,可检索到该刊载处出版、发表的有关文献。例如,在"中国科技期刊全文数据库"的"刊名"途径框中输入"计算机科学",可以检索到该期刊刊载的所有论文。

(5)时间途径

时间途径是以文献信息出版/发表(发布、公布)时间范围查找文献的途径。这是数据库检索系统普遍提供的一种查询方式,输入或选择某一时间,可检索到该时间出版/发表的所有文献。时间途径一般和其他检索途径配合使用。

(6)机构途径

机构途径是根据已知机构名称来查找该机构出版/发表的文献的途径。例如在"中文社会科学引文索引"的"来源文献"中,在"作者机构"栏中输入"中国社会科学院",可以检索出该机构在"中文社会科学引文索引"的来源刊上发表的所有文章。

(7)其他途径

一些数据库还根据特定的需要,设置了一些特殊的检索途径,如出版地途径、基金途径、参考文献途径。与文献型数据库检索相比,术语型数据库、数值型数据库的检索途径更为多样。

4.2.2 数据库的检索技术

数据库的检索技术主要指检索词的组配技术和检索提问式的构成规则。检索词是能够表达检索需求的具有检索意义的词汇;检索提问式即检索表达式,是一个能够完整反映检索问题的主题内容,又可为计算机识别的算式,它是计算机进行检索的依据。检索提问式主要是运用逻辑运算符号、位置逻辑算符、截词符及其他限制符号,将检索词联系起来,表示检索词之间的关系,以供计算机对数据库中的数据进行"匹配运算",筛选出所需要的记录。数据库中运用的检索技术主要有布尔逻辑检索、截词检索、位置检索、字段检索等。

4.2.2.1 布尔逻辑检索

利用布尔逻辑算符进行不同检索词间逻辑组配，是数据库系统中最基本、最常用的检索技术。逻辑算符是英国数学家 George Boole 于 19 世纪发明，用于描述数学集合的关系，后应用信息检索领域，表示概念之间的关系被称为布尔逻辑（Boolean Logic）。

布尔逻辑用布尔算符表示两个检索词之间的逻辑关系，常用的布尔逻辑算符（组配符号）有三种，分别是逻辑或、逻辑与、逻辑非。

（1）布尔逻辑算符的含义及使用

1）逻辑与

逻辑与运算符用“AND”表示，中文数据库一般用“与”、“并且”、“ * ”表示。

逻辑与是一种具有概念交叉关系或限定关系的组配形式。检索词 A 与检索词 B 若用“AND”组配，则提问式可表示为“A AND B”、“A 与 B”、“A 并且 B”、“A * B”，表示要找出含有这两个词的文献集合。也就是说，必须同时含有检索词 A 和检索词 B 的文献，才是命中文献。逻辑与的运算含义如图 4 – 2 所示。

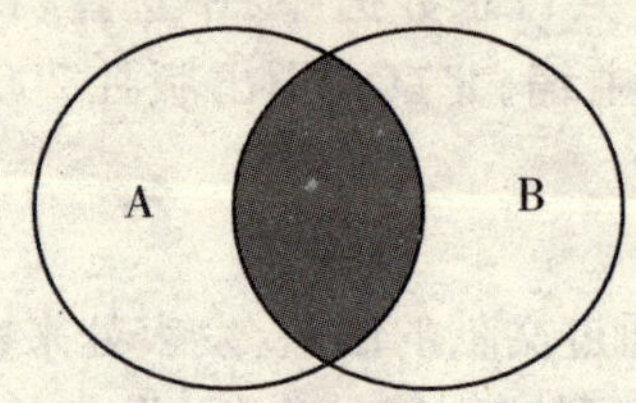

图 4–2　逻辑与运算含义（A AND B）

逻辑与的作用是增加限制条件，以缩小检索范围，减少文献的篇数，提高检准率。检索式中，逻辑与连接的检索词越多，检索结果就越少。

例：检索有关“环境污染控制”方面的文献。

这一检索问题的主要概念是“环境污染”和“控制”，检索式可表示为：

环境污染 与 控制

Environment Pollution AND Control

2）逻辑或

逻辑或运算符用“OR”表示，中文数据库一般用“或”、“包含”、“ + ”表示。

逻辑或是一种具有概念并列关系的组配形式。具有并列关系的概念如同义词、近义词、相关词以及具有属分关系（种属关系、整部关系）的词。检索词 A 和检索词 B 用“OR”连接，则检索式为、“A OR B” 、“A 或 B”、“A 包含 B”、“A + B”，表示要检索含有 A、B 词之一或同时包含 A、B 两词的记录。也就是说，凡是含有检索词 A，或者含有检索词 B，或者同时包含有检索词 A 和 B 的记录，均为命中文献。逻辑或的运算含义如图 4 – 3 所示。

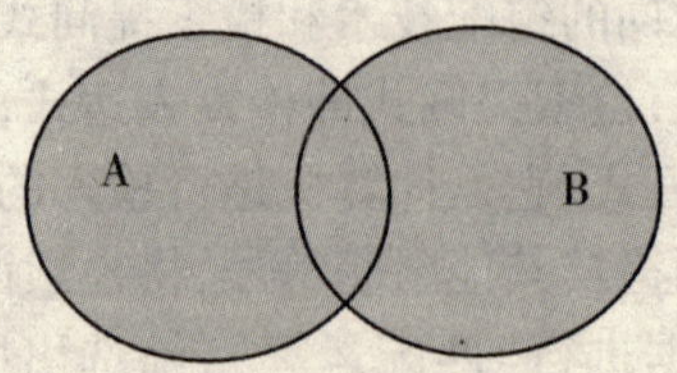

图 4–3　逻辑或运算含义（A OR B）

可以用逻辑或连结多个检索词。逻辑或的作用是放宽提问范围，增加检索结果，提高检全率。

例：检索有关“社会保障制度”方面的文献。

社会保障制度的同义词、近义词及相关词有社会保障体系、社会保障机制、社会保障模式等。如若扩大检索范围，增加检索结果，其检索式如下：

社会保障制度 或 社会保障体系 或 社会保障机制 或 社会保障模式

有些检索词表达的含义，具有整体与部分的关系，检索时需要全面考虑这种关系。

例：检索“欧洲社会保障制度”的文献。

检索式可以表达为：欧洲 或 社会保障制度

但是这一检索式会产生漏检。因为，“欧洲”包括英国、法国、德国、西班牙等国家，所以为了全面检索该课题的文献，其检索式应如下：

（欧洲 或 英国 或 法国 或 德国 或 西班牙）与 社会保障制度

3）逻辑非

逻辑非运算符用“NOT”表示，中文数据库一般用“非”、“不包含”、“ - ”表示。

逻辑非是一种具有概念排除关系的组配形式。检索词 A 和检索词 B 若用“NOT”进行组配，则提问式可写为“A NOT B”、“A 非 B”、“A 不包含 B”、“A - B”，表示要找出含有检索词 A 而不含检索词 B 的记录。也就是说，凡是含有检索词 A 而排除检索词 B 的文献就是命中文献。逻辑非的运算含义如图 4 - 4 所示。

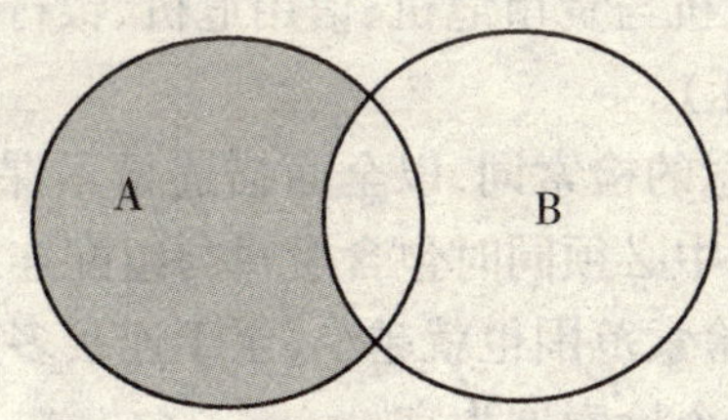

图 4-4 逻辑非运算含义（A NOT B）

逻辑非的作用是在检出的文献集合中排除无用的文献，缩小检索范围。与逻辑与相同，连接的检索词越多，检索结果就越少。

例：检索关于“国有企业海外上市 ”方面的文献。

如果以“国有企业 与 海外上市”为表达式，虽然检索结果很精确，但会漏检一些题名中没有“国有”但实际是与“国有企业海外上市”相关的文献；如果以“企业 与 海外上市”为表达式，虽然扩大了检索范围，但又会检索出一些“民营企业海外上市”和“中小企业海外上市”等不相关文献。因而，可以将检索式表达为：

（企业 与 海外上市）非（中小企业 或 民营企业）

这一检索式的含义为：数据库中凡含有“企业”“海外上市”，而不含有“中小企业”或“民营企业”的文献为命中文献。

除了上述 3 种布尔逻辑算符外，有的数据库系统还使用一种称为“逻辑异或”的运算符，用“XOR”（exclusive or）表示。检索词 A 和检索词 B 若用“XOR”进行组配，则提问式可写为“A XOR B”。这种检索式表示：找出含有检索词 A 但不含检索词 B 的记录，或者含有检索词

B 但不含检索词 A 的文献。也就是说，找到 A、B 组配的任何一个检索词而不是所有检索词的记录。逻辑异或的运算含义如图 4－5 所示。

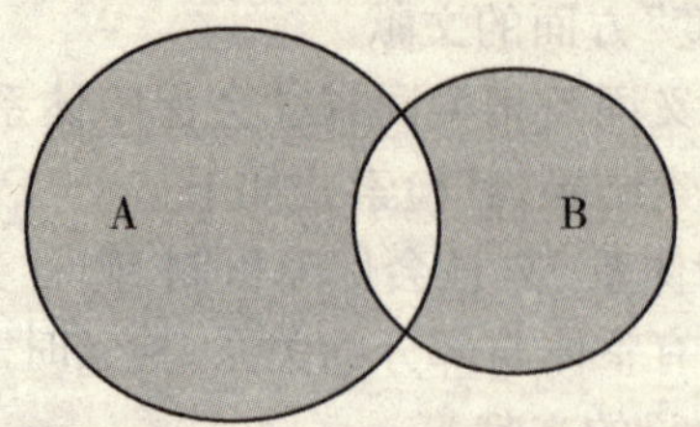

图 4-5 逻辑异或运算含义（A XOR B）

"逻辑异或"与"逻辑或、逻辑与及逻辑非"之间的关系如下所示：

A XOR B ＝（A NOT B）OR（B NOT A）

或者：

A XOR B ＝（A OR B）NOT（ A AND B）

（2）使用布尔逻辑算符注意事项

1）根据检索问题的需求选择布尔逻辑算符

上述 3 种布尔逻辑算符，使用最多的是逻辑或和逻辑与。

一般来说，用逻辑或连接同义、近义和相关词，以扩大检索范围；为避免漏检，注意连接该词具有属种关系的词（如金融危机与货币危机、信用危机、银行危机）和具有整部关系的词（如欧洲与英国、法国 、德国、西班牙）。

用逻辑与连接反映不同概念的检索词，以全面描述检索课题的多种属性，减少命中记录，提高检准率；逻辑与的检索结果中必须同时包含逻辑与组配连接的词，所以逻辑与连接的检索词越多，限定的条件也就越多，检索范围也就越小，至于连接多少合适，需要根据检索课题的范围来设定，一般来讲，连接 2—3 个检索词为宜。

逻辑非的作用同逻辑与，即缩小检索范围，逻辑非连接的检索词越多，排除的概念也就越多，检索数量也就越少。逻辑非虽然能够排除含有由 NOT 指定的检索词的文献出现，但易将相关文献剔除，需慎用。

2）布尔逻辑算符的运算次序

比较简单的检索课题，可以选择一种布尔逻辑算符，如果检索课题较为复杂，可将 2—3 种布尔逻辑算符组合使用。当检索式中含有多种布尔逻辑算符时，就有个运算顺序的问题。不同的数据库检索系统对运算次序有不同的规定。但一般遵循如下规则：

- 同种布尔逻辑算符自左向右进行运算。如：A 或 B 或 C
- 先运算括号内，后运算括号外。如：（A 或 B 或 C）与 D
- 在无括号的情况下，按优先顺序运算，其中 AND、NOT 先运算，OR 其次执行。如：A 与 B 非 C 或 D

3）布尔逻辑算符的使用方式

不同的数据库对布尔逻辑检索式有不同的使用方式。主要有以下三种方式：

- 选择方式：在高级检索方式下给出多层次文本框，以下拉菜单形式选择逻辑算符和检索字段，只需在相应的检索词输入框中输入检索词即可。目前大多数据库检索系统采用选择方式。

• 输入方式:提供一个检索式输入框,按照数据库提供的检索规则,直接输入组配好的检索式。

• 混合方式:在一个界面上同时给出上述两种使用方式,可任意选择一种。如"中国科技期刊全文数据库"、"全国报刊索引数据库"即是采用混合方式。

4.2.2.2 截词检索

截词检索又称词干检索。所谓截词,是指将检索词在合适的地方截断。截词检索则是用截断的词的一个局部进行的检索,也就是利用检索词的词干加上截词符号进行检索,截词符号代替检索词可变化的部分。由于是用截词符来屏蔽未输入的字符,是对词的片断进行的非精确一致的检索,所以也称模糊检索。

由于西文单词由字母组成,许多单词具有相同的词干,因此截词检索主要运用于西文数据库检索系统中,采用截词方法可以解决以下问题:检索词的单、复数;词干相同而词尾不同;英美词汇拼写差异。

从检索效果上看,截词检索隐含布尔逻辑或(OR)的检索功能,具有检索命令简单、检索步骤简便、查全率较高等特点。在不同的检索系统中,对截词符号有不同的表示,有的使用"?",有的使用"*",还有使用"$"、"!"、"#"等。

截词方式有多种,按截段位置的不同可以分为后截断、中截断和前截断三种。根据截断的字符数量来分,可以分为有限截断和无限截断两种类型。有限阶段是指截断的字符有具体的数量,无限截断是指截断的字符可以任意。

(1)后截词检索

后截词检索也叫前方一致检索、后截断检索。即把截词符号置于需截词的右方,表示其右边截去有限或无限个词,数据库中只要有与截词符前面部分一致的文献,即为命中文献。

例如:comput?

? 代表无限截断。这一检索式可以检索出数据库中包含前6个字符为"comput"的词汇的记录。如computer、computing、computable、computerized等。其检索效果相当于逻辑或的检索式:computer OR computing OR computable OR computerized。

例如:comput ? ? ?

? ? ? 代表有限截断,可以检索出的词汇有computery、computing、computalk,但则不能检索出compute、computer、computable、computerized等词汇。

后截词检索是数据库检索系统中最常用的截词检索技术。其表示的意义有许多种,除上述例子,还可以用于词的单复数检索,如"Tomato?"、"Calculator??",可以用于作者的模糊检索,如"刘?"(检索出所有姓刘的作者或人物)等。后截词检索具有一定的误检率,特别是词干过短的话,误检率会很高。

(2)前截词检索

前截词检索也叫后方一致检索,前截断检索。前截词与后截词相反,即把截词符号置于需截词的左方,表示其左边截去有限或无限个词,数据库中只要有与截词符后面部分一致的文献,即为命中文献。

例如:? physics

可将包含physics、astrophysics、biophysics、chemophysics等词汇的文献检出。

(3)中截词检索

又称“内嵌字符截断”、中截断。即把截词符号置于检索词的中间，检索到的是词首和词尾部分与检索词一致的文献。中截词检索一般只允许有限截断。

例如：defen?e，可将包含 defence、defense 词汇的文献检出。

wom ? n，可将包含 woman、women、womyn 词汇的文献检出。

Fib?? glass，可将包含 fiberglass、fibreglass 词汇的文献检出。

4.2.2.3 词位置检索

这是运用位置运算符进行检索的一种方法，又叫邻接检索。位置运算符是用于指明检索词在记录中的位置关系的符号，使用位置运算符可用于规定检索词在检索结果中的相对位置，以提高查全率与查准率。

不同的数据库使用的位置算符有所不同，主要是（W）与（nW）、（N）与（nN）、（S）、（F）、（L）。其中，（W）与（nW）和（N）与（nN）是常用的。

（1）（W）与（nW）算符

• （W）算符。是 With 的缩写。它表示在两个检索词之间使用（W），词必须按前后顺序相邻排列，也就是说，检索词 A 紧挨着检索词 B，序列不可变，并且两词之间不得夹有任何其他单词或字母，但允许有一个空格、一个标点符号或一个连接号。例如检索式“enterprise（W）management”，表示检索结果为“enterprise management”的形式。

• （nW）算符。是 n With 的缩写，是从（W）引申出来的。它与（W）的区别是，允许两词之间最多夹入 n（n = 1,2,3,…）个单词（或汉字）。例如“laser （1W）printer”，表示检索结果中含有“laser printer”、“laser colour printer”和“laser and printer”词的为命中文献。例如“中国（3W）大学”，检索结果是包含有“中国的大学”、“中国人民大学”、“中国农业大学”、“位于中国北京的大学”等词汇的记录。

（2）（N）与（nN）算符

• （N）算符。是 Near 的缩写。它表示在两个检索词之间使用（N），词必须按前后顺序相邻排列，两词之间不得插入其他单词或字母，允许有一个空格、一个标点符号或一个连接号，并且序列可以变（检索词的位置可以倒置）。例如“environment（N） protection”，表示检索结果中含有“environment protection”和“protection environment”词的文献为命中记录。

• （nN）算符。是 n Near 的缩写。它和（N）算符不同的是，两词之间允许插入 n 个单词（或汉字）。例如“protection（2 N ）environment”，表示检索结果中含有“protection environment”、“protection of the environment”、“protection of water environmen”和“protection of forest environment”形式的均为命中。

（3）（S）、（F）、（L）、（C）算符

• （S）算符。是 Subfield 的缩写。是表示子字段位置的算符。在两个检索词之间使用（S），表示两词必须同时出现文献记录的同一子字段、句子或短语中，两词的位置不限，两词间插入词的数量也不限。如“financial（W）crises（S）evolution”，表示检索在同一个句子中含有“financial crises”和“evolution”的记录。

• （F）算符。是 Fidld 的缩写。是表示同一字段位置的算符。在两个检索词之间使用（F），表示两词必须同时出现在数据库记录的同一字段中，两词的位置不限，两词间插入词的数量也不限。用（F）算符时需要指定所要查找的字段，如题名字段、叙词字段、文摘字段等。

如“environment(W)pollution(F)control/TI”,“TI”为题名字段代码,上式表示“environment pollution”和“control”必须同时出现题名字段,才属命中。

• (L)算符。是 Link 的缩写。在两个检索词中使用(L),表示两词必须同时出现在记录的同一叙词字段中,并且其间具有等级关系,前者为主,后者为副。如“natural (L) food”,表示“natural”为主标题词,“food”为副标题词。(L)算符只使用于有叙词表的数据库中。

以上位置算符在检索式中可连用,运算的顺序是:(W)→(N)→(S)→(F)→(L),如果在检索式中含有位置算符和布尔逻辑算符,检索运算的顺序是:(W)→(N)→(S)→(F)→(L)→NOT→AND→OR。依上述顺序,检索结果逐渐增多,检索精度逐次递减。

4.2.2.4 限定检索

限定检索也叫字段检索。它是一种缩小和限定检索范围的技术,其作用是限定检索词在数据库记录中出现的字段位置。在数据库系统中,为了提高检索效率,通常对检索词在记录中出现的字段进行限制,检索时,计算机只对限定的字段进行运算。

由于对信息描述/标引的程度不同,存储在数据库中的记录字段也有多少的不同。一般可以归纳为两类,即标识文献信息内容特征的主题字段和标识文献信息外部特征的非主题字段。主题字段是基本检索字段,非主题字段是辅助检索字段,每个字段都有一个用两个字母表示的字段代码。

• 基本检索字段及代码主要有:如题名(TI)、主题词/叙词(DE)、文摘(AB)、分类号(CC)等。适用于所有的数据库。一般来说,基本检索放在检索词(或检索式)后,用“/”连接。

• 辅助检索字段及代码主要有:作者(AU)、语种(LA)、刊名(JN)、出版年代(PY)、文献类型(DT)等。辅助检索字段放在检索词(或检索式)前,用“=”连接。

例:检索 2006 年发表的关于可持续发展或循环经济方面的英文文献。

检索式为:(Sustainable Development/DE or Cyclic Economy/ TI)and LA = English and py = 2006

上式要求:Sustainable Development 在叙词字段中,用“/”限定;Cyclic Economy 在题名字段中,用“=”限定。

如果想对一字段或若干字段同时进行多个限定,可在字段后面标明限定代码,用“,”号隔开,其含义表示“或”。

例如:检索式可为(Sustainable Development/DE,TI or Cyclic Economy/ TI,AB)and LA = English and py = 2006

与上述检索式不同,该检索式的 Sustainable Development 增加了 TI 字段的限定,Cyclic Economy 增加了 AB 字段的限定。

上述字段及代码在不同的数据库中有不同的表达形式和使用规则,检索时需参见其使用说明。

4.3 各类数据库概要

根据检索内容和检索目的的不同,数据库可以分为文献型数据库、事实型数据库和数据型数据库三大类型。下面逐一介绍它们的含义、类型、特征及作用,以使对这些不同类型的数据库具有一个全面的了解。

4.3.1 文献型数据库

4.3.1.1 文献型数据库含义

文献型数据库主要指存储文献线索、文献文摘和文献原文的数据库。根据存储内容和使用目的的不同，文献型数据库大致包括书目数据库、索引/文摘数据库和全文数据库。这几种类型的数据库之间的界限不是绝对的，其间具有相互交叉的现象。

4.3.1.2 书目型数据库

(1)书目型数据库的含义

书目数据库是一种提供存储和检索图书信息的文献数据库，通常都是图书目录的计算机化的产物，故又称机读目录，主要报道馆藏各种文献的书目信息和存储地址。每个数据库一般都有其相应的书本式检索工具或卡片式目录。目前一些书目数据库既能提供书目线索，同时又提供相关链接，指引浏览全文。

书目数据库的主要表现形式是 OPAC 书目数据库，OPAC 即联机公共检索目录（Online Public Access Catalog，OPAC），于 20 世纪 70 年代初发端于美国大学和公共图书馆，是一种通过网络查询馆藏信息资源的联机检索系统，用户可在任何地方查询各图书馆的书目资源。如“国家图书馆联机公共目录”、“中科院图书联合目录”、“美国国会图书馆联机目录”等。

(2)OPAC 书目数据库特征

1)资源类型多样。OPAC 书目数据库的收录以图书信息为主，但目前大多数图书情报机构 OPAC 资源收藏范围不断扩大，不仅提供各种语种的文献型图书信息，同时还收录电子出版物光盘、VCD、DVD 等音视频多媒体信息；此外一些 OPAC 还收录学位论文、中西文期刊等，以使 OPAC 全面反映馆藏资源。但是 OPAC 的主要功能还是检索图书信息。

2)用户界面友好

OPAC 系统界面友好，易于使用，多数 OPAC 系统都提供对检索系统的概要介绍和检索方法的说明，使用简捷的文本框选择、提供检索历史记录；对菜单的操作符合用户的习惯。目前 OPAC 用户界面在朝着规范、简洁、生动、拟人化方向发展。

3)服务方式多样

OPAC 系统具有多种服务功能。如提供帮助和纠错功能，可通过提示帮助，直接获得有关的操作提示、出错提示、上下文相关帮助等信息；如提供信息查询服务，可随时进行用户信息查询、图书续借与预约、更改密码、请求和提问。一些 OPAC 系统还顺应资源共享的发展趋势，提供与馆际互借系统的链接，当所需信息本地 OPAC 系统未收藏时，可直接在网上申请馆际互借服务。

4.2.2.3 题录/文摘型数据库

(1)题录/文摘型数据库含义

题录/文摘数据库是一种存储期刊论文（或学位论文等）外部特征或者内容摘要信息的数据库。从中可获取原文线索或原文的内容摘要。目前一些题录/文摘型数据库中的部分记录信息与原文献进行了链接。

(2)题录/文摘型数据库的类型

• 题录数据库。这是将文献线索作为存储和检索对象的数据库。如“全国报刊索引数据库”、“复印报刊资料索引总汇数据库”。

• 题录/文摘型数据库。这是将文献线索和文献摘要作为存储和检索对象的数据库。这类数据库除了能够获取原文线索外，还提供原文的内容摘要，如"中文报刊资料摘要数据库"、"剑桥科技文摘"等。

• 引文数据库。也即引文索引。这是以被引文献为检索起点，进而查找到引用文献的一种数据库。如"中文社会科学引文索引"(CSSCI)，美国著名的三大引文索引："科学引文索引"(SCI)、"社会科学引文索引"(SSCI)、"艺术与人文科学引文索引"(A&HCI)，其中 CSSCI 是单纯提供论文线索的引文索引，三大引文索引则是一种混合型引文索引，以提供论文线索为主，部分论文提供内容摘要，少数论文可链接全文。

4.2.2.4 全文型数据库

(1)全文数据库的含义

全文数据库是一种存储文献全文或其中主要部分的源数据库。它是将一个完整的信息源的全部内容，如图书、期刊论文、法律条文及案例等全部文字或原著全部内容，转换成计算机可识别、处理的信息单元而形成的数据集合。全文数据库将文献线索的检索同原文献的获取融为一体，可以从中直接查到所需文献。

(2)全文数据库的优势

1)原文获取的直接性

与书目/索引/文摘型数据库相比，全文数据库的显著特点就是能够直接获取原文。它集文献线索检索和原文献的获取为一体，不仅可以实现对信息外部特征进行检索的全部功能，而且能够通过查询文献线索而直接获取原始文献，还能直接根据信息内容进行查询。信息获取更为直接、迅速、详尽而可靠。

2)检索途径与检索功能的多样性

全文数据库的检索途径比较多，除了具有分类、著者、题名等常用的检索途径外，一些全文数据库还设置一些特殊的检索途径，如引文途径、基金途径、机构途径等。在检索功能上，全文数据库除提供一般的布尔逻辑检索功能外，还具备位置检索、字符串检索、相邻度检索、截词检索等多种检索功能，能够达到较好的检索效果。

3)检索结果处理的方便性与灵活性

全文数据库能以用户易于接受的形式提供检索结果，对检索结果可按照相关性或分类排列，能提供不同格式信息的浏览功能，并可对检索结果进行编辑、修改、裁剪、打印、编排。各种操作简便灵活，界面友好，易学易用。

4)信息时效性强

传统的主题法和关键词法是采用人工标引的方法，对各种信息进行加工处理，给出检索标识，所以标引效率较低。而全文检索系统采用计算机自动抽取文本中的字、词进行标引，从而大大加快了标引的速度，缩短了文献入库的时差，提高了全文数据库文献利用的时效性。

(3)全文数据库的类型

按文献类型划分，全文数据库包括图书全文库、期刊论文全文库、学位论文全文库、会议论文全文库、报纸全文库等。

• 图书类全文库。是将图书原文作为存储和检索对象的数据库。数字图书也称电子图书、电子书、eBook、E 书。数字图书是图书的一种新的载体和阅读方式，是将传统的书籍出版发行方式以数字化形式通过计算机网络实现的一种崭新的信息传播方式。如"超星数字图书阅读系统"、"书生数字图书阅读系统","Net Library"、"Ebrary"等。

• 期刊类全文库。是将期刊原文作为存储和检索对象的数据库。期刊全文数据库近年来发展迅速,其数量及所覆盖的学科范围也越来越广。如"中国期刊全文数据库"、"中文科技期刊全文数据"、"Academic Search Premier"等。

• 学位论文全文库。是将硕士、博士学位论文的全文作为存储和检索对象的数据库。如"中国博士学位论文全文数据库"、"中国优秀硕士论文全文数据库"。

• 会议论文全文库。是将会议论文作为存储和检索对象的数据库。如"中国重要会议论文全文数据库"。

• 报纸类全文库。是将报纸原文作为存储和检索对象的数据库。包括单报数据库和群报数据库。单报数据库如"人民日报图文数据库",群报数据库如"中国重要报纸全文数据库"(CCND)等。

(4)全文数据库的功能

1)具有阅读功能

阅读是获取知识信息的主要手段。全文检索工具不仅具有一般检索工具的检索功能和参考功能,由于能够提供全文,所以又具有阅读功能。通过全文检索工具,可以直接阅读全文,可以选读感兴趣的章节,可对有关细节进行精读,通过阅读加深对文献资料的理解,从而获取全面完整的信息。

2)能获得系统、全面的知识

通过全文数据库能够获得系统、全面、完整的知识内容。例如,能够获得主题突出、论述完整、内容成熟的图书,或者是内容完整的章节;能够获得描述一个完整的研究专题和研究过程的论文。全文数据库收录全面、系统,不仅能系统获得某一学科领域的基本知识,而且使得知识的系统获得更为便捷。

3)是了解新知识的有效手段

由于全文数据库利用计算机进行自动标引,标引速度快,数据库更新及时,尤其是数字期刊全文数据库能够快速提供各学科领域的最新知识和成果,因此,成为了解和掌握新知识的有效手段。

4.3.2 术语型数据库

(1)术语型数据库的含义

术语型数据库也称词语型数据库,是专门存储字词、词语等术语信息,并提供术语解释的数据库。它多是印刷型字词典和百科全书的数字化版本,也包括专门开发的各科名词术语数据库等。

(2)术语型数据库的类型

依据存储内容的不同,术语数据库可以分为辞书型数据库和百科全书型数据库。

• 辞书型数据库。是将字、词语作为存储和检索对象的数据库(包括光盘版和网络版)。又可分为字典型数据库和词典型数据库,它们多是印刷型辞书的数字化形式,实现同种文本辞书具备的所有功能。例如《康熙字典》、《汉语大词典》等辞书,除印刷版外,都有其电子版。辞书型数据库可分两种,一种是单种辞书数据库,一种是集多种辞书为一体的数据库,后者检索范围更加广泛,可以检索到同一语词在不同数据库的解释。

•百科全书型数据库。提供百科术语检索与利用的数据库。主要指以印刷型百科全书的内容为基础开发的电子版。如《中国大百科全书》、《不列颠百科全书》的光盘版和网络版。

(3)术语型数据库的特征

术语数据库与其他类型的数据库一样,具有检索方便、快捷的特性。只要输入检索词,浏览器便自动立即返回检索结果。传统的书本式字词典,由于受到纸张印刷和词典容量的限制,不可能在一部词典中同时包容所有的排检法,而辞书型数据库则能提供按字母顺序检索、拼音检索、部首检索、笔画检索、主题/分类检索等多种途径,理论上说,数据库索引技术可将现有的术语信息排检法都纳入到系统中来。百科全书数据库还支持多种途径的组合检索,使术语的获取更为便捷。

4.3.3 事实型数据库

4.3.3.1 含义

事实型数据库也称指南型数据库,是将有关事实信息(如机构、人物、科技成果、产品/商品、事件等)作为存储和检索对象的数据库。事实数据库中每个条目都是对一个事实确切、完整的描述。

4.3.3.2 事实型数据库的类型

事实型数据库按收录内容可分为年鉴数据库、机构数据库、产品/商品数据库、法律法规数据库、科技成果数据库、人物数据库等。

•年鉴类数据库。主要指以各类印刷型年鉴为基础形成的数字年鉴。年鉴数据库可分两种,一种是单种年鉴数据库,如《中国金融年鉴》、《世界年鉴》;一种是集多种年鉴为一体的数据库,如"中国年鉴全文数据库",其检索范围更加广泛,可以检索到某一事实在其他年鉴数据库中的相关信息。

•机构类数据库。主要提供国家政府、经济、文化、教育科研等各类机构的名称、负责人、职能、电话、地址等信息的数据库。

•产品、商品类数据库。提供各类公司企业的名称、产品(商品)名称、商标、服务项目等信息的数据库。

•法律法规类数据库。主要提供法律法规条文、案例、司法解释、裁判文书等资料信息的数据库。

•科技成果类数据库。主要提供经过登记的科技成果的名称、内容、成果鉴定、成果水平及应用情况的数据库。

•人物类数据库。主要提供有关人物的名称、籍贯、出生日期、职业等相关信息的数据库。

4.3.3.3 事实型数据库的特征

(1)提供的是事物实体的描述信息

书目、索引/文摘和全文数据库提供的主要是文献信息,不同的是,书目、索引数据库提供的是关于文献线索的信息,全文数据库则提供文献的全文信息。而事实数据库中所存储的数据,大多是用来描述人物、机构、产品(商品)、事件、地理位置等非文献信息,每个条目都是对一个事实确切、完整的描述。所以,事实数据库提供的是关于各类型事物实体的描述信息。

(2)以事物名称为重要检索途径

与文献型数据库相比,事实型数据库的名称检索途径比主题途径更为重要,如机构数据库的机构名称，人物数据库的人名等，只要输入正确的事物名称，就可以快速获得所需记录信息。

(3)特征性检索途径较多

事实数据库除了具有题名、著者等常用的检索途径外，不同的事实数据库还设置了具有自身特点的检索途径。以满足对不同事实信息的查询。例如机构类数据库则有负责人、地址、邮政编码、机构类别等检索途径；产品、商品类数据库提供产品名称、产品商标、服务项目等具有自身特点的检索途径。

4.3.4 数值型数据库

4.3.4.1 数值型数据库的含义

数值数据库是将从文献中分析、概括、提取出来，或从调研、观测及统计工作中直接获得的数值型数据作为存储和检索对象的数据库。除数值外还包括定义数值和说明这些数据项所必需的文字、图形和图表。数值数据库不仅可以直接提供数据信息，还具有统计、运算和分析数据的功能。包括统计数据库、管理数据库、科学数据库等。

4.3.4.2 类型

根据数值数据显示形式的不同，数值型数据库可分为全数据型数值数据库和混合型数值数据库两类：

- 全数据型数值数据库。全数据型数值数据库的基本内容全部是数值数据。如中国资讯行的中国统计数据库等。
- 混合型数值数据库。混合型数值数据库一般以文字的形式反映数据，如国研网的全文数据库等；有的除了文字还配以图表、图形(曲线、地图)等表示数据的发展，如国家统计局的统计公报数据库、中宏统计数据库等。

4.3.4.3 特征

(1)数据内容准确、权威、及时

数值数据库对数据的准确性要求很高，一般都要标明数据收集程序、统计方法、标准、定义、时限、单位等。数值数据库所收录数据一般都是来源于各级政府部门，数据信息可靠，具有权威性。统计数据一般是为了反映情况、研究问题和决策管理而进行收集整理的，对数据的时效性要求较高，所以数值数据库的内容大多更新及时。

(2)数据表现形式直观

数值数据库的主要内容为数字和表格，有的还配有图形、曲线，并配以简要说明文字，通常还配有指标解释。与其他类型的数据库相比，数值数据库反映的信息更为直观。

(3)数据检索与处理功能多样

数值数据库的检索和数据处理功能较多。例如，有的具有报表生成功能，能根据需要自动生成各种报表，或对输出数据进行排序和重新组织，有的具有图形处理功能等。

标准的数值型数据库不仅能够直接检索原始数据，而且还能在程序的支持下对数据库中的数值进行逻辑运算、统计分析，并可根据现有数据建立函数关系，进行数值计算。

数值型数据库的结果输出形式多样，除原始数据外，还可进行图形输出或用指定格式打印报表。

第5章　信息检索工具:搜索引擎

5.1　搜索引擎概述

5.1.1　搜索引擎的含义与分类

5.1.1.1　搜索引擎的含义

所谓搜索引擎(Search Engines)又称检索引擎、查询引擎,是利用一定的技术手段对网络资源进行组织、整序并提供检索的工具。具体说是,搜索引擎利用网络自动搜索程序或采用人工方式,采集万维网资源,对其分类、标引、整理,并将索引信息组织成数据库,以网站的形式提供关键词、自然语言及分类等检索服务。搜索引擎是目前网络信息资源组织与检索的主流方式。

5.1.1.2　搜索引擎的分类

按照检索方式与检索机制的不同,搜索引擎可以分为独立搜索引擎和元搜索引擎两类:

(1)独立搜索引擎

独立搜索引擎也称为单一型搜索引擎,这是通常意义上所说的搜索引擎。它是指依靠自身的技术,独立进行网络信息的组织与检索的工具,它们各自都具有一套完整的信息搜集、整理、索引与检索的机制,基于自身的信息存储系统或信息资源库,向用户提供检索服务。目前绝大多数搜索引擎都是独立型的。

按照检索语言和检索机制的不同,独立搜索引擎分为关键词型搜索引擎和分类型搜索引擎两类。关键词型搜索引擎以关键词的方式提供检索,分类型搜索引擎以主题分类目录浏览的方式提供查询;虽然这两类搜索引擎有融合渗透的趋势,一些搜索引擎同时提供关键词检索和目录分类查询两种方式,但还是以一种方式作为主要组织结构,另一种只是辅助手段。

独立搜索引擎还可以按其他方式分类:

- 按收录内容范围的不同,可以划分为综合型、专业型和专用型三类。综合型搜索引擎提供的资源内容广泛;专业型搜索引擎也称为垂直搜索引擎,专门提供某学科、某行业的资源;专用型搜索引擎仅提供某类资源。
- 按所收资源媒体形式的不同,可以分为文本型和多媒体型。文本型搜索引擎仅提供纯文本信息,多媒体型搜索引擎提供集文本、图像、声音、视频、动画为一体的检索。
- 按检索目的的不同,可以分为学术型搜索引擎和商业型搜索引擎。

(2)元搜索引擎

元搜索引擎也称集合搜索引擎,它包含了预先选定的多个搜索引擎,是建立在多个搜索引擎之上的集成型搜索引擎。其主要目标是对搜索引擎进行搜索,以一个统一的查询界面,提供多个搜索引擎的资源库。元搜索引擎与独立搜索引擎不同之处在于:它没有自己的信息组织系统,是以中介的方式接受查询请求,发送给多个搜索引擎进行同时处理,并将从各独立搜索引擎返回的所有查询结果,集中整合处理后再返回给查询者。

5.1.2 搜索引擎的结构

无论是什么类型的搜索引擎，一般都由信息采集子系统、信息组织子系统与信息检索子系统三部分构成。如图 5－1 所示。

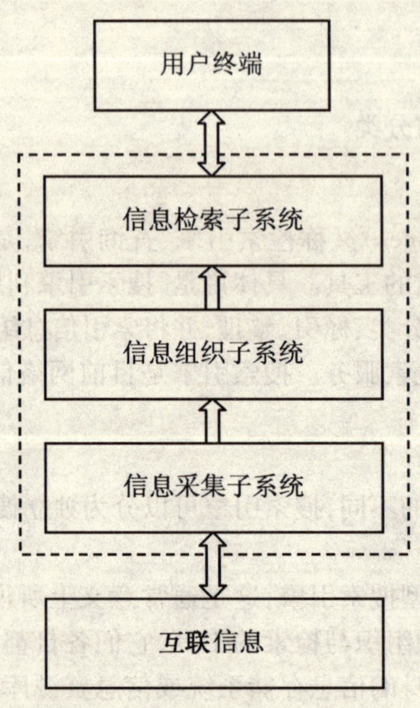

图 5–1 搜索引擎基本结构

（1）信息采集子系统

负责发现、跟踪和采集网络信息资源。目前搜索引擎有人工和自动两种信息采集方式。人工采集是由专门的信息采集人员依据一定的采集原则，跟踪并选择适用的网站/网页；自动采集是通过被称为“网络机器人”的计算机程序（如 Robot 等），定期对一定范围内的网站进行搜索。由人工方式采集的资源质量较高，但成本高，效率低；由自动方式采集资源其速度快，但资源质量不如人工。目前，一些搜索引擎采用人工、自动相结合的方式。

（2）信息组织子系统

负责组织所采集来的网页信息，建立索引查询系统。即借助词位置认定、词频统计和一些特殊的算法，标引采集系统搜索到的网页信息，并抽取出索引项，建立索引数据库。索引数据库中的一条记录基本对应一个网页或网站。不同搜索引擎的标引方法和标引内容有所不同，有的是人工标引，有些是机器自动标引；有些对网页全文进行标引，有些只标引网页的地址、篇名、题名、特定段落和重要的词。不同的索引软件建立数据库的规模不一样，数据规模大小决定查询的信息是否全面和查全率的高低。

信息组织子系统还需要针对不断更新内容的网页和不断变更的网页地址，完成索引数据的更新和维护，以保证索引数据库准确反映网络信息资源的当前状况。

（3）信息检索子系统

提供浏览器界面的信息查询。用户将检索要求提交给搜索引擎,搜索引擎根据输入的提问,在索引数据库中查找相应的语词,并进行必要的逻辑运算,将查询结果按相关程度排序并予以输出,只要通过搜索引擎提供的链接,就可以访问到相关信息。

5.1.3 搜索引擎的现状与发展

搜索引擎是万维网的产物,是随着万维网信息的急遽增长而诞生的。搜索引擎经历了三个发展阶段。

(1)第一代搜索引擎

1993 年,互联网出现了最早的 Web 浏览器 Mosaic,这是搜索引擎的雏形。浏览器的发展促使 Web 得到迅速推广,同时也推动着搜索引擎的发展。真正意义上的搜索引擎是创建于 1994 年初的 Lycos。早期的搜索引擎多是分类型搜索引擎,它们把因特网中资源服务器的地址收集起来,根据其提供资源类型的不同分成不同的目录,再一层层地进行分类,人们可按分类目录寻找所需信息。由于这种方式无法满足网上信息快速增长的需要,网站分类和摘要的简单查找也难以满足用户需求,于是就出现了关键词查询方式。

第一代搜索引擎的代表是创建于 1994 年的美国著名门户网站 Yahoo。它的兴起确立了搜索引擎在互联网的重要地位。Yahoo 前期主要采用分类目录式浏览,1996 年起在其网站上提供关键词检索。从 1995 年到 1997 年,比较重要的搜索引擎还有 Infoseek、AltaVista、Excite、Search、Hotbot、Microsoft/MSN 等。

简单说,第一代搜索引擎的特征是以分类目录浏览的方式提供查询。虽然后来提供目录浏览的搜索引擎都配有关键词查询,但还是以分类的方式来建立网络资源的数据模型的。早期的关键查询主要是基于文档内容信息的匹配和排序算法,即考虑用户的提问词在 Web 文档中出现的情况,如是否出现、出现频率等。

(2)第二代搜索引擎

1998 年 Google 的出现标志着第二代搜索引擎的诞生。第二代搜索引擎的主要特征是以关键词作为表达查询的主要手段。Google 是由美国斯坦福大学博士生 LarryPage 与 SergeyBrin 于 1998 年 9 月在美国硅谷创建的高科技公司。与 Yahoo 不同的是,他们设计的 Google 搜索引擎不对网页进行分类,而是从页面中识别出“关键字”来,然后建立倒排索引,通过使用关键词来搜索网页。也就是说,万维网的网页是用一组关键字列表来表示的,这就是网络资源的数据模型。这一模型的好处是计算机可以自动完成,无需人工干预,从而使大规模的搜索成为可能。根据用户提交的查询关键词,搜索引擎对出现这些关键词的页面进行匹配,按照确定的方法对其排序,并按得分的高低顺序反馈给用户。

第二代搜索引擎的构建思路、检索方法和目标有了根本性改变。除了根据关键词权值和文档权值进行排序,在排序机制中还引入了 Pageranking 页面重要性分析技术和基于超链分析的搜索算法,将最重要的页面优先呈现给用户。第二代搜索引擎的最大优势在于简单而便捷,用户只需要在搜索框输入适当的关键词,即可轻松地获取大量信息。关键词型搜索引擎使用户获得了前所未有的信息体验,Google 也因此得以蓬勃的发展。

第二代搜索引擎与第一代搜索引擎相比,无论检全率、检准率还是检索速度都有很大的提高。但同时也存在各种不足,最大的问题是查询结果的相关性不高,检索质量较低。因为“关键词”是一种没有经过控制的自然语言,仅仅是体现网页内容的符号,它所指代的语义并没有被使用。页面分析所依据的也是存在于页面之间的链接关系，并不能表示这些页面本身包含什么信息。关键词型搜索引擎不能处理页面的信息语义，是导致第二代搜索引擎检索噪音大、质量不高的主要根源。为了解决一问题，搜索引擎必须能够表达和处理语义信息。由此第三代搜索引擎应运而生。

(3)第三代搜索引擎

第三代搜索引擎被称为智能化搜索引擎，是以自然语言理解技术为基础的新一代搜索引擎。所谓自然语言理解就是使得计算机懂得自然语言的含义。与第一、二代搜索引擎根本性不同在于，第三代搜索引擎的数据模型是语义模型。语义模型对自然语言具有理解与处理能力，利用语义模型搜集处理网络资源，将使信息检索从基于关键词层面提高到基于概念(或知识)层面。用户只需用自然语言表达自己的查询需求，搜索引擎即可明了需求，并给出准确性、相关性搜索结果。语义网(Semantic Web)是第三代搜索引擎语义模型的最好选择。语义网采用 XML + RDF + Ontology 三个层次描述信息资源，构成了计算机理解信息内容语义的基础。围绕着建立语义网，将会发展一系列的技术，如自动标注技术、知识抽取技术、知识挖掘技术等。

第三代智能化搜索引擎还将与个性化服务紧密结合。利用智能代理技术，搜索引擎能对用户个性化需求进行智能计算和相关的推理分析。在用户还没有明确需求的情况下，通过相关度反馈机制，指引、帮助用户精确描述自己的信息需求；能推测用户的意图，代其完成请求任务，并自动地将用户感兴趣的、有用的信息提交给用户。同时智能代理具有不断学习、适应信息和用户兴趣动态变化的能力，能够根据特定用户的行为来决定信息的取舍，从而大大提高反馈信息的相关性，实现个性化搜索服务。

5.2 搜索引擎的原理与技术

5.2.1 关键词型搜索引擎

(1)关键词型搜索引擎的含义

关键词型搜索引擎，也称机器人搜索引擎。它是提供关键词、词组或自然语言查询的一类搜索引擎，是目前搜索引擎的主流。用户在检索界面的文本框中输入检索词，搜索引擎将其与存储在索引数据库中的记录进行比较匹配，提供包含该词的所有网址，并提供通向该网站的链接。谷歌(Google)、百度(Baidu)是最著名的关键词型搜索引擎。

(2)关键词型搜索引擎的优势与不足

①优势。关键词型搜索引擎的最大优势是信息量大，使用方便。这类搜索引擎通常利用网络 Robot 自动搜索技术对网络资源进行抽取、标引、归并、排序，创建可按关键词查询的索引数据库。因此信息容量大，更新速度快，而且绝大部分都可支持利用布尔逻辑来组配关键词，支持截词运算、模糊检索和自然语言检索，并可限定检索对象的语言、时间、出现的位置(标题或全文)等，可准确表述检索需求。同时可借助全文检索技术把所有包含检索词的网页检索出来。

②不足。关键词搜索引擎的不足是准确性差，返回的信息量过多。由于自然语言中大量存在多词一义、一词多义的现象，检索结果的精度不高；对同一关键词的检索，不同的关键词型引擎反馈的结果相差很大；返回的信息量虽大，但冗余信息也相当多，需从结果中进行筛选，费

时费力。

(3)关键词型搜索引擎的工作机制

关键词型搜索引擎是按照搜索引擎的基本结构建构的。其具体的工作流程是:网页采集—标引/索引—检索服务。主体结构包括五部分:采集器、标引器、索引器、检索器和查询接口。当前主流的搜索引擎的结构中,一般还包括信息挖掘器,负责提取、记录用户相关信息(如用户 IP、提交的检索词以及登记的个人相关信息),利用这些信息进行学习、统计,使得返回的结果更为符合用户实际需求,提高检索服务的质量(见图 5-2)。

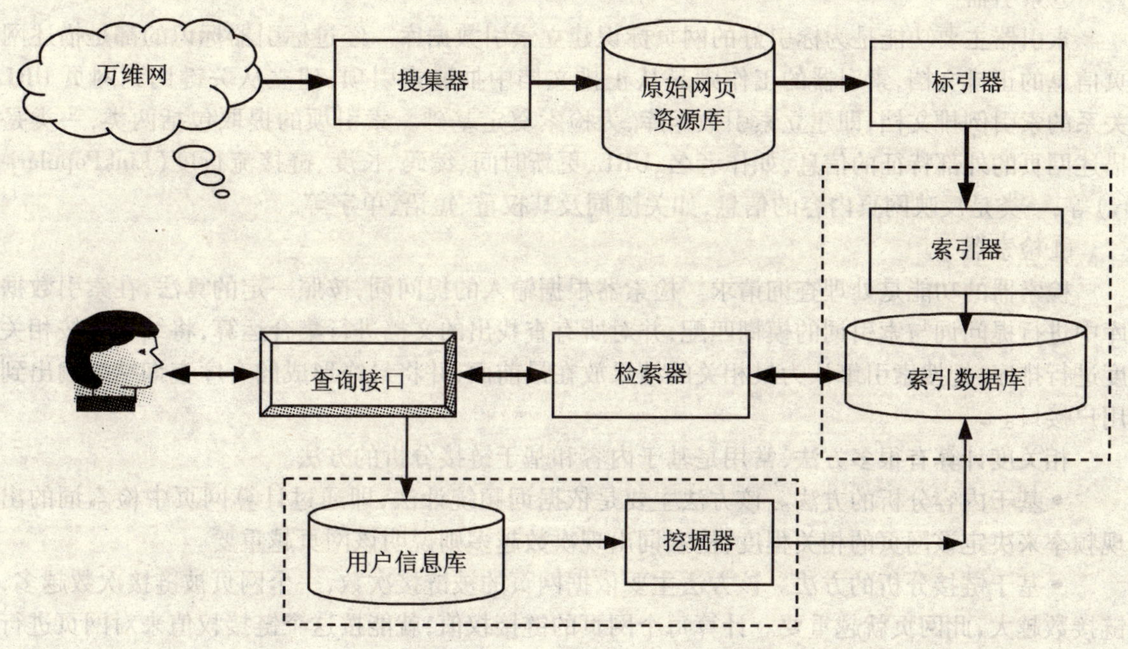

图 5-2 关键词型搜索引擎工作机制示意

①采集器

采集器也称为搜索器或网络机器人,它是一种网络自动搜索软件,通常称为机器人(Robot)、蜘蛛(Spider)、爬虫(Crawler)等。其主要功能是收集获取网络信息资源(网页)。万维网的结构是一个以网页为节点,超链为边的有向图,因此,信息采集器的运行可以抽象为一个有向图的遍历过程。其工作原理是,先按网络通信协议(如 HTTP)实现与网站的通信来访问网页,并沿着任何网页中的 URL 爬到其他网页,重复这一过程,并把爬过的所有网页采集回来,加入到本地资源库。采集器对网站的访问是周期性的,一般为每月 次或数次,访问次数视网页的更新频率而定。

目前采集器采集信息的方法主要有深度优先搜索和广度优先搜索、选定性搜索和分空间搜索三种。

②标引器

标引器也称为标引程序。其功能是完成网页信息的标引工作。搜索器对搜索到的网页信息进行过滤,提取有用信息并进行自动标引,包括提取关键词,对网页内容进行自动摘要。

标引器的标引方法主要采用自动抽词标引。目前多数搜索引擎采用全文标引方式,即分析网页的所有词汇，依据词频和超文本结构来确定词汇权重，抽取能表达网页主题意义的词作为标引词来构建网页标引记录。抽词的基本依据是词频，即忽略只起语法作用的共用词后，计算词的出现次数，一个词出现次数越多，它与该文件主题的相关度就越高，因而作为标引词其准确性也就越高。另外标引器还利用一些特征性强的信息辅助选词或计算词的权重。例如选择标题位置信息（标题大多是在文件比较靠前的位置）、字体与字号信息（黑体、斜体或大字号）、网页中起始的几段文字中的词来作为标引词。目前多数搜索引擎利用网页开头的内容直接编制文摘。

③索引器

索引器主要功能是为标引好的网页标识建立索引数据库。经过标引器标识的都是描述网页信息的正排文档，索引器的工作则是从正排文档中抽取索引项，建立从关键词到网页 URL 关系的索引倒排文档，即建立索引数据库，为检索奠定基础。索引项的提取包括两类，一类是描述网页的外部特征的信息，如作者名、URL、更新时间、编码、长度、链接流行度（LinkPopularity）等；一类是反映网页内容的信息，如关键词及其权重、短语、单字等。

④检索器

检索器的功能是处理查询请求。检索器根据输入的提问词，按照一定的算法，在索引数据库中进行提问词与索引词的模糊匹配，并对所有查找出的文档进行集合运算，将结果集按相关度进行排序，把搜索引擎认为最相关的结果放在最前面，并将最终形成的有序查询结果输出到用户接口。

相关度计算有很多方法，常用是基于内容和基于链接分析的方法。

• 基于内容分析的方法。该方法主要是依据词频统计法，即通过计算网页中检索词的出现频率来决定该网页的相关程度，检索词出现次数越多则说明该网页越重要。

• 基于链接分析的方法。该方法主要依据网页的被链接次数，一个网页被链接次数越多，链接数越大，此网页就越重要。计算每个网页的链接权值，就能按这个链接权值来对网页进行排序。

计算相关度还有一些方法，如：看网页的访问量，网页被访问的次数越多，点击频率越高，该网页权值就越高；看出现的位置，一个检索词如果出现在标题中，比出现在正文中权值要高；看被匹配检索词的数量，如提问式中包含 3 个词，那么包含 3 个检索词的记录比包含 2 个或 1 个词的记录要重要；看词的相邻度，如果 2 个词紧挨着出现要比分开出现分值要高，等等。

⑤查询接口

其功能是提供用户输入，显示查询结果，并提供用户相关性反馈机制，以便高效率、多方式地从搜索引擎中得到有用信息。

用户输入接口可以分为简单接口和复杂接口两种。简单接口只提供输入检索词的文本框，复杂接口可以对查询进行限制，如逻辑运算（与、或、非）、相近/相邻关系、域名范围（如 . edu、. com）、出现位置（如标题、正文）、信息时间、长度等等。

查询结果显示是一个有序的条目列表。列表中的每一条目代表一篇网页。每个条目至少包括三个元素：

• 标题。即从网页的 <title> </title> 标签中提取的内容（HTML 网页中，网页的标题由 <title> 标签标识），没有标题的网页，一般从关键词集合中选取权值最高的作为网页的标题。

• URL。该网页对应的“访问地址”。

•摘要。以某种方式得到的网页内容的摘要。通常是截取网页内容的头若干个字段(如前512字节)作为摘要。

此外,由于网页存在消失的可能性,搜索引擎的查询结构都提供"网页快照"。所谓网页快照,是搜索引擎通过预览各网站,拍下网页的快照,予以存储,当网页被删除或暂时无法打开时,可点击网页快照查看该网页的快照信息。

5.2.2 分类型搜索引擎

(1)分类型搜索引擎的含义

分类型搜索引擎是一种浏览式搜索引擎,也称为目录搜索引擎、网络资源指南。它将网络资源按照某种事前确定的主题分类体系组织。一般设置多个一级主题类目,再下设次级目录(其层次多为4级),在最后一级列出超文本的链接点,多数链接点伴有相应网页内容介绍。用户通过逐层浏览,直到找到所需信息线索,再通过链接获取相应的资源。分类型搜索引擎目中最具代表性的是Yahoo、搜狐、新浪等。

分类型搜索引擎是人工干预型搜索引擎,它以人工方式或半自动方式搜集信息,编辑人员以某种分类体系为依据,将采集的资源分为若干领域的主题范畴,置于事先确定的分类框架中,再把网址、简介、类别等描述信息存入索引数据库中,查询时,搜索软件只需检索这些描述。

(2)分类型搜索引擎的优势与不足

①优势。分类型搜索引擎最大的优点是实用、直观,查准率较高。目前大多数的搜索引擎分类体系是根据当前网络信息的特点和用户的需求编制的,在实用性和直观性方面有很大优势;网络资源经过人工筛选,只要按搜索引擎的分类体系,层层深入即可。信息准确,导航质量高。

②不足。分类型搜索引擎的缺点是:没有统一的分类体系,分类框架粗略,知识覆盖率不高;类目动态性强,类目之间交叉,内容重复;由于依靠人工搜索整理,所以搜索范围较小,网络资源目录的容量不大,信息更新速度也比较慢;同时在信息采集、编排组织等方面要投入大量人力和时间,成本较高,难以跟上网络资源的增长速度。

(3)分类型搜索引擎的工作机制

分类型搜索引擎与关键词型搜索引擎的工作机制大体相同。所不同的主要有三点(见图5-3)。

•搜集方式不同。分类型搜索引擎是通过人工方式/半自动方式搜集资源,搜集的资源包括两种:一种是由编辑员依据一定的标准挑选要链接的资源,一种是根据各个网站向其提交的网站信息(涉及网站名称、网址、类别、简介、关键词等),编辑人员对其进行精选。再对这两类资源进行分析,建立分类索引目录,放置到索引数据库中。

•依据的检索语言不同。分类型搜索引擎的资源标引依据是主题分类法。目前各个搜索引擎的主题分类体系的差别很大,归纳起来大致有两种:一种是按主题归类,以"事物"为中心设置类目,一个主题即是一个类目,类目不采用标记符号和分类号,按字顺或人为次序排列,每个大类下列出若干子类,每个子类又分为更加细化的下一级类目,同位类的各个类目按字顺排列。这是目前大多数分类型搜索引擎采用的分类方式。另一种是按学科分类,在一级类目下设立二级、三级以至四级类目。一般是以现有的通用体系分类语言为基础,加以改进作为自己的分类体系。

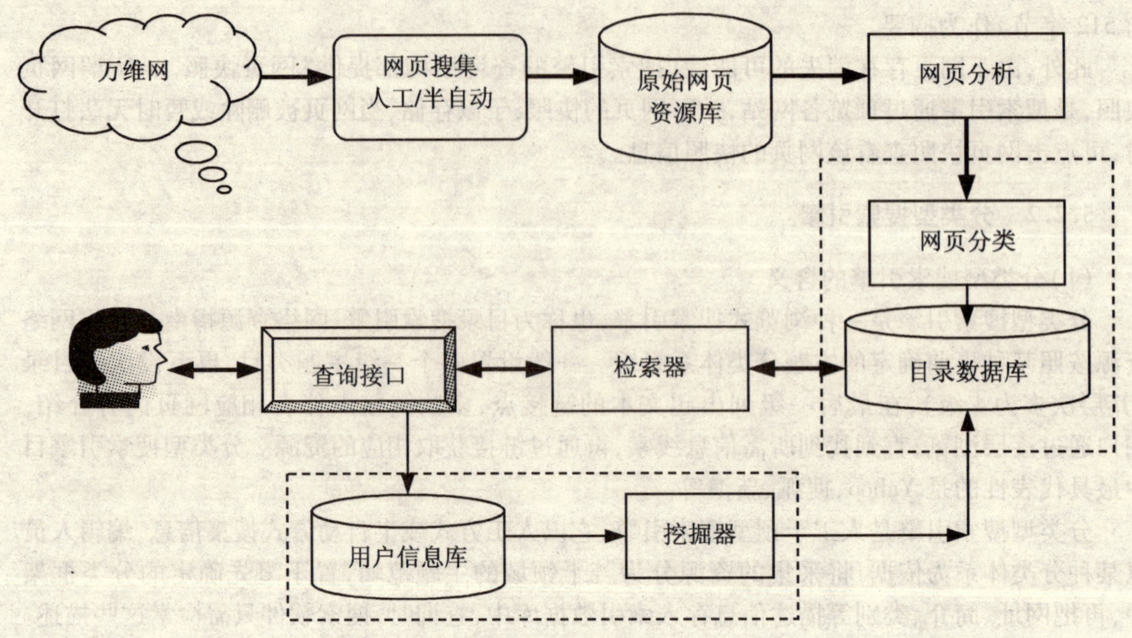

图 5–3　分类型搜索引擎工作机制示意

• 显示方式不同。分类型搜索引擎提供的是一组主题分类目录列表，目录界面一般采用分级结构，可从基本的大类入口，一级级向下访问，通过层层点击直至找到所需内容，目前一些分类型搜索引擎也提供关键词查询功能。

5.2.3　元搜索引擎

(1)元搜索引擎的含义

元搜索引擎，也称搜索引擎的搜索引擎、搜索引擎之母。它是一种将多个独立搜索引擎集合在一起，并能完成并行访问与统一检索的检索工具。元搜索引擎中各独立搜索引擎被称为目标搜索引擎或成员搜索引擎，它们各自保持其原有局部数据模式和检索方式，元搜索引擎给出一个统一的界面，接收检索输入和结果输出。

元搜索引擎和独立搜索引擎的不同之处是，它没有独立搜索引擎那样的组织结构和工作机制。元搜索引擎自身并不收集网页信息，也没有自己的索引数据库，它只是对多个独立搜索引擎的整合与调用。在用户信息检索过程中，元搜索引擎扮演着中间代理的角色。

(2)元搜索引擎的分类

按检索功能的不同，元搜索引擎包括统一检索式元搜索引擎和集成式元搜索引擎两类：

①统一检索式元搜索引擎

统一检索式元搜索引擎也称为多线索式元搜索引擎。指利用统一的检索界面，实现对多个独立搜索引擎并行检索的检索工具。这是元搜索引擎的主流模式。

统一检索式元搜索引擎的主要特征是，一次检索可同时获得多个搜索引擎的检索结果。在统一界面上，用户只需提交一次检索请求，由元搜索引擎负责转换成成员搜索引擎的检索指令，分别提交给各成员搜索引擎完成实际检索，最后元搜索引擎汇总所有查询结果，再对检索结果进行重新组织(包括格式转换、去重、排序等),并标明检索结果的来源后,以统一的格式输出给用户。典型的统一检索式元搜索引擎如万纬搜索、MetaFisher 中文元搜索引擎、Ixquick、MetaCrawler、Dogpile 等。

②集成式元搜索引擎

集成式元搜索引擎也称罗列式搜索引擎、搜索引擎目录。它将选定的搜索引擎集中起来,提供一个公共的检索入口,引导用户根据检索需要选用搜索引擎。这类元搜索引擎提供各类搜索引擎的介绍信息和物理连接机制,用户只能选择一个搜索引擎进行检索,检索结果显示的是原独立搜索引擎的页面与格式。

集成式元搜索引擎的实质是多个独立搜索引擎的罗列,不能算真正意义上的元搜索引擎,可谓之准元搜索引擎。但其制作与维护技术简单,可随时对目标搜索引擎进行增删调整和及时更新,查询方便,因而使用面也较广。典型的如搜索之家、Proteus、Queryster 等。

(3)元搜索引擎的工作机制

元搜索引擎由三部分组成,即:用户接口、查询代理、结果汇总显示。元搜索引擎虽没有网页搜索、标引与索引机制,但在检索请求提交、查询代理和检索结果显示等方面,均有自身的元搜索技术支持。元搜索引擎的工作机制如图 5-4 所示。

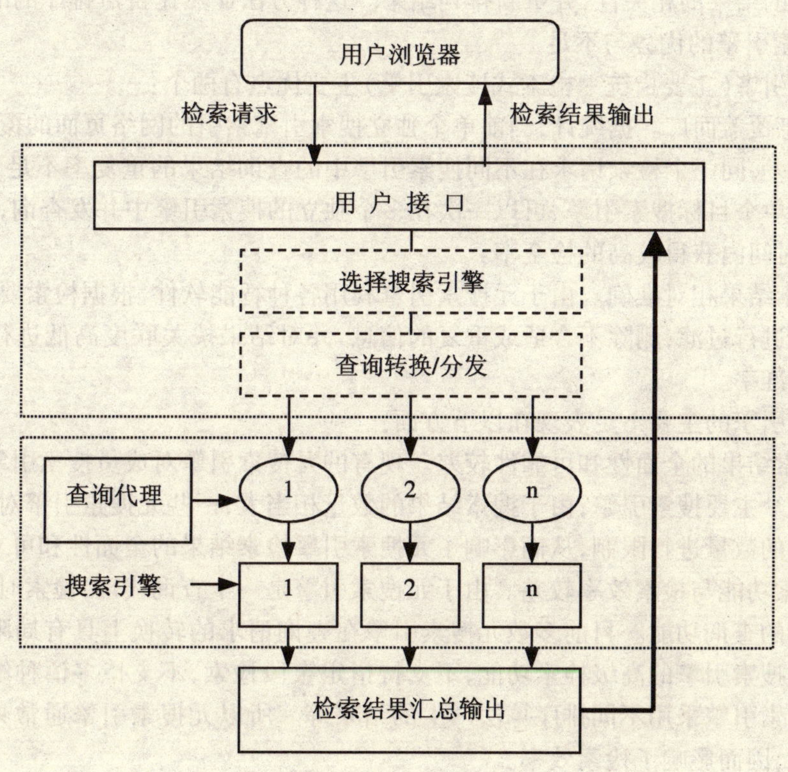

图 5–4 元搜索引擎工作机制示意

①用户接口

用户接口是用户与元搜索引擎交互的界面,主要功能是接收用户的查询请求,即实现用户的检索设置要求,如调用哪些搜索引擎、检索时间限制、检索结果数量控制等。

②查询代理

查询代理机制负责元搜索引擎和各成员搜索引擎的交互,即根据用户的查询请求,分别转换成适合不同独立搜索引擎要求的格式,并将其发送给各成员搜索引擎。一般来说,元搜索引擎的每一个成员引擎都对应着一个查询代理。作为查询代理,元搜索引擎必须具有较强的字符和语法转换功能,以及支持各独立引擎所具有查询功能,使用户的检索请求为各具特点的成员搜索引擎接受。

③结果汇总显示

结果汇总显示机制负责将各查询代理获得的检索结果整合起来,去重并分级排序,从中选择最能满足用户需求的记录,以统一的形式显示给用户。不同的元搜索引擎具有不同的结果显示处理技术,所设定的检索结果排序依据、最大返回结果数量、相关度参数等,也有较大差异。

对于排序,元搜索引擎一般采用两种方式,一种是自然排序,即依次将来源不同的结果合并,同一搜索引擎的结果按照原来顺序排列。这种方法简单直接,但很有可能将相关性较低的记录排在相关性较高的记录前面。另一种是重新排列,系统使用一定的算法决定来自不同的成员搜索引擎的结果的相关性,并重新排列结果。这种方法显然比自然排序的准确率要高。

(4)元搜索引擎的优势与不足

①元搜索引擎(主要指统一检索式搜索引擎)主要优点有两个:

第一,信息覆盖面广。据统计,当前单个独立搜索引擎索引的网络页面的覆盖率不到页面总数的三分之一,同一个检索请求在不同搜索引擎中的查询结果的重复率不足34%。元搜索引擎集成多个单个目标搜索引擎,可以一次在多个独立的搜索引擎中并发查询,扩大了检索范围,可在较短时间内获得较高的检全率。

第二,检索结果相对准确。由于元搜索引擎利用各种智能软件,根据检索要求对各搜索引擎返回的结果进行过滤,删除不合适或重复的信息,并对结果按关联度高低进行排序等,因而具有较高的查准率。

②元搜索引擎的主要不足表现在以下方面:

第一,检索结果的全面性和可靠性较差。现有的元搜索引擎对成员搜索引擎的选择有限,大多只锁定几个主要搜索引擎;由于搜索结果的数量相当大,一些元搜索引擎对成员搜索引擎返回检索结果的数量进行限制,从而影响了元搜索引擎检索结果的全面性和可靠性。

第二,检索功能与检索效率较差。由于元搜索引擎是一个查询代理,检索时需要转换不同成员搜索引擎的查询功能。目前多数元搜索引擎在查询请求的转换上具有局限性,如难以完全支持各独立搜索引擎的高级检索功能,不支持指定字段检索,不支持多语种统一检索,无法整合各独立搜索引擎采用不同排序算法产生的结果等。所以元搜索引擎通常只使用简单、直接的搜索策略,因而影响了检索效率。

第三,检索时间相对较长。搜索一个搜索引擎显然比同时搜索多个单独引擎时间要长,虽然元搜索引擎采用了一系列的优化运行机制,能在尽可能短的时间内输出查询结果,但是由于一次调用多个独立搜索引擎,转换请求格式,集中查询结果,进行去重、排序等一系列操作,都需要花费时间,使得检索时间相对拉长。

第6章　图书检索

本章将介绍古今中外图书信息的检索，侧重介绍检索近现代图书和现存古籍的重要工具书和数据库（具体内容参见光盘）。有关检索古籍流传、古籍善本以及古籍内容的工具书，放在光盘中介绍（见光盘：10. 检索古籍流传；11. 检索古籍善本的工具书；12. 检索古籍内容的工具书）。

6.1　图书概述

6.1.1　图书的含义

图书是对某一领域的知识进行系统阐述或对已有研究成果、技术、经验等进行归纳、概括的一种比较系统完整而又成熟的文献类型，是历史最长、种类最多、数量最多的一种文献形式。《中国大百科全书》对“图书”的定义为：用文字、图画或其他符号手写或印刷于纸张等形式的载体上并具有相当篇幅的文献。联合国教育、科学和文化组织（UNESCO）为了统计目的，对除封面外篇幅不少于49页的非定期出版物称为图书，49页以下者为小册子。也有人将一切书籍、期刊、小册子、图片等泛称为图书。前者可视为狭义的图书，后者可视为广义的图书。

图书经历过几个不同的历史阶段。最早的图书载体材料多样，如古埃及用纸草，巴比伦用泥板，欧洲中世纪用羊皮、蜡板，印度用棕榈树叶等等。在中国，曾用甲骨、青铜器、石头等作为记录知识的载体，从春秋到两汉多用竹简、木牍、缣帛。造纸术发明后，纸逐渐成为书写文字的最理想的载体。19世纪中叶以后，印刷技术不断革新，图书从手工生产过渡到机械化生产。20世纪以后，新一代的电子图书E－book开始出现。电子图书也称数字图书，是以数字化方式出版、发行、传播与阅读的图书，是印刷型图书的数字化表现形式，具有印刷图书的一般特征。与印刷型图书相比，数字图书具有制作简便、使用方便、便于阅读的特点，同时，发行成本低，出版周期短，逐渐成为现代图书的主流。

6.1.2　图书的类型与特征

图书类型多种多样。按照内容和使用特点，图书可划分为普通图书和工具书两种类型。普通图书的功能主要是提供阅读，包括专著、教科书、科普与通俗读物、文艺作品等；工具书的功能主要是提供检索，即本书中所讲的工具书检索系统（详见第3章），具体包括百科全书、年鉴、手册、辞书、类书、表谱、图录，以及单独出版的书目、索引、文摘等。

图书还可以其他方式分类。按知识内容可分为社科图书、科技图书等；按文种可分为中文图书、日文图书、英文图书等；按制作形式可分为写本书、抄本书、印本书等；按著作方式可分为专著、编著、译书、汇编、文集等；按装帧形式可分为蝴蝶装、包背装、线装简装和精装等；按出版卷帙可分为单卷书、多卷书等；按刊行情况可分为单行本图书、丛书、抽印本图书等；按制版印刷情况可分为刻印本、排印本、照排本、影印本等；按版次和修订情况可分为初版书、重版书、修订本图书等。

图书主要有以下三个特征：

• 形式完整固定，结构严谨。图书都有封面、书名页、目次、正文以及版权页，并都装订成册，以单行本、多卷书或丛书等形式出版发行。

• 主题突出，论述完整，内容成熟。从图书中既可以获得通用性知识，还可得到某个问题、某一专题或某一学科领域全面而系统的知识，同时图书也是获取各种事实、数据和资料的重要来源。

• 图书的撰写时间与出版周期较长，内容更新较慢，一般不反映最新的信息内容。

6.2 检索近现代图书

本节主要介绍检索近现代图书的国内外主要联机公共查询系统、数字图书阅读系统、《民国时期总书目》及其数据库。

各检索系统的内容和主要检索界面见光盘:4. 检索近现代图书。

6.2.1 联机公共检索目录

据统计，当今全世界每年出版大约 100 万种新书，其中绝大部分都被图书馆收藏。获取这些图书信息的主要检索工具是联机公共检索目录，也称为馆藏机读目录数据库。

联机公共检索目录英文称为"Online Public Access Catalog"，简称 OPAC。OPAC 20 世纪 70 年代初产生于美国大学和公共图书馆，是一种通过网络查询馆藏书目资源的联机检索系统。一般将 OPAC 划分为三代，第一代 OPAC 起源于编目系统，是卡片目录的机读版本，虽然比手工方式查询快，但检索功能没有本质上的变化；20 世纪 80 年代是第二代 OPAC 的发展时期，第二代 OPAC 更多地吸收了情报系统的优点，不仅检索功能完善，而且收录范围扩大，更多地考虑了用户的需求；进入 20 世纪 90 年代，第三代 OPAC 开始形成，与第二代 OPAC 相比，在智能化检索、交互式查询、信息服务等方面都有突破性进展，成为用户使用图书馆书目资源的主要入口。

OPAC 系统具有以下几个特点：第一，资源丰富。大多数图书馆 OPAC 是以图书信息收藏为主，此外还包括馆藏期刊、报纸等其他资源。第二，具有较强的检索功能。一般都提供题名、责任者、主题、分类、出版年、出版者、ISBN、索书号等多种检索途径，并支持布尔逻辑组配检索。第三，服务方式多样。如提供图书的续借与预约，借阅信息查询服务和馆际互借服务。

目前，在馆藏机读目录数据库的基础上建立起来的国家及地区系统的联合目录数据库提供了多个图书馆馆藏的书目信息，如 WorldCat 、CALIS 等，也是查询图书的重要途径。

6.2.1.1 世界联合书目数据库(OCLC FirstSearch - WorldCat，http://firstsearch.oclc.org/FSIP)

(1)概况

世界联合书目数据库(WorldCat) 是 OCLC FirstSearch 的一个联合目录数据库。OCLC(Online Computer Library Center)是世界上最大的文献信息服务提供机构之一，FirstSearch 是 OCLC 的一个大型、多学科的联机信息检索服务系统，提供 80 多个数据库检索服务，其内容覆盖人文、社会科学和科学技术的各个学科领域。WorldCat 是 FirstSearch 重要的数据库之一，它是由 OCLC 组织、世界上 1 万多个图书馆参加的联合编目数据库。

WorldCat 既包括国会图书馆、大英图书馆等一些国家级图书馆和世界知名大学图书馆的馆藏，也包括来自一些小的公共图书馆、博物馆的馆藏。收录的从公元前 1000 年到现在的资料约超过 10 亿种，基本上反映了世界范围内的图书馆所拥有的图书和其他资料。

(2)检索方式

WorldCat 包括基本检索、高级检索和专家检索三种方式。

1)基本检索：提供关键词、著者、题名、年 4 组检索字段查询框，其间的关系为逻辑“与”(and)。

• 关键词包括来自著者、题名、主题、注释和 ISBN 等字段内容中的信息。

• 著者包括书的著者、电影的演员和导演、公司的名称等。

• 题名字段的词语可直接取自题名，也可取自翻译过的题名或者题名的异体形式。

• 年字段可用来查询一年或者几年中的内容。如“2007”与该年出版的资料相符；“1920 - 1940” 与在该时间范围中出版的资料相符；“2000 - ”与该年份以及以后年份中出版的资料相符。

• 如要精确检索某一词组，对输入的检索词加引号，或在词间加邻接符。

• 如果对正确的题名、关键词、主题、ISBN 没有把握，使用高级检索中各字段的索引。

2)高级检索。系统默认为高级检索。

• 系统提供三组查询框，输入一个或多个检索词至查询框，然后选择检索途径。

• 默认的检索字段是“关键词”，也可以在下拉单中选择。检索字段包括：关键词、登入号码、著者(著者词组、团体与会议名称、团体与会议名称词组、人名、人名词组)、语种、归类、归类词组、音乐作品、音乐作品词组、注释/意见、出版社、出版社所在地、标准号码(ISBN、ISSN)、主题(主题词组、叙词、种类/形式、地理覆盖、涉及的团体和会议、人名)、题名(题名词组、丛编题名)。

• 可以直接输入检索词。如无法判定检索词的正确拼写，可使用各字段的索引。点击检索字段右边的“浏览索引”按钮，进入索引界面；在“浏览”框输入词语，选择索引项，点击“浏览”，下方显示词语索引列表，点击某一词语，该词语即添加到查询框中。

• 选择逻辑算符(和、或、非)表示检索词之间的逻辑关系，默认为逻辑“与”(and)。

• 在“年”栏输入年份，格式为 YYYY，如表示起讫年限，为“YYYY - YYYY”。

• 在“限制内容”栏选择语种和收藏馆数量，可供选择的馆藏数量有 50 个、100 个和 500 个；在“限制类型”栏选择文献类型，列出的有：书、连续出版物、文章、视频资料、录音带、乐谱、计算机文档、档案资料、地图、互联网资源、连续更新的资源。

• 在“限制子类”栏选择用户类别(默认为任何用户，可以选择儿童、非儿童)、内容(默认为任何内容，可以选择小说、非小说、非传记、音乐、非音乐、硕士论文/博士论文)、格式(默认任何格式，可以选择大字印刷品、盲文、手稿、缩微资料、非缩微资料等)。

• 在“限制范围”栏输入图书馆代码，再点击“查找代码”按钮进行查找。

• 在“排序”栏选择检索结果的排序方式、默认收藏馆数量，可以选择相关率、日期、新书登记号。

• 最后点击“检索”按钮检索。

3)专家检索。专家检索是为有经验的检索者设计的。

• 在“查询” 框输入表达检索词关系的检索式。检索式由检索词、标识符和布尔算符等组成。逻辑算符为“与”(and)、“或”(or)、“非”(not)。

• 如果要检验检索词的拼写和格式正确与否,可从“索引项目”下拉表单中选择检索字段,点击框右方的“浏览索引”按钮,选择合适的词语添加到查询框中。

• 专家检索其他功能同“高级检索”,可通过年、语种、文献类型、图书馆代码、用户、内容、格式等进行限制。

(3)连接方式和限制符号

系统规定的检索词之间的连接方式和有关限制符号如下:

• 复数处理、截断和通配符:用“+”代表复数(s 和 es);用“*”代表截词符;用“#”代表通配符(用于词的不确定字符);用“? N”代表最多能到 N 个字符。

• 相邻接的词:X w Y (X 后面紧接着 Y);X wN Y (X 后面紧接着 Y,而且 X 和 Y 之间最多只能有 N 个词);X n Y (X 靠着 Y,可前可后);X nN Y (X 和 Y 之间最多只能有 N 个词,X 和 Y 可前可后)。

(4)检索结果显示

• 系统默认每屏显示 10 条,可在右上导航栏点击“选项”重新设置显示数目。每条记录显示篇名、出版、类型、拥有馆藏图书馆的链接及馆藏数。

• 可以点击左上“相关主题”和“相关著者”图标,选择检索主题的合适词语与著者的最佳检索词。点击左上导航栏“详细书目记录”按钮,可以进入详细记录显示状态;点击某篇名或某篇记录下的图标,可以查看该篇记录的详细信息。

• 详细信息主要包括:求借信息(馆藏)、外部资源(引用该篇文献的情况)、其他类似记录(同题名和同著者版本)、题名、著者、出版、年份、载体形态、语种、丛编、标准号码、叙词、注释、分类号、其他题名、资料类型、输入日期、更新、登入号、数据库。

(5) 检索结果输出

• 保存:在篇名前方框选择要保存的记录,点击左上方的“标记记录”按钮,可查看、保存所选记录。

• 打印:点击“打印”图标即可打印。

• 邮件传送:点击“电子邮件”按钮,输入邮件地址,选择简要记录/详细书目和格式(HTML/纯文本),点击“传送”。

(6) WorldCat. org(http://www. worldcat. org/)

2006 年 OCLC 提供 WorldCat. org 网站检索世界各图书馆的馆藏。在该网站首页的检索框中,可输入图书名称、主题或人名,检索结果为一个记录列表。在选择一个记录后,即可得到书目详细。可输入地理信息,例如邮编、州名、省名或国家名等,就可接收到一个拥有该馆藏的邻近图书馆的列表,点击列表就可链接到该馆的联机书目记录。该网站的高级检索界面提供 5 个字段的检索:关键词、题名、著者、主题、ISBN 或 ISSN 或 OCLC 号码。可对文种、文献类型和出版日期进行限制。

可在 WorldCat 网站建立一个自己的 WorldCat 账号,然后就可对许多 WorldCat 记录添加评论、目次信息和注释。在 WorldCat. org 网站,任何 Web 用户或组织都可以很容易地免费下载并添加 WorldCat 检索框到自己的个人网页或商业网页,并允许多人同时通过 WorldCat 网站查找馆藏。

6.2.1.2 中国国家图书馆联机公共目录查询系统

(1)概况

中国国家图书馆(以下简称“国图”)全面收藏中国正式出版物,是世界上入藏中文文献最多的图书馆,也是国家总书库。中国国家图书馆联机目录查询系统提供ID和匿名两种登陆方式。ID登录需要输入用户ID号或国图借书证卡条码号。匿名登录方式可直接进入检索查询界面,但功能仅限于检索数据库。

进入检索界面,默认可以同时检索国家图书馆中文和外文两个物理上独立的数据库,即全部馆藏数据。在中文和外文两个物理上独立的数据库基础上,又按照类型或馆藏地点划分了20个子库。

• 中文及特藏数据库(含以下12个库/子库):中文普通图书库、音像制品和电子资源(含中外文)、民语文献、中文期刊、台港图书及海外出版的中文图书、地方志/家谱文献、中文报纸、普通古籍(含新线装)、善本古籍文献、学位论文、联合国资料、中文缩微文献。

• 外文文献数据总库(包含8个库):外文图书、外文善本、外文缩微文献、外文期刊、外文报纸(含台港外文报纸)、外文乐谱、外文地图、国际组织和外国政府出版物。

可以针对需要,在“多库”界面下,点击相应的子库名,直接检索子库中的书目数据。

(2)检索方式

系统提供的检索方式有:简单检索、多库检索、组合检索、浏览查询。

• 多库检索。系统默认“多库检索”界面。即在所有子库中进行单库和多库查询。可以在各子库前的选择框进行选择,可以选择一个子库,也可以选择多个子库。系统提供19种检索途径:所有字段、正题名、其他题名、著者、外文第一著者、主题词、论文专业、论文研究方向、论文授予单位、论文授予单位时间、出版年、出版地、出版者、丛编、ISSN、ISBN、ISRC、条码号。

• 简单检索。即在单一检索字段中检索。在检索词输入框输入检索词,选择相应的检索字段即可进行检索。

• 组合检索。提供三组“检索字段”和“检索词”框,选择检索字段,在检索词框中输入检索词,三组检索词间关系是逻辑“与”(and)的关系。点击“确定”按钮,显示各字段命中记录数,点击数字显示检索结果,点击“命中记录数”的数字链接可以查看符合条件的命中记录。

• 浏览检索。浏览方式类似于前方一致的检索方法。在浏览方式下,选择一个字段,输入要浏览的检索词,命中结果是以所输入的检索词开头并按照字母顺序排列的浏览列表。通过浏览方式检索到的结果不受命中数目限制,可以点击查看详细内容。

(3)检索功能

• 布尔运算。系统提供逻辑“与”(and)、逻辑“或”(or)逻辑“非”(not)三种运算符,“与”主要用于多字段检索和高级检索方式,词间关系默认为“与”;“或”和“非”可在“多库检索”的检索词输入框中直接输入,检索词和运算符中间空格。例如“词A or 词B or 词C”。

• 词邻近选择。每种检索方式提供“词邻近”选择,如果将“词邻近”选择为“是”,即命中记录的检索词是相连的;如果选择为“否”,则命中记录的检索词可以是相连的,也可以是分开的。

• 检索范围限定。多库检索和组合检索方式中提供以下范围限定:出版年、语种、民语文献语种和馆藏地(阅览室/外借库)。

• 限制检索。系统提供“?”、“*”、“#”、“!”、“%”等符号,用于外文文献检索的限制符号。符号“?”或“*”:可以代替单词的左、右或中间部分,但在一个文本字符串中不能重复代替使用；符号“#”可以用来查找不同拼写，如各种不同变体；符号“！”用于查找那些在某个位置上具有不同拼写的词；“%”符号后接一个数字，置于词间，表示两个词出现一个特定的距离之内，而不关心词出现的顺序；“！”符后接一个数，可以置于两个词之间，表示两个词出现一个特定的距离之内表示，并且与键入的顺序相同。

(4)检索结果显示与输出

• 检索结果显示。检索结果列表包括：序号、著者、题名、资料类型、出版年、馆藏地（藏/借）。点击某本图书的序号，可以看到其详细信息，包括：ISBN、题名与责任、出版项、载体形态项、语言、一般附注、内容提要、主题、中图分类号、著者、馆藏信息。

• 输出格式：在“著者”前的方框中选择需要的图书，点击右上栏“保存/邮寄选中记录”按钮，对选择的记录可以字段名格式、卡片格式、OPAC 格式、引文格式 4 种格式进行查看和保存。如果填写 E-mail 地址，系统将内容发送到填写的邮件地址；如果没有填写 E-mail 地址，则将内容保存到计算机。

6.2.1.3 CALIS 联合目录公共检索系统

(1)概况

CALIS 是“China Academic Library & Information System”（中国高等教育文献保障系统）的简称。是经国务院批准的我国高等教育“211 工程”“九五”“十五”总体规划中三个公共服务体系之一。

CALIS 联合目录数据库中的数据，如果以文献类型划分，包括普通图书、连续出版物、中文古籍 3 个子库，如果以语种分，包括中文、西文、日文、俄文 4 个子库。支持繁体中文、英文和日文检索 。目前已积累 160 余万条书目记录，馆藏信息达 600 余万条。书目内容囊括了教育部颁发的关于高校学科建设的全部 71 个二级学科，226 个三级学科（占全部 249 个三级学科的 90.8%）。

(2)检索方式

系统包括简单检索、高级检索和浏览三种方式。

• 简单检索：系统默认简单检索。简单检索提供题名、责任者、主题、全面检索、分类号、所有标准号码、ISBN、ISSN、记录控制号等 9 个字段，选择检索字段，输入检索词，点击“检索”即可进行检索。检索数据语种范围包括中、西、日、俄文所有数据。检索结果显示 4 个数据库的命中数，点击命中数字，显示结果集列表。可进行二次检索，点击“二次检索”按钮，可返回检索页面，用户可修改检索条件重新进行检索。不提供对结果集的二次检索。

• 高级检索：分为上下两栏。上栏为高级检索条件设置，提供三组输入框在各字段间进行布尔逻辑组配，默认逻辑运算方式为“与”，也可以在下拉框中选择“或”、“非”，提供前方一致、精确匹配或包含三种匹配方式，默认的为前方一致；如果选择分类号检索字段，可以点击“中图分类号表”按钮浏览，选中的分类号将自动填写到检索词输入框中。

下栏为限制性检索，包括文献类型限制：可选择普通图书、连续出版物、中文古籍，默认为全部类型内容；数据库限制：默认为全部语种数据，分别显示各数据库的命中数，也可选择中、西、日、俄文作为限定条件；内容特征限制：默认为全部，可选择统计资料、字典词典、百科全书；出版时间限制：可通过输入出版时间对检索结果进行限定，默认为不限，可选择 < 、> 、< = 、> = 、= 、介于之间。例如选择“介于之间”并输入“2000 - 2006”，即检索 2000 年至 2006 年出版的文献。

• 浏览:提供对题名、责任者、主题的浏览。选择浏览项,输入检索词,选择数据库,点击返回列表"浏览项"中的内容,将出现相应的结果集列表。

(3)检索结果的显示与输出

• 检索结果显示。结果列表包括:序号、题名、责任者、出版信息、形式、馆藏和资源链接。点击某篇题名,显示该文献的详细信息。

• 显示格式。检索结果包括以下格式:简单文本格式、详细文本格式、MARC 显示格式。前两种格式对所有用户免费开放,MARC 显示格式只对 CALIS 联合目录成员馆开放。

• 输出格式。点击"输出"按钮,进入该界面。提供记录引文格式、简单文本格式、详细文本格式的输出,此外,对 CALIS 联合目录成员馆还提供 ISO 2709、MARC 列表的输出。提供 E-mail与直接下载到本地两种输出方式。输出字符集提供常用的"GBK"、"UTF - 8"、"UCS2"三种。可根据自己的需要进行选择。

6.2.1.4 高校人文社科外文图书联合目录

"高校人文社科外文图书联合目录"由中国高校人文社会科学文献中心(China Academic Social Sciences and Humanities Library,简称 CASHL)提供。主要提供北京大学、复旦大学、武汉大学、南京大学、吉林大学、中山大学以及四川大学等 7 所高校图书馆的人文社科外文图书的联合目录查询。目前收录这些高校的人文社科外文图书约 24 万余册。

系统提供三种检索方式:图书检索与浏览、图书简单检索、图书高级检索。

• 图书检索与浏览。界面提供三种方式:①题名字顺浏览。即按照书名首字母进行排序浏览。②按照学科分类进行浏览。包括以下学科:人物/传记、体育、军事、历史、哲学/宗教、图书馆学/信息科学、地理/环境、心理学、政治、教育、文化、文学、法律、社会学、社会科学、经济/商业/管理、统计学、艺术、语言/文字、其他。③题名检索。即按照书名/ISBN 进行检索。检索词的匹配包括前方一致、包含和精确匹配。

• 图书简单检索。可以选择某一个时间段,选择全部馆藏或某个馆藏,在题名、著者、主题、ISBN、出版机构中的任意字段中进行检索。

• 图书高级检索。提供四组输入框在各字段间进行布尔逻辑组配,默认逻辑运算方式为"AND",也可以在下拉框中选择"OR"、"NOT",提供前方一致、精确匹配或包含三种匹配方式,默认为前方一致。可以选择全部学科类别和全部馆藏地进行检索,也可以选择某一学科或者某一馆藏地。

6.2.1.5 其他

• 中国科学院国家科学图书馆书目检索系统。包括中国科学院国家科学图书馆总分馆和部分研究所约 40 余家图书馆馆藏书目。

• 中国社会科学院馆藏书目数据库。收录馆藏图书 180 万册。

• 国家科技图书文献中心(NSTL)书目查询系统。提供西文图书目录、中文图书目录、馆藏目录(成员单位)和联合目录的查询。

• 上海图书馆书目查询系统。收录上海图书馆收藏的中外文图书(含部分历史文献)、期刊、报纸及上海中心图书馆部分分馆的书刊信息。

• 美国国会图书馆联机公共目录系统。全面反映美国国会图书馆收藏的图书、连续出版物、计算机文档、手稿、音乐、音像资料等。

• 英国国家图书馆联机公共目录系统。全面反映英国国家图书馆馆藏情况。

6.2.2 数字图书阅读系统

数字图书(电子图书)是在20世纪90年代末兴起的一种新的文献形式。它是以数字形式制作、出版、存取并借助于相应的阅读软件和设备读取的图书。数字图书检索方便而快速,复制简便,可供多人同时阅读。目前国内大型数字图书阅读系统主要的是超星、书生之家和Apabi。国外也有相当多的数字图书在线阅读数据库。

(1)书生——电子图书

由北京书生科技有限公司研发,2000年正式开通,目前提供1999年至今的数字图书共20余万种。教育版数字图书阅读系统提供6种检索方式:简单检索、全文检索、组合检索、高级全文检索和分类浏览。

- 简单检索:提供图书名称、出版机构、作者、丛书名称、ISBN、主题、摘要7种字段,默认为"图书名称"字段。输入图书名称,点击"立即检索",返回检索结果列表,内容包括序号、图书名称、作者、出版机构、开本、翻看(全文),点击"全文"链接,即可阅读图书。
- 图书全文检索。提供按图书内容进行查找和按图书目录进行查找2种方式。默认"所有分类",也可以选择分类类目,输入检索词,点击"提交",检索结果包括该检索词在该本图书内容中的命中页数,点击数字,可以进入该页面,该检索词标有色块。
- 组合检索。提供6组检索框,根据图书名称、出版机构、作者、丛书名称、ISBN、主题、提要及它们之间的"与"和"或"逻辑关系进行查询。
- 高级全文检索。可以选择分类,在全文或者目录进行如下检索:①单词检索:对检索词的自身、上位词、下位词、等同词、同义词、反义词、替代词和外文等同词进行检索,默认"自身",并可进行"进行分词处理"和"不进行分词处理",以提高检索精度。②多词检索,用与、或、非(且不包含)对2组检索词进行逻辑组配。③位置检索,限定在某"检索词"之后是某"检索词"。④范围检索,对检索词进行大于、小于、等于、不小于、不大于、不等于的范围限制。系统还提供对输入主题词中的字母、数字的转换功能,默认不作转换、直接检索,还可以选择同时检索全半角、转换成全角或半角后检索。
- 分类浏览。在主页左边"图书分类"下按《中图法》列出22个类目(也可以点击"变换成书生法显示"),点击某类可看该类的全部图书的列表。

(2)Apabi(阿帕比)——电子图书

由北京方正阿帕比技术(Apabi)有限公司开发。该公司是方正集团旗下专业的数字出版技术及产品提供商,成立于2006年4月,其前身是成立于2001年的北京北大方正电子有限公司数字内容事业部。分为精品电子书库和高校教参电子书库两个子库。精品电子书库由方正阿帕比公司与近500家出版社合作,电子书已达40万种;高校教参电子书库是与CALIS(中国高等教育文献保障系统)合作的电子图书资源库。提供快速查询、高级检索(本库查询和跨库查询)和分类浏览(常用分类和中图法分类)。

(3)超星——电子图书

由超星集团神州科创技术有限公司开发,开通于1999年,目前拥有中文电子图书100万种。提供图书快速搜索、高级搜索和图书分类浏览等检索方式。

(4)国外数字图书数据库系统

- 泰勒弗朗西斯电子图书(Taylor & Francis)。其出版的电子图书超过18 000册,涵盖科学技术医学和人文社科各学科领域。

• ACLS 人文科学电子图书—学术著作精选(ACLS Humanities E-book Collection HE-Book)。目前收录八个学术团体以及 75 家学术出版社的 1550 多种著作。

• NAP 免费电子图书。可以免费在线浏览 3000 多种电子图书。

• 施普林格电子图书(SpringerLink - Ebook)。提供 20 000 余种图书的在线阅读和使用,每年还将收录约 3000 种新出版的专业图书。

• MyiLibrary 电子书数据库。收录了来自近 300 个学术和专业出版商的 10 万种电子书。

• Ebrary 电子图书。提供三家出版公司约 3 万多册图书。

• 早期英文图书在线(Early English Books Online EEBO)。收录了现存的 1473—1700 年之间英语世界出版物的资料。收录图书 12.5 万册共 2250 万页电子图像。

• 18 世纪作品在线(Eighteenth Century Collections Online ECCO)。收录了 1700—1799 年之间所有在英国出版的图书和所有在美国和英联邦出版的非英文书籍约 13.8 万种。

• NetLibrary 电子图书。收录来自 400 多家出版机构的 10 万多册电子图书。

• Safari 计算机电子图书。主要提供 IT 和计算机技术方面的电子图书。

• 在版书目(GlobalBooksInPrint GBIP)。收录来自 43 个国家超过 25 万个出版商的书目数据 1200 万条。

6.2.3 《民国时期总书目》及其数据库

查 1911 年辛亥革命至建国前出版的图书,主要利用《民国时期总书目(1911—1949)》和有关收录民国时期图书的数据库。

(1)《民国时期总书目(1911—1949)》

北京图书馆编,书目文献出版社于 1986 年开始陆续出版,1995 年全部付梓。收录了 1911 年至 1949 年 9 月间我国出版的中文图书 124 000 余种,约占此期出版物总数的 90% 以上,基本反映了民国时期出版的图书全貌。所收图书主要以北京图书馆、上海图书馆和重庆图书馆藏书为主,兼收其他图书馆的书目资料。因此,该书目是一部具有多重性质的大型综合性书目,它既是一部回溯性书目,又具有国家书目的性质,同时又是一部联合目录。该书按学科分成 20 卷出版。

该书目的显著特点是著录详细、检索方便。其著录包括顺序号、书名、著者、出版(出版地、出版者、出版年月、版次及印刷方法)、形态(册数、页数、插图、开本、装帧)、丛书(丛书名、丛书编号、编者)、提要(所收之书,尤其是文史哲类图书,大都撰有简明扼要、注重揭示图书内容的提要)、附注、馆代号(B、S、C 分别代表北京图书馆、上海图书馆、重庆图书馆,说明某馆有藏)。各分册均附有“书名索引”以及“书名首字笔画检索表”。

(2)民国图书资源库

国家图书馆提供。民国图书资源库目前正在建设中。首批推出民国图书 6229 种,6453 册全文影像资源。资源库以民国图书出版时间排序,提供分类浏览、单一字段的简单检索和多条件限定组合的高级检索。数据库提供:

• 分类浏览:按照《中图法》分为 22 大类,可按类逐级进行浏览。

• 简单检索:提供书名、责任者、主题词、出版者、出版地点、出版时间、模糊检索 7 种检索途径。

• 高级检索：支持 7 种途径的布尔逻辑（或、与）组配检索。

检索结果显示：题名、出版者、出版时间、全文阅读。点击“全文阅读”即可阅读图书全文。

（3）CADAL—民国图书

CADAL（China - America Digital Academic Library）是由国家投资，同时得到“中美百万册书数字图书馆合作计划”（China - US Million Book Digital Library Project）美国合作方资助建设的数字图书馆项目。包括民国图书、古籍、民国期刊、现代图书、学位论文等子库。截至 2008 年 1 月，收有民国图书 114 202 册，古籍 190 405 册，民国期刊 6578 册、绘画 3427 件、英文图书 95 751 册，现代图书 401 550 册、学位论文 136 098 册、视频 69 种。

数据库提供快速检索、高级检索、图像检索、视频检索、书法字检索等检索方式。检索字段主要有书名、作者、关键字、出版机构和描述。

6.3 检索现存古籍

查现今存世的古代图书，主要利用以下检索工具：查询《四库全书》的书目和索引（包括印刷本和电子版）、丛书目录、商业性的电子全文古籍数据库、馆藏古籍书目数据库。

各检索工具的内容、主要检索界面及有关图片参见光盘：9. 检索现存古籍。

6.3.1 《四库全书》及其书目/索引/数据库

6.3.1.1 《四库全书》与《续修四库全书》

（1）《四库全书》

《四库全书》是清代中叶乾隆帝组织编校的大型手写本丛书，集我国古代文献典籍之大成。

四库即经、史、子、集，因所收书籍较为齐全，包括了各类知识和多种学术流派，所以称“全书”。该书收录的古籍分为两部分，一部分只有存目，共 6793 种，93 551 卷；另一部分被认为有价值而予以全文抄录，约 3470 余种，约 79 300 卷。

《四库全书》分为经、史、子、集四部，共四十四类、六十七个子目。内容覆盖哲学、历史、文艺、政治、社会、经济、军事、法律、医学、天文、地理、算学、生物学、农业、占卜等，因抄成时间不一，其间又因撤毁、补入等情况，故其卷数并不完全相同。以北京图书馆所藏原文津阁本统计，共收书 3500 多种，79 000 多卷，约八亿字。《四库全书》不仅囊括了从先秦到清乾隆历代尚传世的主要典籍，而且涵盖了中国传统学术文化的各个学科门类和各个专门领域。因此，历来有“典籍总汇，文化渊薮”的美誉。

1934 年，商务印书馆刊行《四库全书珍本初集》。1983 年至 1986 年间，台湾商务印书馆根据文渊阁本，影印出版了《文渊阁四库全书》（3466 种，共计 81 305 卷），16 开，1500 册。1987 年，上海古籍出版社据台湾商务印书馆出版的文渊阁本《四库全书》重新影印出版，32 开本，共 1500 册。此影印本不仅包括四部：经部 236 册、史部 452 册、子部 367 册、集部 435 册，还包括了《钦定四库全书简明目录》（附补遗及索引）1 册、《钦定四库全书总目》（附抽毁书提要及索引）5 册。2002 年出新一版。2006 年，商务印书馆耗时 4 年，影印出版了《文津阁四库全书》。

2000 年，上海人民出版社和香港迪志文化公司合作制出版了《文渊阁四库全书（电子版)》。分为“标题检索版”(简称“标题版”)和“原文及全文检索版”(简称“全文版”)两种版本。分储170余张光盘。提供全文检索、分类检索、书名检索和著者检索等功能。

在“中国基本古籍库”、“国学宝典”、“龙语瀚堂典籍数据库”等综合性古籍全文数据库中可以查阅《四库全书》电子版。

(2)《续修四库全书》

《续修四库全书》是《四库全书》的续编,由续修四库全书工作委员会编,上海古籍出版社2002年出版。《续修四库全书》沿袭《四库全书》体例,按经、史、子、集四部分类,分经部260册,史部670册,子部370册,集部500册。总共收书5213种,比《四库全书》增加51%。所收之书主要是被《四库全书》遗漏、摒弃、禁毁或列入存目而确有学术价值的图书。《续修四库全书》与《四库全书》配套,成为中华基本典籍的大型书库,中国古代(1911年以前)的重要典籍,可大致荟萃于此。

6.3.1.2 《四库全书总目提要》及其系列

(1)《四库全书总目提要》

也称《四库全书总目》,简称《四库提要》,是专门查找《四库全书》的工具书。纪昀任总编,成书于1782年,正式刊于1793年。中华书局1965年影印,1985年重印。在《中国基本古籍库》、《国学宝典》、《龙语瀚堂典籍数据库》等综合性古籍全文数据库中可查阅其电子版。2000年,河北人民出版社以中华书局1965年影印本为底本,出版了该书的整理本,改为横排简化字,新式标点。

该书是我国历史上最大的一部官修目录,是编纂《四库全书》过程中所写的古籍提要的汇编。《四库全书》编纂时,存目和抄录的书都要在各书卷首写上一篇提要,后将这些提要汇集起来,加以审改,辑成《四库提要》一书。《四库提要》分经、史、子、集四大类,下分细目。各类前有序,子目后有按语,以阐明各种学术思想的渊源、流派的相互关系及划分类目的理由,各书提要说明成书过程、著者简历、著述体例、版本沿革及该书的得失和文字的增删等,反映了清代中期学术界的研究成果,保存了大量的资料和线索。现有中华书局1965年和1983年影印本。中华书局影印本附四角号码书名索引和著者索引。同时另附“笔画检字”。由于《四库全书总目提要》卷帙太繁,翻阅不易,纪昀等又浓缩提要,删去存目,编成《四库全书简明目录》。全书仅20卷,翻检颇为便利。中华书局1985年重印。

(2)《四库提要》的补正

《四库提要》存在两个明显不足。其一是内容有谬误,其二是不能查到未收、抽毁之书及清代后期所著之书。纠其谬误的著述主要有:《四库提要辨证》(余嘉锡)、《四库提要订误》及《四库提要订误(增订本)》(李裕民)、《四库全书提要补正》(胡玉缙、王欣夫)。补其不足的书目主要是:《续修四库全书总目提要(稿本)》、《续修四库全书提要》(王云五主编)、《郑堂读书记》(周中孚)、《四库未收书目提要》(阮元)、《郘亭知见传本书目》(莫友芝)、《续修四库全书总目提要·经部》(中国科学院图书馆整理)。

(3)《四库全书存目丛书》及《四库全书存目丛书补编》

•《四库全书存目丛书》,季羡林总编纂,齐鲁书社1997年出版发行。该书总计收录散藏于国内外116所图书馆、博物馆以及少数私人藏书手中的四库存目书4508种,60 000余卷,有三成以上为孤本或稀见本。按经史子集四部分类,经部220册,收734种;史部292册,收1086种;子部261册,收1253种;集部约426册,收143种。另有目录索引1册,16开影印,共1200

册。《四库全书存目丛书》的出版，对保存古代典籍，弘扬优秀的传统文化，具有十分重要的意义。

•《四库全书存目丛书补编》，齐鲁书社2001年出版。《补编》共100册，收录了历代典籍共219种。该书内涵四库全书存目丛书正编补编综合索引，包括书名索引和著者索引及总目录。

6.3.1.3 《四库全书目录索引》

《四库全书目录索引》是专为查《四库全书》的书名、作者及原文而编制的索引。现有两个版本：

(1)《四库全书目录索引》(1989年版)

该索引是上海古籍出版社1989年出版的，专供查该社1987年影印的《文渊阁四库全书》，据此可查出需找书目的所在册数及其页码。分“影印文渊阁四库全书目录”和“四库全书书名及著者姓名索引”两部分。后者又分四角号码索引和笔画部首索引。四角号码索引包括索引字头笔画检字、书名四角号码索引、著者姓名四角号码索引；笔画部首索引包括书名笔画部首索引和著者姓名笔画部首索引。

(2)《四库全书目录索引》(2003年版)

该索引是与该社2002年影印的《文渊阁四库全书》配套发行，并为现存《四库全书》诸阁本检索原书提供参照。据此可查到2002年影印版《四库全书》收录古籍的书名、作者及在影印《四库全书》中的哪一册哪一页。分“四库全书目录表”和“四库全书书名及著者姓名索引”两部分。“四库全书目录表”分“册/页”、分“架图”、“书名卷数”、“著者”四栏，“四库全书书名及著者姓名索引”依四角号码顺序排列。

6.3.1.4 《文渊阁四库全书》电子版(原文及全文检索版)

“《文渊阁四库全书》电子版”以《景印文渊阁四库全书》为底本，由上海人民出版社和迪志文化出版有限公司合作出版。提供全文检索、分类检索、书名检索和著者检索等功能。

•全文检索。即进行《四库全书》全文检索。检索词可为正文或注释中的单字、字串或逻辑表达式，也可限定检索范围。利用全文检索，可迅速查到所需的字、词、书名、篇目或作者资料。

•分类检索。依《四库全书》的分类制作，分经、史、子、集四部，每部分类，类下有属，属下即书名，共四十四类、七十属。

•书名检索。书名大致从《四库全书目录索引》，共收书目3727条，按原书顺序排列。可进行书名浏览。

•著者检索。共收著者2777人，提供著者浏览。详细资料包括著者姓名、字、号、谥号等，并在检索结果的显示栏内通过选择模式显示。

对检索结果可以进行多项设置，如显示条数、显示模式(简单、具体、详细)、字体大小、版面颜色等，可在全文文本和原文图像之间切换，并提供添加标点、添加笔记、选择拷贝等辅助功能，还配有联机字典供查阅文字含义。此外还有古今纪年换算、干支/公元纪年换算、八卦、六十四卦表等工具可利用。

6.3.2 古籍丛书书目

古籍丛书是汇集古典文献的重要来源。丛书，或称“丛刊”、“丛刻”、“丛编”、“汇刻”、“汇稿”、“文库”等，是在一个总题名下，汇集多种单独的著作成为一套，并以编号或不编号的方式出版的文献。我国最早的丛书是南宋俞鼎孙、俞经辑的《儒学警语》，成书于1201年，因未经刊刻，所以流传不广。公元1273年左圭辑的《百川学海》是我国第一部刊刻丛书。此后，一直有人把许多重要或难得的典籍汇集刊印成各种丛书，以便于保存和利用。明清以来，丛书编撰有很大的发展。不少有价值的古书其单刻本或传钞本已经散失了，往往赖丛书而保留至今。据统计，我国古籍丛书总数达3500种以上，所收内容极为丰富，许多重要和难得的书籍都列入了丛书之中，而且大多经过著名学者的精选、精校、精注、精印，其中不少都是善本。有人统计，在漫长的封建社会出版的大量古籍中，约有15万种存留至今，其中丛书收录约5万种。因此，丛书保存了大量的文化典籍。丛书按内容可分为综合性丛书和专题性丛书，综合性的如《四库全书》，专题性的如《皇清经解》。

查找散落于丛书中的现存古籍主要利用《中国丛书综录》及《丛书集成初编目录》等。

(1)《中国丛书综录》

《中国丛书综录》是专门查找收录于古籍丛书中的图书的重要工具书。由上海图书馆编，顾廷龙主编，1959—1962年由原中华书局上海编辑所陆续出版，1982—1983年上海古籍出版社出新版，1986年又出版缩印本。2007年，上海古籍出版社又重印出版。该书体例合理，收录详备，检索手段也很完备。共汇集了全国41所图书馆所藏丛书2797种，共计子目7万余条，去其重复，共收古籍38 891种，我国现存古籍绝大部分都可在此书中查到。该书分为总目、子目和索引三册。第一册“总目”，即所收2797种丛书的分类目录。分“汇编”和“类编”两大部分。第二册“子目”，子目以丛书子目为著录对象，即把第一册所收2797种丛书所包括的38 891种古籍，按经、史、子、集四部分类排列。第三册“索引”，专供检索第二册著录的子目书。包括四角号码“子目书名索引”和“子目著者索引”两部分。

《中国丛书综录》虽是清代以来最精善最完备的丛书目录，但也有疏漏和错误之处。对其补充的主要有：《中国丛书综录续编》，施廷镛编撰，北京图书馆出版社2003年版。该书收录1990年前海内外刊印的中国古籍丛书达3279种，而于《中国丛书综录》已收者不再收入。对其补正的主要有：《中国丛书综录补正》，阳海清撰，蒋孝达校订，江苏广陵古籍刻印社1984年版。书中对《中国丛书综录》中版本、子目、异名、错字、漏字及著录不够规范的地方进行了补充、订正。

(2)《丛书集成初编目录》

《丛书集成初编目录》，商务印书馆1935年编辑出版，中华书局1983年重新编辑出版。该目录是为利用《丛书集成初编》而编制的目录。《丛书集成初编》是由王云五主编，商务印书馆于1935年开始出版的一部巨型古籍丛书。汇集了宋至清最有学术价值的丛书100部，分类重编，共收书4107余种。原计划出版4000册，当时只出3467册。1992年，中华书局重印出版。未及出版的533册，中华书局也于1992—1994年补齐出版。《丛书集成初编目录》包括：①丛书百部提要目录，分普通丛书、专科丛书地方丛书三大类；②丛书百部提要，简介了百部丛书的内容、特点及编辑概要；③丛书集成初编类次，按王云五《中外图书统一分类法》编排，分为十大类；④丛书集成初编目录；⑤书名索引；⑥未出书名索引。索引按书名四角号码排列，书后的号码为该书的书号。

1994年，上海书店出版社出版了《丛书集成续编》。该书循《丛书集成初编》之例，续选明、清、民国时期丛书一百部，包含总类、哲学、社会科学、语言文字、文学艺术、历史地理、科学技术等各类典籍3200余种。分类编排，加以影印，精装180册。目前检索《丛书集成续编》的总目及索引尚在编纂。

6.3.3 电子全文古籍数据库

近些年来，出版了数种综合性电子全文数据库，这些数据库收录了相当数量的历代重要典籍，同时检索功能强大，多数支持全文自然语言检索，是查询现存主要典籍的重要工具。主要有《中国基本古籍库》、《龙语瀚堂典籍数据库》、《国学宝典》等。

6.3.3.1 《中国基本古籍库》

(1)编辑收录情况

《中国基本古籍库》是综合性大型古籍数据库，由北京爱如生数字化技术研究中心开发制作，黄山书社出版发行。共收录先秦至民国(公元前11世纪—公元20世纪20年代)典籍1万余种，每种均提供1个通行版本的数码全文和1—2个珍贵版本的原版影像。共收版本12 800个，包括唐代至民国初年(公元10世纪—公元20世纪20年代)之写本、刻本、钞本、稿本、批校本以及同期外国(朝鲜、日本)之写本、刻本、钞本。基本囊括了历代著名典籍和各学科基本文献。

该库分为哲社库、史地库、艺文库和综合库4个子库，每一库下又分若干类。

- 哲社库：思想类、宗教类、政治类、经济类、法制类、军事类、科技类、农学类、医学类。
- 史地库：历史类、地理类、外国类。
- 艺文库：语文类、文学类、艺术类。
- 综合库：教育类、生活类、术数类、其他类。

每一类下又分若干目，如思想类下分经学思想目、诸子思想目、理学思想目、启蒙思想目、学术思想目。数据库分为共20个大类、100个细目。如思想类共收录历代重要思想类文献1323部，宗教类收录了261部宗教典籍文献；综合库下的类书目共收录类书102部，包括《艺文类聚》、《事物纪原》、《太平御览》、《册府元龟》、《渊鉴类函》等历代著名类书。

(2)检索方式

该库提供4种主要检索方式与功能：分类检索、条目检索、全文检索、高级检索。

- 分类检索。即按库(4个库)、类(20个类)、目(100个目)的树形结构进行定向检索。在左栏双击《中国基本古籍库》，可见4个子库；双击子库，可见20个大类；双击大类，可见100个细目；单击细目，此时中间栏显示该细目所收典籍，包括书名卷数、时代、作者；单击所选定的书目，此时在右栏可见该书的版本信息；双击此书目，即可打开书名页。单击书名页，即可进入正文。
- 条目检索。即在书名、时代、作者、版本、篇目等字段内进行检索。例如在左栏“篇目”框中输入“食货志”，点击“开始检索”，此时中间栏显示含有“食货志”的书名及卷数、时代、作者，单击书名，右栏可见该书的版本信息；双击书名即可直接进入该篇章或标题的正文。
- 全文检索。可在典籍全文中进行任意字、词或字符串检索。在左栏“检索字词”框中输入检索词，点击“开始检索”，此时在中间栏出现该检索词所在的书名和页码以及出现的次数。单击书名及页码，右栏可见在该书该页含有该词的例句。双击所选中的书名及页码，即可进入正文，看到标有色块的该字、词或字符串。
- 高级检索。提供二次检索和逻辑检索。二次检索是在第一次检索结果的范围内，通过追加一定的检索词再次进行更加精确的检索。逻辑检索即是对检索词按照“与”、“或”、“非”的逻辑组合进行检索。

该库还提供以下几项功能:版本对照(可调阅不同版本图像)、版式设定(设定竖排或横排)、字体转换(繁简、大小、粗细及色彩)、圈点眉批(可在浏览原文时添加圈、点及批语)、分类收集(可收藏并分类管理资料)、阅读记忆(记录检索历史)、背景音色(可选择不同的乐曲和底色)、下载编辑(对拷贝的全文或节选进行重新编辑)、原文打印(全部或部分打印所需书的原文)。

6.3.3.2 《国学宝典》

《国学宝典》收录上起先秦、下至清末的历代典籍。迄今为止,已收入古籍文献4000余部,总字数逾10亿字,近10万卷,基本涵盖了文史研究领域所有重要的文献资料,并以每年1—2亿字的速度扩充数据库内容。包括经库、史库、子库、集库、丛书、通俗小说等子库。目前主要收录情况如下:

• 经库:十三经、十三经注疏、其他。

• 史库:正史、地理、别杂史、目录。

• 子库:诸子、道家、术数、兵家、医学、科技、书法绘画、艺术、隋以前笔记、隋唐笔记、宋元笔记、明代笔记、清代笔记、民国笔记、类书、儒家、杂家、蒙学、释家、文言小说。

• 集库:总集、别集、文论、戏曲。

• 丛书:崔东壁遗书、香艳丛书、六十种曲、盛明杂剧。

• 通俗小说:明清通俗小说。

数据库提供全文、书名、作者三种检索途径,具有高级检索、目录浏览等功能。高级检索可对朝代和分类进行限制,支持精确匹配和模糊匹配。例如在“高级检索”界面选择“全文”,在输入框中输入“君子耻其言而过其行”,点击“精确”匹配,检索结果以序号依此列出该句所在的书名、卷次、作者,所在的部类。在显示包括“君子耻其言而过其行”所在的段落文字(约100多字)。该句以红色字体标示。数据库还提供名人生卒、国学字典、书名词典、人名词典和帝王纪年等辅助工具。可以进行简繁两种版本的转换。

6.3.3.3 《龙语瀚堂典籍数据库》

《龙语瀚堂典籍数据库》是一个专门基于四字节汉字处理的古籍处理系统,由北京时代瀚堂科技有限公司和北京龙戴特信息技术有限公司制作。该数据库采用Unicode扩展技术,使计算机可处理的汉字种类的总量达到9万多,数据库本身自带了汉字研究所必须用到的《说文解字》、《康熙字典》等字书。

数据库正在继续建设之中,目前包括以下类目:

• 国学导航:教育部推荐国学相关书目、名家推荐书目、研究书目、蒙学。

• 小学工具:文字、音韵、训诂、异体字字典 、Unicode字典、书法、语法。

• 类书集成:太平御览、初学记、册府元龟、永乐大典、佩文韵府、翰苑新书。

• 出土文献:甲骨文、金文、青铜器、简帛、印章、钱币、石刻。

• 传世文献:书目、经部(十三经、十三经注疏、皇清经解、皇清经解续编、四部丛刊初编、四部丛刊续编、四部丛刊三编)、史部(地理、二十五史、史评、四部丛刊初编、四部丛刊续编、四部丛刊三编)、子部、集部。

• 中医药文献:书目、敦煌医药文献、古今图书集成(医部)、医经、本草、诊断、方剂、通治、伤寒金匮类、内外科、五官科、妇儿科、针灸推拿、医理医案、养生、兽医、温病类、其他。

• 古今图书集成：历象汇编、方舆汇编、明伦汇编、博物汇编、理学汇编、经济汇编。

• 四部丛刊：初编、续编、三编。

• 四库全书：经部、史部、子部、集部。

• 佛教典籍：金刚经、妙法莲华经、佛经音义、赵城大藏经、高丽大藏经、乾隆大藏经、频伽精舍大藏经、大正大藏经。

• 道教典籍：正统道藏。

• 敦煌文献：敦煌佛经、赋、算经、变文、残诗、十三经、其他。

• 专题文献：书目、经部、史部、子部、集部、家谱、大家书房、小说、笔记、戏曲、数术方技、敦煌文献、台湾文献、汉译世界名著。

数据库提供全文、出处、标题三种检索途径，支持智能检索和精确检索。

6.3.3.4　中国古代典籍数据库

由国家图书馆提供。该数据库是读者推荐的古籍电子图书，分历史、群经、诸子、文学四大类。历史类收书 58 部，群经类 17 部，诸子类收 47 部，文学类收 51 部。包括简单检索和高级检索。简单检索提供题名检索和作者检索两种途径。高级提供检索题名、作者和目次之间的逻辑“与”和逻辑“或”的组配检索。

6.3.4　馆藏古籍数据库

• 国家图书馆馆藏普通古籍库和善本古籍文献库。是“国家图书馆联机公共目录查询系统”—“中文及特藏数据库”的 2 个子库，收录国家图书馆馆藏普通古籍 13 万条和善本古籍 52 000余种。

• CADAL—古籍库。收录参加“百万册书数字图书馆”项目的图书馆馆藏古籍 190 405 册。

• 中国科学院国家科学图书馆古籍检索系统。收录该馆所藏 60 余万册古籍。

• 上海图书馆古籍书目查询。收录上海图书馆收藏的中文古籍共计 129 660 条。

• 北京大学数字图书馆古文献资源库。目前收录了馆藏善本古籍、普通古籍、金石拓片等多种古文献资源。

• 复旦大学图书馆古典文献数据库。收录馆藏线装古籍珍本，现有 8 个子库。

• 中国人民大学图书馆普通线装古籍书目数据库。收录馆藏明清至民国期间出版的普通线装古籍。

• 辽宁省图书馆古籍书目数据库。该数据库现收馆藏古籍书目 24 717 条。

第7章　期刊论文检索

学术论文一般包括以下几种形式:期刊登载的学术论文,为取得博硕士学位而完成的学位论文,在学术会议上发表的论文,以及在报纸的有关版面发表的学术文章。

本章主要介绍学术期刊论文的检索,侧重介绍检索国内外检索期刊论文的全文数据库、引文数据库和文摘数据库(具体内容可参见光盘)。

7.1　期刊概述

7.1.1　期刊的含义

期刊是现代文献的一种重要类型。期刊又称杂志,是指具有一个相对稳定的总名,有固定的版式和开本,有一定的卷期或年月标志,通常每年至少出版两期,汇集若干作者分别撰写的多篇文章(论文、记事或其他著述),由常设编辑机构计划无限期连续出版的文献类型。我国国家标准《情报与文献工作词汇传统文献》(GB 1314 - 91)对期刊的定义是:期刊,刊名、刊期相对稳定的连续出版物,每年至少出两期,每期有期号,内容包括一个或多个专业或学科领域。

期刊是随着近代科学的发展而产生的。世界上最早的期刊是1665年1月在法国巴黎创刊的《学者杂志》和1665年3月英国皇家学会创办的《哲学汇刊》。19世纪以后,期刊数量剧增,并日趋专业化。第一份中文期刊是英国传教士马礼逊于1815年8月5日在马六甲创办的《察世俗每月统计传》月刊(木版雕刻,1821年停刊)。上海商务印书馆出版的《东方杂志》(1904—1949)是中国近现代历史最长的期刊之一。

随着计算机技术、网络技术和多媒体技术的飞速发展,期刊的载体形式也在不断变化。20世纪60年代以来,产生了电子期刊E-Journal。电子期刊也称数字期刊,是以数字化方式出版、发行、传播与阅读的期刊,是印刷期刊的数字化表现形式,具有印刷期刊的一般特征。与印刷型期刊相比,数字期刊发行周期短,内容更新快,使用方便,阅读效果好,同时成本低廉,价格便宜。电子期刊从最初的软盘期刊、第二代的CD - ROM期刊、联机期刊,到目前的网络电子期刊,发展迅速,已成为期刊的重要类型。

7.1.2　期刊的类型与特征

期刊类型多种多样。按内容可分为学术性或技术性专业刊物、科普性期刊、情报资料性期刊、时政性期刊、消遣性期刊和检索性期刊(包括各种"文摘"、"摘要"、"索引"等,如《全国报刊索引》、《化学文摘》)。在期刊中,对科研、学习有较大参考价值的是学术性期刊,在学术性期刊中最具使用价值的是核心期刊。所谓核心期刊,是指那些信息密度大,文载率、引文率及利用率相对较高,代表该学科现有水平和发展方向的期刊。核心期刊是一种重要信息源。

期刊还可以其他方式分类。按出版周期可分为周刊、半月刊、旬刊、月刊、双月刊、季刊、半年刊等,按使用文字可分为中文期刊、少数民族文字刊、外文期刊(通常又分西文刊、日文刊以及其他外文刊)、翻译期刊、两种或几种文字混合刊等。

期刊有以下三个主要特征：

• 形式一致。有长期固定的刊名，有相对稳定的刊名字体、封面、开本、栏目、篇幅，有统一形式的连续期次号。

• 定期连续出版。期刊要一期一期的连续出版下去，都有表示无限期连续出版下去的序号，如卷、期号、年、月、月份等。

• 内容新颖，报道及时。期刊刊登的文章大多反映最新的研究动态、研究成果、实验数据、各种观点等，期刊一般一月（有的一周）出版一期，出版周期比图书短得多，所以具有较强的时效性。据统计，科研人员所获取信息的70—80%以上来源于期刊。

7.2 期刊论文全文数据库

检索期刊论文主要使用专收期刊论文的数据库。这类数据库数量和种类很多，从收录范围上看，有涵盖学科范围较广的综合性数据库，也有涵盖某一个或几个学科的专业性数据库；从功能上看，有全文型数据库（一般收录全文超过50%以上称为全文数据库），也有文摘/索引型数据库，还有引文型数据库；从出版形式上看，有商业性公司出版的，有出版机构出版的，也有专业性学会组织出版的；从使用权限上看，有付费授权使用的，有提供部分免费的，也有全部免费（开放获取）的。

上述数据库虽然内容、范围不一，功用各异，但检索方式和检索功能大致相同，都具有检索期刊论文的基本字段，都提供基本检索（简单检索）、高级检索（组合检索）和期刊浏览等功能，只不过界面布置不同，表现方式不一，一些数据库设置了一些特殊功能。了解一种数据库的使用方法，其他就可以举一反三。本节主要介绍常用、重要的国内外综合性和专业性期刊全文数据库。

7.2.1 中文综合性期刊全文数据库

国内较有影响的中文期刊论文全文数据库主要有四家：CNKI—中国期刊全文数据库和中国学术期刊网络出版总库、中文科技期刊数据库、万方—数字化期刊全文数据库。各数据库的相关内容和检索界面见光盘：13. 中文综合性期刊论文全文数据库。

7.2.1.1 CNKI—中国期刊全文数据库

（1）概况

中国期刊全文数据库是CNKI“中国知识资源总库”的一个子库。CNKI是“China National Knowledge Infrastructure”（中国国家知识基础设施）的简称，由清华大学和清华同方联合发起，始建于1999年。中国知识资源总库是CNKI一个大型的系列全文数据库，由清华大学主办、中国学术期刊（光盘版）电子杂志社出版、清华同方知网（北京）技术有限公司发行，目前包括中国期刊全文数据库、中国优秀硕士学位论文全文数据库、中国博士学位论文全文数据库、中国重要会议论文全文数据库、中国重要报纸全文数据库等，以及年鉴、百科全书、专利、标准、科技成果、政府文件等数据库。

中国期刊全文数据库收录国内9000余种综合性期刊与专业特色期刊的全文，内容覆盖自然科学、工程技术、农业、哲学、医学、人文社会科学等各个领域。现收录1911年至今的期刊文献约2700万多篇，年新增文献100多万篇。

中国期刊全文数据库分为10大专辑：理工A、理工B、理工C、农业、医药卫生、文史哲、政治军事与法律、教育与社会科学综合、电子技术与信息科学、经济与管理。10专辑下分为168个专题和近3600个子栏目。

(2)检索方式

系统提供专辑导航、初级检索、高级检索、专业检索、期刊导航5种检索方式。

1)专辑导航。界面左边“检索导航栏”列出10个专辑，在专辑类目方框内打钩，选择要检索的专辑，然后层层点击，直至选择到最后一级名称，右侧显示出该类目所有文章的列表。

2)初级检索。系统默认的检索方式为初级检索。初级检索包括简单检索和多项检索词的逻辑组合检索。系统提供16种检索字段：主题、篇名、关键词、摘要、作者、第一作者、单位、刊名、参考文献、全文、年、期、基金、中图分类号、ISSN、统一刊号。默认为主题字段。①左侧“总目录”选择查询范围；②“检索项”处选择检索途径；③“检索词”框输入检索词（只可输入一个词），或者点击“逻辑”下的“+”按钮，增加输入框，对检索词间进行“并且”、“包含”和“不包含”的逻辑组配；④点击“检索”按钮，右侧概览区显示检索结果列表，内容包括序号、篇名、作者、刊名、年期。

3)高级检索。高级检索提供五组检索框，支持多项双词逻辑组合检索，即可选择多个检索项进行并且、或者、不包含组配，可在一个检索项中输入两个检索词（在两个输入框中输入），每个检索项中的两个词之间可进行五种组合：并且、或者、不包含、同句、同段。

4)专业检索。专业检索允许按自己的需求并根据系统的检索语法编制检索式进行检索。可用系统提供的16个检索字段和“专业检索语法表”中的运算符构造检索式；多个检索项的检索表达式可使用and、or、not逻辑运算符进行组合，逻辑算符前后要空一个字节。

5)期刊导航。提供3种查找期刊方式：①按期刊名首字母查找；②按刊名、ISSN、CN查找；③在列出的10个专辑和专题目录中查询。

(3)检索条件

初级、高级和专业检索方式都具有以下检索限制。

• 在结果中检索。即二次检索。该功能设在实施检索后的检索结果页面。重新选择检索项，输入检索词，在“在结果中检索”前的方框中勾选，再点击“检索”。

• 时间范围限制。根据需要设定从某年到某年。

• 限制数据更新时间，默认全部数据，可选择最近一周、最近一月、最近三月、最近半年。

• 期刊范围限制。默认为全部期刊，可选择EI来源期刊、SCI来源期刊和核心期刊。

• 词匹配。默认为模糊匹配，即检索词是相连的，也可以是分开的；如果选择“精确”匹配，则检索词是完整出现的。

• 检索词出现频次。频次指检索词在相应字段中出现的次数。默认词频为空，表示至少出现1次，可从下拉列表中选择(1—9)，选择3，则表示至少出现3次，以此类推。

• 词扩展。点击“扩展”图标，弹出一个窗口，显示以输入词为中心的相关词；在相关词前的方框内打钩，点击“确定”，则该相关词自动以逻辑“与”的关系增加到检索框中。

(4)知网节

在检索结果列表中点击文章篇名，进入知网节，即该篇文章的细览页。知网节页的主要功能有两个。

1)显示该篇文章的细目。完整的包括：英文篇名、作者中文名、作者英文名、作者单位、文献出处、关键词、英文关键词、摘要、英文摘要、DOI。在上述篇名、作者、单位、出处和关键词字段中,都建立了链接。如点击作者、单位或关键词,即弹出一个知网各数据库列表,点击数据库列表中的各个库,可以使用当前检索词在所点击的数据库中进行检索。

2)提供该库源文献与其参考文献、引证文献、同引文献链接,包括与其他库文献资源间的链接。在知网节页的上方导航列有"参考文献"、"共引文献"、"二级参考文献"、"相似文献"、"相关研究机构"、"相关文献作者"链接按钮。点击某链接按钮,即可到该项链接内容。

• 参考文献链接。即该文参考文献的链接。点击参考文献篇名,即可到该篇文献的细览页。

• 共引文献链接。也称同引文献。即该库与其他库中与该文有相同参考文献的文献。点击共引文献篇名,即可到该篇文献的细览页。

• 二级参考文献链接。该篇文章参考文献的参考文献。点击二级参考文献篇名,即可到该篇文献的细览页。

• 相似文献链接。在内容上与该文献最接近的部分文献。在"相似文献"栏的右上方,提供"优秀硕士学位论文"、"博士学位论文"、"重要会议论文"、"重要报纸全文"链接,点击链接点,可查看各库中的相似文献。

• 相关研究机构链接。根据文献主题内容的相似程度而聚集的一组研究机构,点击机构名,可从弹出的数据库列表上使用该机构名在所点击的数据库中进行检索。

• 相关文献作者链接。根据文献主题内容的相似程度而聚集的一组作者名称,点击作者名,可从弹出的数据库列表上使用该作者名在所点击的数据库中进行检索。

• 文献分类导航。显示该文献所在分类的导航树,点击导航的最底层类目可以获得与本文研究领域相同的文献,点击上层导航类目可以浏览更多相关领域的文献。

(5)选择/保存题录

1)选择题录。有两种方式:①全选。点击右页面的"全选"按钮,即可将当前页面的题录全部勾选;如想更改,点击"清除"。②单选。即一一勾选所要保存的题录。系统允许在一次检索页面中连续勾选 50 条题录。

2)保存题录。点击 "存盘"按钮,系统弹出一个窗口将选中的记录以默认格式显示,并提供四种格式供选择:简单、详细、引文格式、自定义。当选择"自定义"时,则系统提供以下信息项供选择:题名、作者、中文关键词、单位、中文摘要、基金、刊名、ISSN、年、期、第一责任人。点击"预览",可分别查看不同保存的格式;点击"打印"按钮,将所选中的题录保存格式输出到纸载体上;如要复制保存,将页面复制另存文件。

(6)全文浏览与下载

系统提供两种途径浏览下载全文:①从检索结果页面(概览页),点击题名前 CAJ 格式下载图标,即可阅读或下载浏览 CAJ 格式全文。②从知网节(细览页),点击"下载阅读 CAJ 格式全文"或"下载阅读 PDF 格式全文"链接,即可阅读 CAJ 或 PDF 格式全文。

7.2.1.2　CNKI——中国学术期刊网络出版总库

(1)概况

"中国学术期刊网络出版总库"是 CNKI 数字出版平台"中国学术文献网络出版总库"的一个子库。目前 CNKI 数字出版平台"中国学术文献网络出版总库"(试用版)整合了 CNKI 现有的 10 多个数据库,并利用引文、作者、知识元等链接,将文献整合为知识网络。

中国学术期刊网络出版总库目前收录国内出版的6943种学术期刊,包括各学科基础研究、工程技术、高级科普、政策研究、行业指导、实用技术、职业指导类期刊。按学科分为10个专辑,168个专题数据库:基础科学(13个子库)、工程技术科学Ⅰ(14个子库)、工程技术科学Ⅱ(15个子库)、农业科学(10个子库)、医药卫生科学(28个子库)、哲学与人文科学(24个子库)、社会科学Ⅰ(17个子库)、社会科学Ⅱ(13个子库)、信息科技(10个子库)、经济与管理科学(24个子库)。收录文献的起始年为1915年,至2008年5月全文文献总量达2346多万篇,日更新2万篇。

(2)检索方式

在主页选择中国学术期刊网络出版总库,进入数据库。该库提供3种检索方式:文献分类目录、文献检索和期刊导航。

1)文献分类目录。在界面左边的"文献分类目录"下,选择专题库,点击专题名称右边"直接检索"图标,即可直接检索该类目的文献。

2)文献检索。在"文献分类目录"下专业文献库类目方框内打钩,选择要检索的专业库。系统默认的检索方式为文献检索,文献检索界面提供以下两类检索条件。

①输入检索控制条件。包括以下控制条件:发表时间(从弹出的日期表中选择起止日期)、来源期刊、期刊年限、支持基金(输入基金名称,也可在基金列表中勾选添加到输入框中)、作者单位、论文作者。

②输入内容检索条件。内容检索条件包括:

- 可在全文的同一句或同一段中,对含有任一词或同时含有任一词进行检索限制。
- 提供全文、篇名、主题、关键词、摘要、参考文献、中图分类号7个检索字段,可对检索字段进行并含(逻辑与)、或含(逻辑或)和不含(逻辑非)的限制。点击左边"+"按钮,增加输入框(可增加至5组),对检索词间进行"并且包含、或者包含、不包含"的逻辑组配。可以选择对检索词的精确或模糊匹配。

(3)检索结果显示与浏览

- 检索结果显示内容包括:序号、题名、作者、刊名、年/期、被引频次、下载频次、浏览频次。
- 文献分组浏览。对检索结果按"文献分组浏览",分组为:学科类别、期刊名称、研究资助基金、研究层次、作者单位、中文关键词。点击分组名称,显示分组列表及文献数量。点击分组下的类目,下方即显示该类目文献。
- 文献排序浏览,对检索结果按发表时间、被引频次、下载频次和浏览频次进行排序。

(4)节点文献

在检索结果列表中点击文章篇名,进入节点文献界面,即该篇文章的细览页。节点页的功能如下:

- 显示该篇文章的细目。包括:英文篇名、下载频次、作者、英文作者、作者单位、文献出处、中文关键词、英文关键词、摘要、英文摘要、基金、DOI、更新日期、分类号、正文快照。在上述篇名、作者、单位、出处和关键词字段中,都建立了与相关信息的链接。
- 提供该篇文献的引文网络,包括参考文献、二级参考文献、引证文献、二级引证文献、共引文献、同被引文献的链接,以及该文的其他相关文献(相似文献、同行关注文献、相关作者文献和相关机构文献)的链接。点击某链接按钮,即可到该项链接内容。

7.2.1.3 中文科技期刊数据库(全文版)

(1)概况

“中文科技期刊数据库”由重庆维普资讯有限公司开发研制。目前收录了1989年以来8000余种期刊(其中核心期刊1810种)的2000余万篇文章的全文,并以每年250万篇的速度递增。所收录文献分为8个专辑:社会科学、自然科学、工程技术、农业科学、医药卫生、经济管理、教育科学和图书情报。

(2)检索方式

系统提供5种检索方式:快速检索、高级检索、分类检索、传统检索、期刊导航。

1)快速检索

即简单检索,系统默认为快速检索。

在导航系统区域选定要检索的学科范围,在检索区域的“检索入口”的下拉式菜单选择检索途径,系统提供12种检索途径:M=题名或关键词、K=关键词、J=刊名、A=作者、F=第一作者、S=机构、T=题名、R=文摘、C=分类号、Z=作者简介、I=基金资助、L=栏目信息,在“检索式”输入框内输入检索词,单击“搜索”按钮,显示检索结果列表。点击文章篇名,可看该文的细目,其中作者、关键词、分类号,相关文献(主题相关、全文快照)等字段具有链接功能,点击某字段链接,可查看该词的检索结果列表。

2)高级检索

高级检索界面提供两种方式供选择:向导式检索和直接输入检索式检索。

• 向导式。①提供五组检索栏,可选择检索字段、逻辑运算(并且、包含、不包含)、匹配(模糊、精确)度;在输入框中可以直接输入逻辑运算符“*”(表示并且、与、and)、“+”(表示或者、or)、“-”(表示不包含、非、not)。②提供“扩展功能”,包括:查看同义词、查看同名合著作者、查看分类表、查看相关机构。只需要在前面的输入框中输入需要查看的信息,再点击相对应的按钮,即可得到系统给出的提示信息。③扩展检索条件:点击“扩展检索条件”按钮,下拉出扩展检索栏,可以对时间条件、专业限制(可在8个学科专业中选择)、期刊范围(核心期刊、重要期刊、全部期刊、EI来源期刊、SCI来源期刊、CA来源期刊、CSCD来源期刊、CSSCI来源期刊)作进一步限制。

• 直接输入检索式。可在检索框中直接输入逻辑运算符、字段标识等,点击“扩展检索条件”并对相关检索条件进行限制后点“检索”按钮即可。

3)分类检索

点击“分类检索”按钮,进入分类检索界面。左边是分类表,点击分类前的“+”,列表分类展开,可以根据检索需要,勾取所需要的分类,点击添加按钮(>>),即可将所选类目添到“所选分类”框之中。在“所选分类”框中双击类目或者点击删除按钮(<<),来删除分类限制。

4)期刊导航

点击“期刊检索”按钮,进入期刊导航检索界面。包括期刊学科分类导航、期刊(刊名、ISSN)检索和按字顺(刊名首字拼音)检索3种方式。

5)传统检索

点击“传统检索”,进入传统检索页面。传统检索具有快速检索和高级检索的基本功能,只是界面布局不同。这是该数据库最早的界面。

(3)检索结果的处理

1)保存题录。提供“全选”与“单选”2种方式,选择后点击“下载”,在弹出的窗口再选择下载的格式,包括概要显示、文摘显示、全记录显示、引文标准格式显示和自定义输出。最后点击“下载”按钮保存。

2)浏览下载全文。提供两种方式,一是在检索结果列表页面的篇名前点击“全文下载”图表,二是在细目页面的左上角点击“全文下载”链接图标。

7.2.1.4 万方——数字化期刊全文数据库

(1)概况

“数字化期刊全文数据库”是“万方数据资源系统”系列数据库之一。“万方数据资源系统”由北京万方数据股份有限公司制作,包括数字化期刊全文数据库、中国学位论文数据库、中国会议论文数据库、标准数据库、中国科技成果数据库、专利技术数据库、科技信息子系统、商务信息、外文文献数据库等系列数据库。

数字化期刊全文数据库以中国数字化期刊群为基础,整合了中国科技论文与引文数据库及其他相关数据库中的期刊条目部分内容,基本包括了我国文献计量单位中自然科学类统计源刊和社会科学类核心源期刊。目前收录6000多种期刊约1300余万篇文章全文。分为哲学政法、社会科学、经济财政、教科文艺、基础科学、医药卫生、农业科学、工业技术8大类100多个类目。

(2)检索方式

系统提供期刊分类浏览和检索两种方式。

1)期刊分类浏览

分三种浏览方式。

• 按学科:选择“按学科”,显示期刊的按学科浏览视图,逐级选择,即显示该学科的所有期刊。

• 按地区:选择“按地区”,显示期刊按地区分类树,在“按地区”的分类树中用鼠标选择某个地区,在右边显示该地区的所有期刊信息。

• 按首字母:选择“按首字母”,显示期刊的按首字母分类树,点击某个字母,显示该字母的所有期刊信息。三种浏览方式的界面都提供期刊名称检索。

2)检索。提供以下检索字段:全部字段、论文标题、作者、刊名、关键词、PDF全文。设有五组检索框(点击“+”按钮,增加输入框),对不同字段检索词间进行与、或、非的逻辑组合。

(3)检索结果显示

• 结果列表显示内容包括序号、篇名、作者、刊名、年期、详细摘要信息、查看全文。点击“详细摘要信息”,进入细览页,详细内容有:英文标题、刊名、英文刊名、年/卷/期、栏目名称、分类号、关键词、摘要、数据库名称和本文引用的论文。

• 关键词和分类号具有热链功能,点击关键词的“HotLink”按钮,进入热链页面,可获得该关键词的期刊全文、学位论文、会议论文全文的命中数,以及热链文献的列表;点击分类号“HotLink”按钮,可获得同类期刊论文全文、同类学位论文全文、同类会议论文全文的命中数,并显示热链文献的列表。

• 点击“本文引用的论文”的篇名,可以获得引文标题、论文刊名、论文作者、论文年份、论文刊期和数据库名等信息。

(4)检索结果保存、下载及浏览

在检索结果列表概览页的篇名前勾选,也可点击“全部选中”链接全选。在概览页和细览页提供“查看全文”链接,点击链接即可下载浏览全文。

7.2.1.5 CEPS 中文电子期刊服务数据库

CEPS(Chinese Electronic Periodicals Service)中文电子期刊服务数据库由台湾华艺数位股份有限公司出版,是台湾第一套拥有合法著作权联机下载的期刊数据库。可进行浏览、检索与全文下载。CEPS 收录 1991 年以来中国、美国、新加坡等地出版的以中文为主要语言的期刊,范围涵盖人文社会科学、自然科学、应用科学、医学与生命科学领域。所收期刊以 SCI、SSCI、EI、Medline、TSSCI、CA、CSSCI、中国科技引文数据库、《中文核心期刊要目总览》等指标为标准,现有指标期刊 1378 种。目前数据库记录约 105 万条,电子全文约 99.5 万余篇。每日更新,每月至少增加 40 000 篇全文。

CEPS 数据库具有快速查询(首页)、进阶查询和期刊浏览等方式。其中进阶查询包括查询期刊、查询文章和布林查询(即布尔逻辑组配检索),期刊浏览分为按学科、按出版机构和按刊名笔画 3 种方式。提供篇名、作者、关键词、摘要等检索途径。检索结果以表格形式显示,包括选取、序号、篇名、作者、刊名、卷期、出版年月、出版地区和页次。

7.2.2 英文综合性期刊全文数据库

英文综合性期刊全文数据库有多种。本节主要介绍学术期刊集成全文数据库(ASP)、学术研究期刊数据库(ARL)和 JSTOR 过刊数据库(Journal Storage)的特色和使用方法,其后列出较为重要的电子期刊全文数据库,及其它们的基本概况。各数据库的相关内容和检索界面见光盘:14. 英文综合性期刊论文全文数据。

7.2.2.1 学术期刊集成全文数据库

(1)概况

学术期刊集成全文数据库(Academic Search Premier,简称 ASP)是 EBSCOhost 系列数据库之一。EBSCOhost 是 EBSCO 公司开发的在线数据库检索系统,该公司是世界上最大的提供期刊、文献定购及出版服务的专业公司之一,1986 年开始出版电子出版物,内容涵盖自然科学、社会科学、人文和艺术等各学科领域。1994 年提供在线服务,目前拥有 100 多个全文和文摘索引数据库。

ASP 是综合性跨学科学术期刊全文数据库。目前收录 7900 余种著名期刊的摘要,4700 多种学术期刊的全文,其中包括 3600 多种同行评审期刊,1000 多种期刊提供了引文链接。全文和文摘最早回溯到 1965 年。涉及的文献主题主要有:社会科学、人文科学、教育、计算机科学、生物学、工程学、物理、化学、文学、艺术、医学、语言学等。数据每日更新。

(2)检索方式

EBSCOhost 检索平台提供了英、西班牙、法、德、意大利、葡萄牙、简体中文、繁体中文、日文、俄文等不同语种的多语言检索界面。在 EBSCOhost 数据库列表中点击“Academic Search Premier”链接,进入该数据库检索界面。

系统提供三种检索方式:基本检索(Basic Search)、高级检索(Advanced Search-Guided)、视觉搜索(Visual Search)。

1)基本检索。即简单检索。在页面上方点击“基本检索”按钮,进入基本检索界面。该界面主要提供一行检索词输入框,直接输入检索词,也可输入由检索字段标识符、检索词、逻辑算符以及位置算符等联合构成的检索式。

2)高级检索。高级检索与基本检索基本一致,主要利用下拉菜单的方式将字段标识和组配逻辑算符列出来。

• 列有三组检索框提供不同字段的 and、or、not 的逻辑组配,可以直接输入检索词,选择检索字段和布尔逻辑算符。点击“添加行”链接,即可增加一组输入栏目,系统最多允许添加至 12 栏。

• 系统提供的检索字段及代码有:所有字段(TX)、作者(AU)、题名(TI)、主题(SU)、文摘/作者提供的文摘(AB)、关键词(KW)、刊名(SO)、PE/ PS(人物、产品)、地域(GE)、公司(CO)、代码(TK)、国际统一刊号(IS)、国际统一书号(IB)等。

3)视觉搜索。相当于主题导航。输入检索词,系统左边则会显示一个按主题排列的导航列表。选择某个词,系统给出该词的下位概念的相关词,通过层层选择,最后获得满意的结果。可以对主题列表进行结果聚合(group results)、结果分类(sort results)、按日期过滤结果(filter results by date)。

(3)检索功能

在基本检索和高级检索的方式下,分别提供 6 种检索功能:关键字(Keyword)、出版物(Publications)、科目术语(SubjectTerms)、索引(Indexes)、参考文献(References)、图像(Images)。

1)关键字检索。“关键字”是指题名、文摘、全文等中出现的任意词汇,关键字检索也即自然语言检索,这是基本检索和高级检索默认的主要途径。

①关键字的输入。关键字检索界面分为上下两区。上区是检索输入区。在基本检索界面的检索框中,可输入检索词和检索式进行检索。例如,检索题名中含有“Economic Growth”或主题中含有“Economic Growth”的文章,检索式可为:“TI Economic Growth or SU Economic Growth”。在高级检索界面,可在第一栏“查找”框中输入“Economic Growth”,在字段下拉框中选择题名字段“TI Title”,在第二栏逻辑算符下拉框中选择“or”,输入“Economic Growth”,在字段下拉框中选择主题字段“SU Subject Terms”。点击“检索”即可。

②关键字的精确检索。关键字检索界面的下区是“精确检索”区,包括“限制条件”和“扩展条件”两种功能。可进一步对检索内容范围进行限定或扩大。

• 限制条件。提供选择的条件包括全文(有全文的文献)、有参考(有引用的文献)、学术(同行评审)期刊、出版日期、出版物、出版物类型、页数(指定检索出文献的页数)、附带图像的文章;在高级检索的关键字界面,系统还给出了文献类型和封面报道两种特殊的限定检索范围的选项。可以根据需要选择一种或多种条件,也可以不选。

• 扩展条件。提供 3 种扩展功能:①查询应用其他术语。勾选该项将检索出包含检索词的同义词或单复数的文献。②在文章全义范围内搜索。检索出全文中含有检索词的文章,若检索词较冷僻,可勾选该项。③自动“and”检索词语。勾选该项,系统会在每个检索词之间自动加入“and”逻辑运算符。

③检索规则。除了上述字段代码和算符外,关键字检索使用的检索规则有:

• 通配符:用“?”表示。主要用于拼写多变的单词,“?”只代替一个字符,可以输在词中或词尾,但不能用在词首。

• 截词符:用“*”表示。主要用于词根多变的词,“*”可以代替一个或多个字符。

• 位置算符:用“Nn”、“Wn”表示。主要表明 2 个检索词之间的位置有关系。N 算符表示检索词之间可以加入其他词，词的数量需要根据“n”值而定，词的顺序任意；W 算符表示检索词之间可以加入其他词，词的数量需要根据“n”值而定，词的顺序依输入词的顺序，不可颠倒。

• 双引号" "：使用双引号表示检索结果要与引号内的检索词完全匹配。即检中的文献包含引号内的检索词，并且词序、词的位置都不变。

④检索结果显示

检索结果概览页列表显示命中文献的简单题录信息，包括题名、来源和馆藏信息，如果“限制条件”勾选了“全文”和“有参考”，则显示参考文献数目（被引次数）、PDF 全文链接或 HTML 全文。左边“按主题检索”栏提供与检索相关的主题，点击某主题链接，可进一步扩大检索。可选择按日期、来源、作者或相关度排序。

点击某篇文章题名，即进入细览页，可查看该篇文章的详细信息，每篇文章详略不一，一般包括：标题、作者、来源、文献类型、主题语、摘要、作者单位、ISSN、地理术语、入藏编号、此记录的永久链接、所属数据库、查询国内馆藏及全文链接、出版者标识。其中，作者、来源、主题语字段都有链接，如点击作者名，可以获得该作者写的所有文章，点击期刊名可列出该刊物的全部卷期信息，逐级点击可查看全文。

⑤阅读全文与保存题录

• 阅读全文。如果该篇文章有全文，在概览页和细览页都设有“PDF 全文”或“HTML 全文”链接，点击链接，即可显示 PDF 格式或 HTML 格式的全文。

• 保存题录。点击某题录右边“添加”按钮，即为选中，显示为“已添加”，上方显示“文件夹中有对象”，点击其链接，即可查看选中的文章信息；可以通过右上方的打印、电子邮件、保存按钮的链接功能，对选择的信息直接打印、电子邮件传递或者存盘保存。

2）科目术语检索

在基本检索或高级检索窗口点击“科目术语”按钮，进入科目术语检索界面。科目术语检索即主题词/叙词检索，是指利用系统自带的叙词表中的主题词/叙词进行检索。点击“科目术语”按钮，进入主题词检索界面。界面上方有一检索式输入框，可以直接输入单个主题词，也可输入由多个主题词和逻辑算符组成的检索式。检索方式同关键字检索。

界面下方为叙词表浏览界面。叙词表按字顺排列，可以按顺序浏览，查看需要的主题词，也可以在浏览框内输入主题词，选择“词语的开始字母”、“词语包含”或者“相关性排序”的结果显示模式，点击“浏览”按钮，在系统列出的主题词表中选择主题词，在所选主题词前的方框内打钩并选择逻辑算符，点击“添加”按钮，该主题词和逻辑组配的检索式出现检索输入框中。

例如，在主题词浏览框中输入“Personnel management”，选择“词语包含”，点击“浏览”，即显示包含该词的主题词列表，点击“Personnel management”链接，即进入该主题词的细览界面，包括该词的注释（Scope Note）、上位词（Broader Terms）、下位词（Narrower Terms）和相关词（Related Terms），以及该词的非正式主题词（Used for）。勾选“Personnel management”和“Career development”，选择逻辑算符“and”，点击“添加”，检索框自动生成检索式：DE “Personnel management” and DE “Career development”，点击“检索”，即可检索出在题名、主题或摘要中同时包含“Personnel management”和“Career development”的文章。

3）出版物检索

在基本检索或高级检索窗口点击“出版物”按钮，进入出版物检索界面。

界面上方是“浏览出版物”输入框，并提供 3 种输入方式：按字母顺序、按主题和说明、匹配任意关键字。在“浏览出版物”框中输入检索词，勾选“按字母顺序”，点击“浏览”，结果显示的出版物名称列表是以键入检索词为开头并按字母顺序依次排列的；如果勾选“按主题和说明”，结果显示的是出版物名称和其简介、包含输入主题的出版物名称列表；如果勾选“匹配任意关键字”，显示的是所有包含该关键词的出版物名称列表。

该界面下列出了按字顺排列的出版物名称一览表，可翻页查看需要的出版物；如果已知出版物的首字母，直接点击该字母，进入以该字母打头的出版物名称一览表。点击出版物名称，进入出版物细览页，界面左边是出版物详细资料，包括：出版物名称、ISSN、出版者信息、书目记录、出版物的链接、出版物类型、栏目、说明、出版者 URL、频率、同行评审。右边为按时间顺序排列的该出版物发行的年份表，如“ + 2008”、“ + 2007”、“ + 2006”、“ + 2005”、“ + 2004”、“ + 2003”…等，选择任意一年即显示该年度可供查看的卷期链接，进一步点击可查看某一期具体内容。

出版物检索具有将出版物名称转换为关键字检索的功能。在检索结果列表中的出版物名称前的方框中打钩，点击“添加”按钮，系统自动将该出版物名称添加到界面最上方的“查找”输入框中，点击“检索”按钮，则获得该出版物的全部文献列表，可在此基础上，进行进一步检索。方法同关键字检索。

4)参考文献检索

在基本检索或高级检索窗口点击“参考文献”按钮，进入参考文献检索界面。可以查找数据库中收录文献的引文情况。在“Author”(作者)、“Title”(标题)、“Source”(文献来源)、“Year”(年份)4 个检索框中输入检索词进行检索，也可以不作限定，直接在“All”中输入检索词。例如选择“Title”(标题)，输入检索词，即检索出标题中含有该词的参考文献列表，包括参考文献的题名、作者、刊名、出版日期、卷期页码、文献类型、被引次数及国内馆藏及全文链接等信息。在有被引次数的参考文献前的方框中标记，点击“查找引文”按钮，则可获得引用该篇参考文献的文献列表，进而查看全文。

5)索引检索

在基本检索或高级检索窗口点击“索引”按钮，进入索引检索界面。所谓“索引”是 ASP 数据库中自建的一些索引，包括作者、期刊名称、主题、出版时间、ISBN、ISSN、语言、标题等。在索引界面中的“浏览索引”下拉菜单中选择索引项，在“浏览”框中输入检索词，点击“浏览”按钮，显示按字母顺序排列的检索结果；可勾选一个或多个索引词，选择逻辑运算后点击“检索”(Search)按钮进行查找。

6)图像检索

在基本检索或高级检索窗口点击“图像”按钮，进入图像检索界面，提供的是利用关键字检索数据库中的“图像”资料，检索方式与关键字检索同。图像检索界面共有 6 类图像可供选择：人物图片(Photos of people)、自然科学图片(Natural science photos)、风景图片(Photos of places)、历史图片(Historical photos)、地图(Maps)、旗帜(Flags)。例如，输入检索词“Bill Clinton and president”，选择人物图片(Photos of people)，如想精确检索，可选择“扩展条件”。点击“检索”，检索结果列表显示所有相关图片的缩图及其文字说明，点击某张缩图，可看到该图的放大图及详细内容，包括：来源、版权、城市、州、地点、说明、入藏编号、日期、此记录的永久链接、所属数据库、查看链接等。选择打印、保存按钮，可将图片打印或存盘；也可以将鼠标停在图像上，点击图像上方的图标进行打印、E-mail 传送、存盘或放入文件夹。

7.2.2.2 学术研究期刊数据库(Academic Research Library)

(1)概况

"学术研究期刊全文数据"(Academic Research Library,简称ARL)是ProQuest系列数据库之一。ProQuest系列数据库是"ProQuest Information and Learning"公司(原名UMI/Bell&Howell)通过ProQuest系统平台提供的全文检索系统。ProQues创建于1938年,1985年始开发电子产品,目前ProQuest其公司与世界8500个出版社具有合作关系。其数据库内容涉及商业管理、社会与人文科学、新闻、科学与技术、医药、金融与税务等,包括期刊、报纸、图书、学位论文等文献类型,各类数据库产品达100多个。

ARL是"ProQuest Information and Learning"公司专为支持大学的教学与科研开发的综合性学术期刊全文图像数据库。目前收录3889种综合性期刊和报纸的文摘/索引,其中2632种是全文期刊,还在不断增加。涵盖的学科包括:商业与经济、教育、保护服务/公共管理、社会科学与历史、计算机、科学、工程/工程技术、传播学、法律、军事、文化、医学、卫生健康及其相关科学、生物科学/生命科学、艺术、视觉与表演艺术、心理学、宗教与神学、哲学、社会学及妇女研究等领域。可检索到1971年以来的文摘和1986年以来的全文,每日更新。其最新的ProQuest6.1版数据库检索系统提供了多种语言的检索界面,可以根据需要选择不同语种的检索界面。

(2)检索方式

系统提供基本检索、高级检索、主题检索和出版物检索。

1)基本检索

在检索输入框内输入检索词、词组或检索式,在"数据库"选项选择"Academic Research Library",在"日期范围"下拉菜单中选择/输入日期,在"检索结果限制"项可勾选"仅全文文档",或勾选"学术期刊、包括同行评议过的文章"。

如想精确检索结果,点击"更多检索选择项",可对"出版物名称"、"作者"、"短语查找范围"、"文档类型"、"出版物类型"进行限制;如想在检索结果中排除书评、长篇论文或报纸,可在其前方框中作标记。默认的排序结果为"最近发表的文章在前",还可选择"关联度高的文章在前"。

① 检索项含义如下:

• 日期范围。默认所有日期,可从下拉菜单中选择所需日期范围,如选择某个日期范围选项(例如在此日期,或在此日期之前),则显示一个(或几个)字段供输入所需的日期。格式为"mm/dd/yyyy",例如"11/12/2007"。

• 仅限全文文档。默认全部信息,要限制检索为全文,勾选该项。

• 学术期刊、包括同行评议过的文章。指发表于学术期刊(非贸易行业出版物)并经过同一领域的专家的评议和认可的文章。

• 出版物名称。默认字段为空。要将检索限定到特定的出版物,输入相应的出版物刊名。也可单击"浏览出版物",从出版物列表中选取刊名。

• 作者。可按任意顺序输入作者的姓名,如查找两位作者合写的文章,需用"and"将其隔开。

• 短语查找范围。默认短语查找范围是引文和摘要,即输入的检索词只在引文和摘要中出现;如选择引文和文档正文,即输检索词在文章的完整正文、引文字段和摘要内出现。

• 出版物类型。默认检索所有出版物类型，从下拉菜单中选择其他类型，如论文、一般杂志、报纸、报告、学术期刊、贸易行业出版物。

• 浏览主题。点击“浏览主题”按钮，可以浏览主题短语（学科、公司/组织、人名、位置）列表，或输入短语，然后点击“查找短语”进行查找。在添加短语时可选择使用运算符，然后单击“添加至检索条”。

② 检索规则如下：

• 字检索与词检索。使用“引号”精确匹配，检索精确的短语。在检索框中直接输入字或者词，如果组成词的单字为 3 个或者 3 个以上，需用引号括起。例如，Legal：表示检索所有包括这个单字在内的文章；Legal Protection：表示检索这个词在内的文章，组成词的两个单字不分开；Trademark Legal Protection：检索结果包括这个词，或词中的三个单字按逻辑与“and”的关系分散出现在一个段落内，如“Trademark and Patent Legal Protection”；“Trademark Legal Protection”：即这个词完整地出现，也就是精确匹配。

• 布尔逻辑算符。布尔逻辑算符分别为 AND、OR、AND NOT，其中“AND NOT”表示检索出的文章务必包含“AND NOT”之前的检索词，而不能出现其后检索词。可使用括号将优先检索的词括起来。

• 字段限定。可用字段代码来限定检索词出现的字段。如文章标题（TI、TITLE）、摘要（AB、ABS、ABSTRACT）、作者（AU 、AUTHOR）、作者单位（AUA、CS、AFF、AA）等，例如，TI（Sustainable Development of Economy），表示查询题名包含“经济可持续发展”的文章；AUA（Michigan State University），表示查询“密歇根州立大学”发表的文章。

• 截词和通配符。符号“ * ”，用作右截词符，表示将查找所有形式的单词。例如，输入“econom * ”，将查找“economy、economics、economical”等。符号“ ？”用于替换单词内部或末尾的单个字符，不能用于单词的开头。例如 wom？ n（woman、women），educat？（educate），educat？？(educated、educator）等。

• 位置算符。“W/#” 算符：如 computer W/3 careers，表示两词相邻，相隔最多不超过 3 个词，前后顺序可以颠倒；“NOT W/#” 算符：如 information NOT W/2 technology，表示两词相邻，相隔至少包含 2 个单词，前后位置可以颠倒；“PRE/#” 算符：如 computer PRE/3 careers，表示 2 词间距最多不超过 3 个词，前后顺序不能颠倒；“W/DOC”算符：表示两词包含在同一文献中，不必相邻，如 Trademark W/DOC Legal Protection。

2）高级检索

高级检索有三组检索词输入框，列有字段和布尔逻辑下拉式菜单供选择字段和逻辑算符。在输入框中输入检索词、词组或检索式，选择字段和逻辑算符。系统提供 22 个检索字段：引文和摘要、引义和义档正义、摘要、作者、分类代码、公司/组织、文档特征、文档 ID 、文档语言、文档正文、文档标题、文档类型、图像题注、位置、NAICS、代码、人名、产品、名称、出版物名称、章节、主题。如果要添加多个检索词，单击“添加一行”。高级检索其他功能与基本检索相同。

3）主题检索

点击右上方“主题”按钮，进入主题指南检索界面。

• 建议主题。输入主题检索词（如学科术语、人名、地名、出版物等），选择“建议主题”，点击“查找短语”按钮，可获得与检索词最为匹配的按关联度大小排序的主题列表，可通过点击“缩小”以缩小主题范围，也可通过选择筛选选项卡（学科、公司/组织、人名、位置、日期、出版物)来精选主题。

• 按 A—Z 查找主题。如果选择使用“按 A—Z 查找主题”,将得到与检索词最接近的按英文字母顺序排列的主题列表。

• 浏览学科目录。单击“浏览学科目录”,显示系统的学科分类目录:艺术和人文、商业和工业、计算机和因特网、经济与贸易、教育、环境、健康、生活方式和文化、政治、政府和法律、科学和数学、社会问题和政策、运动和娱乐。逐级点击类目查看相关主题词。

4)出版物检索。点击右上方“出版物”按钮,进入出版物检索界面。可按字母顺序浏览出版物,也可以输入某一种出版物名称进行检索,然后再按出版年、月、日或卷期阅读。

(3)检索结果显示与处理

• 检索结果显示与阅读。检索结果默认的顺序是最近的排在最前面,也可以选择按照相关度排序,将最相关的排在最前面。包括篇名、作者、出版物名称、出版地、出版日期、卷、期、页等,点击文章标题,文章将以最恰当的格式打开。每篇文章都用图标显示是否有摘要、全文 + 图像、文本全文—PDF 文件等,可按需求点击这些图标查看。

• 检索结果处理。在所需文章序号前的方框中标记,可以选择打印、电子邮件传递也可以将引文信息以 RefWorks、EndNote, ProCite 或 Reference Manager 的格式输出。.

7.2.2.3 JSTOR 数据库(Journal Storage)

(1)概况

JSTOR 全名为“Journal Storage”,始于美隆基金会的数字典藏计划,是一个对过期期刊进行数字化的非营利性机构,于 1995 年 8 月成立。JSTOR 数据库收录从创刊号到最近 3—5 年前的过刊,现收录来自 134 个国家的 774 种学术性期刊,近 400 万篇文献,并不断有新刊加入。共有 15 个主题典藏,内容涵盖经济学、财政、商业、政治学、法律、心理学、人类学、亚洲学、哲学、宗教、艺术与艺术史、公共政策、生态学与植物学、数学、物理、工程学、生物学、教育学、社会学、行政学、统计学、语言学、文学、历史、非洲研究、拉丁美洲研究、中东研究等学科主题。每种期刊收录年限不同,有些过刊回溯年代早至 1665 年。

(2)检索方式

JSTOR 提供检索(Search)和浏览(Browse)两种功能。

1)检索(Search)

JSTOR 的检索分为基本检索(Basic Search)、高级检索(Advanced Search)和文章定位检索(Article Locator)。

①基本检索(Basic Search)。基本检索界面提供一个输入框,可直接输入检索词进行快速检索。如需检索包含法语、西班牙语、意大利语或德语某些文字的文章,需要在检索词前面或后面加上以下命令:法语 la:fre ,西班牙语 la:spa ,意大利语 la:ita ,德语 la:ger 。

目前 JSTOR 搜索术语仅限用音译拉丁字符,采用美国国会图书馆音译方案。如检索包含俄语、简体中文或繁体中文、日语或韩语某些文字的文章,应输入以下命令:俄语应输入 la:rus ,中文应输入 la:chi,日语应输入 la:jpn,韩语应输入 la:kor 。目前,JSTOR 提供这些语言的文章很少。

②高级检索(Advanced Search)。设置四组检索框,可以对作者、文章标题、主题、摘要字段检索进行组配,逻辑关系为 AND、OR、NOT 或者最近的 5—25 个词(Near5、Near10、Near25)。高级检索设置的限制范围(Limit)有:文献类型(Type)、时间范围(Date Range)、语种(Date

Range)、期刊名称(Journal Title)。

③文章定位检索(Article Locator)。即检索特定文章。提供的检索条件包括:文章标题、作者、期刊名称、ISSN、出版时间、卷、年、月/季、天、起始页。

2)浏览(Browse)

在主页点击"BROWSE",进入浏览界面。包括按主题浏览(Browse by Discipline)、按刊名首字音序浏览(Browse By Title)和按期刊出版者浏览(Browse By Publisher)。

(3)检索结果显示与处理

检索结果列表中一般包含:篇名、作者、刊名、卷期、页数、文章细目(Article Information)、首次匹配(first match,显示检索词在文章中第一次出现的位置)、PDF 全文,点击文章篇名称,可看文献的详细记录和全文。全文的右栏显示该文在 JSTOR 数据库被引和谷歌(Google Scholar)的参考引用情况的链接。可以 PDF 的格式打印、下载检索结果。

7.2.2.4 其他综合性英文期刊全文数据库

(1)中国学术前沿期刊网(Frontiers in China-Selected Publications from Chinese Universities)。由中华人民共和国教育部发起、高等教育出版社编辑出版、施普林格出版公司海外发行的全英文系列刊物。该系列刊物为季刊,分为基础科学、生命科学、工程技术、人文社会科学四个学科领域。目前已正式出版了 23 种,其中自然科学学术期刊 16 种,人文社会科学学术期刊 7 种。具有简单检索(关键字)、高级检索和按主题浏览等功能。

(2)维普—外文期刊整合服务系统(简称 FMIF)。FMIF 主要整合国内馆藏外文期刊和互联网上外文期刊,分为社会科学和人文科学、自然科学和工程技术、健康科学和生命科学 4 个专辑,共收录外文期刊 14 000 余种,其中核心期刊和 SCI/SSCI 期刊共收录 7000 余种,文献总量达 1200 余万篇,文献回溯至 1995 年,部分期刊回溯至创刊年。年增数据量 120 余万,每周更新 4 万余条记录。系统具有快速检索、高级检索和期刊浏览功能。

(3)ECO/ECO PSP 电子期刊全文数据库(Electronic Collections Online ECO/PSP)

ECO 是 OCLC FirstSearch 的电子期刊全文数据库,目前包括来自 70 多家出版社的 7000 多种期刊,总计 210 多万篇文章。内容涵盖农业、图书馆学、人类学、文学、商业、医药、经济学、哲学、教育、政治科学、美术、心理学、地理、宗教、历史、科学、语言、社会科学、法律、技术等学科领域。所收录的期刊大多从 1995 年开始,每天更新。ECO PSP(Print Subscription Program)是其中 40 家出版社的期刊在订购了印刷版后可免费使用的数据库,可以通过同一界面(http://periodical.cnpeak.com/oclcpsp/index.asp)检索 OCLC ECO PSP 40 家出版社的全文期刊和 55 家出版社的目次和文摘。

(4)英国布莱克威尔电子期刊全文数据库(Blackwell Synergy)。Blackwell Synergy 目前汇集了源自 850 多种国际性期刊的 100 万多篇文章全文。其中社会科学 305 种,人文科学 80 种,科学与技术学科 187 种,医学与护理科学 245 种。覆盖学科包括:农业及动物科学、商业、经济、金融、财会、数学和统计、工程、计算和技术、健康科学、人文学科、法律、生命及自然科学、医学、社会及行为科学、艺术。其中有 100 多种期刊先于印刷刊在网上提供。系统提供快速检索、高级检索和期刊浏览。

(5)荷兰爱思唯尔(Elsevier)—Science Direct 电子期刊全文数据库。Science Direct 是荷兰爱思唯尔出版集团(Elsevier Science)提供的电子期刊全文数据库,收录 1995 年以来 2200 多种同行评议期刊,全文文章总数已超过 856 万篇。包括物理学与工程、生命科学、健康科学、社会科学与人文科学四大学科领域。可通过浏览（按字顺、学科分类）和检索（快速检索、高级检索、专家检索）两种方式阅读获取全文。

（6）SAGE 全文电子期刊数据库。SAGE 公司是国际权威的学术期刊出版集团。目前拥有学术期刊 470 多种，全部为同行评审期刊，其中 46% 的期刊被 2005 年 SSCI 以及 SCI 收录，另有 51 种在其所在学科类别排名在前十位。学科范围涉及人文、社会科学、医药、科技理工等 40 个学科。包含现刊和回溯数据。通过 SAGE Journals Online（SJO）平台访问。系统提供快速检索、高级检索和浏览（按期刊标题的字母顺序）。

（7）施普林格（SpringerLink）全文期刊数据库。德国施普林格出版集团（Springer-Verlag）是世界上著名的科技出版集团，通过 Springer Link 系统提供学术期刊在线服务。目前 Springer Link 全文电子期刊数据库包含 1951 种学术期刊，并含有被 Springer Link 收购的 Kluwer Online 的 800 种全文电子期刊。期刊最早回溯至 1854 年。数据库内容包括：建筑和设计、行为科学、生物医学和生命科学、商业和经济、化学和材料科学、计算机科学、地球和环境科学、工程学、人文/社科和法律、数学和统计学、医学、物理和天文学、计算机职业技术与专业计算机应用。该系统支持中文（简体、繁体）、英文、日文、法文、德文等语种的检索。提供按关键词全文检索和高级检索。

（8）斯坦福大学 Highwire Press 全文电子期刊数据库。HighWire 出版社是全球最大的提供免费全文的学术文献出版商。目前已收录电子期刊 1155 种，文章总数已达 477 万多篇，其中超过 188 万多篇可免费获得全文，同时这些数据仍在不断增加。内容覆盖生命科学、医学、物理学、社会科学。数据库提供检索和浏览功能。浏览结果页面对每种期刊的免费程度都有注释。

（9）Wiley InterScience（约翰威立）全文电子期刊数据库。Wiley InterScience 由约翰威立父子出版公司（John Wiley & Sons）出版。数据库目前包含 800 多种全文学术期刊，分为 14 个学科主题：商业、化学、计算机科学、地球科学、教育、工程、法律、生命科学、数学和统计学、医学和医疗、物理学和天文学、聚合物和材料学、心理学、社会科学。其中很多为国际权威学会会刊，2006 年被 SCI 收录的核心期刊有 233 种，被 SSCI 收录的期刊有 45 种。Wiley InterScince 收录现刊和过刊，过刊回溯年代至 1799 年。数据库提供基本检索、高级检索和公共检索（CrossRef / Google Search）。

（10）泰勒弗朗西斯全文电子期刊（Taylor & Francis Online Journals）。Taylor & Francis Group 是国际知名的学术出版商。其全文电子期刊数据库包含 1200 多种电子期刊，涉及数学、物理学、化学、材料科学、天文、地理、生物学、医学、农业与环境科学、工程技术、电子、自动化、计算机科学、地球科学、食品科学、法律、文学、语言学、艺术、哲学、社会学、人类学、宗教等 39 个学科领域。期刊最远回溯至 1952 年，提供基本检索、高级检索、出版物浏览、主题浏览等功能。

（11）剑桥电子期刊全文数据库（Cambridge Journals Online CJO）。剑桥电子期刊全文数据库（CJO）为英国剑桥大学出版社（Cambridge University Press）出版的全文电子期刊数据库。目前 CJO 包含 223 种学术期刊，其中自然科学 105 种，医学 47 种，社会科学 133 种。包括自然科学、数学、工程学、计算机科学、建筑学、植物学、动物科学、生物学、地球和大气科学、农业、经济学、法律、政治、哲学、心理学、文化、历史等 38 个学科主题。提供快速检索、高级检索、引文检索、期刊浏览（按学科类别、按期刊名称）、CrossRef 检索（CrossRef Search）等功能。

(12)牛津期刊(Oxford Journals)全文数据库。牛津大学出版社(Oxford University Press OUP)出版的牛津期刊(Oxford Journals)全文数据库收录180多种同行评审过的期刊,其中三分之二的期刊是与学协会及国际组织合作出版的。内容涵盖生物、医学、化学、心理学、数学、物理、工程、政治、经济、法律、语言、文学、艺术、哲学、社会科学等领域。数据库提供期刊文章检索、高级检索和期刊浏览方式。

(12)开放存取期刊目录(Directory of Open Access Journal,DOAJ)。开放存取期刊(Open Access Journal,简称OAJ)是互联网上可供任何人自由访问使用(可下载全文)的电子期刊,开放存取期刊目录是由瑞典的隆德大学图书馆(Lund University Libraries)为上述资源做的一个目录系统,目前收录开放存取期刊3414种,18万篇文章。全文最早回溯至1991年。数据库内容包括:社会科学、哲学和宗教、商业经济、法律和政治学、语言和文学、历史和考古学、农业和食品科学、数学和统计学、物理学和天文学、化学、技术和工程学、艺术和建筑学、生物学和生命科学、地球和环境的科学、健康科学、普通科学、综合。数据库提供期刊文章检索、期刊检索和期刊浏览(按期刊名称和按期刊学科)等功能。

(13)Socolar开放获取资源平台。Socolar由中国教育图书进出口公司开发。是一个开放获取(Open Access)论文资源的平台,提供基于开放获取期刊和开放获取机构仓储的导航、免费文章检索和全文链接服务。Socolar目前收录7056种开放获取期刊,其中90%以上的链接期刊经过同行评审(Peer-Reviewed),收录约1095万多篇文章;收录959个开放获取机构仓储的约322万多篇文章。内容涉及人文科学、社会科学、自然科学、技术科学所有学科领域。Socolar提供简单检索、高级检索、按学科浏览期刊(按Socolar分类和按《中图法》分类浏览)、按字顺浏览期刊等方式。

7.2.3 主要学科专业性期刊全文数据库

本节相关内容及检索界面见光盘:15. 主要学科专业性期刊全文数据库。

7.2.3.1 人文科学/社会科学

(1)中国财经资讯数据库—财经期刊数据库。收录国内有影响的财经类报纸和期刊130种,其中期刊76种。包括8个类目:证券期货类、金融保险类、财务会计类、行业经济类、国民经济类、高校学报类、港台境外类、法律法规类。

(2)EBSCO—商业资源全文数据库(Business Source Premier)。商业资源全文数据库(BSP)是EBSCO系列数据库之一。BSP提供近3800种学术性商业杂志的全文,包括1100多种同行评审商业性期刊。内容包括国际商务、经济学、管理、金融、财会、劳动人事、银行等,几乎涵盖所有与商业领域相关的主题范畴。数据库期刊回溯到1965年或期刊创刊年,最早可回溯至1922年。该数据库通过EBSCOhost每日更新。检索模式与学术期刊集成全文数据库(ASP)相同。

(3)Proquest—商业信息全文数据库。商业信息全文数据库(ABI/INFORM)是Proquest系列数据库之一,是世界著名商业及经济管理期刊论文全文数据库。通过ProQuest检索平台进行检索。收录商业期刊4460多种,其中3300多种是全文刊。ABI包括4个子库,可在数据库选择中同时选中跨库检索:①商业管理全文期刊数据库(ABI/INFORM Global),收录全文刊1850种,数据从1971年至今。②回溯期刊数据库(ABI/INFORM Archive Complete),收录回溯期刊142种,数据从1905—1985年。③北美地区中小型企业与公司贸易信息数据库(ABI/IN-

FORM Dateline):收录 193 种,其中全文刊物 165 种,数据从 1985 年至今。④行业与贸易信息数据库(ABI/INFORM Trade & Industry),收录 1255 种,其中 1165 种有全文,数据从 1971 年至今。

(4)Emerald 管理学全文电子期刊数据库(Emerald Management Xtra EMX)。提供 Emerald 出版的 160 种管理学全文期刊,Emerald Management Review 管理学评论,以及案例分析、预选文集、采访录、书评、专业的教学资源。

(5)PAO 典藏学术期刊全文数据库。收录 1802 年至 2000 年著名人文社科类 435 种全文期刊,140 万篇文章,总计超过 890 万页期刊内容,覆盖经济、文学,法律、教育、社会学、心理及艺术等学科领域。其中非英文期刊内容超过 20%。

(6)HeinOnline 在线数据库—法学期刊库(Law Journals)。由美国 W. S. HEIN 公司 2000 年推出,包含法律期刊全文库、联邦公报库、条约和协议库、美国最高法院库、法律经典文库等子库。其中法学期刊库(Law Journals)收录 1300 种法学期刊,所收录的期刊多数是从创刊开始。

(7)"北大法宝"—中国法学期刊数据库。由北京大学法制信息中心与北大英华公司联合研制。目前收录国内 24 种法学期刊全文,覆盖创刊号至今发行的所有文献;10 种法学核心期刊目录;文章总数 8.3 万余篇,作者近 4 万人。

(8)EBSCO—教育类全文期刊数据库(Professional Development Collection,简称 PDC)。教育类全文期刊数据库(PDC)为 EBSCO 系列数据库之一,是目前世界上最全面的教育期刊全文数据库。提供了 550 种专业性优质教育期刊集,包括近 350 个同行评审刊。

(9)美国会计学会(American Accounting Association)电子期刊数据库。该数据库包括 13 种会计领域的电子期刊。

7.3.2.2 自然科学/技术科学

(1)开放获取期刊门户(Open J-Gate)。主要提供基于开放获取期刊的免费检索和全文链接。目前 Open J-Gate 已收集全球约 4485 种期刊,其中超过 1500 种学术期刊经过同行评议(Peer-Reviewed)。涵盖的学科范围包括:化学与化工、材料科学、地质、天文、地理、生物、农业、工程技术、电子、计算机、自动化、通讯与信息科学、矿业、航空航天、环境科学、能源、综合。

(2)Nature 电子全文期刊数据库。Nature 是英国自然出版集团(Nature Publishing Group NPG)提供的电子全文期刊数据库,包括 1869 以来到最新出版的 *Nature* 杂志全文,以及 *Nature* 周刊和 NPG 出版的其他学术类期刊,内容覆盖物理学、化学、材料科学、生物技术、生命科学、医学、地球科学、环境科学等学科领域。Nature 中国站点(Nature China)收录来自中国大陆和香港的作者在 *Nature* 周刊上发表的文章,可检索并获得全文。

(3)日本电子科学与技术信息集成(J-STAGE)。由日本科学技术振兴机构(Japan Science and Technology Agency,JST)开发,现收录基本科学(数学、物理、化学、地球科学和天文学)、生命科学、医生和健康科学、工程技术领域的期刊 480 种,21 万多篇文章,可以免费浏览全文。

(4)公共医学中心生命科学电子期刊全文数据库(PubMed Central PMC)。这是一个生命科学期刊文献全文免费检索系统,由美国国家医学图书馆的国家生物技术信息中心(National Center of Biotechnology Information,NCBI)开发和设计。现收录 316 种期刊,数量还在不断增加。回溯时间最长的到 1989 年。所收期刊都经过了同行的严格评议。

(5)Emerald 工程图书馆电子期刊全文库(Emerald Engineering Library,EEL)。EEL 是 Emerald 检索平台的一个数据库，收录 16 种工程学期刊，涵盖先进自动化、工程计算、材料科学与工程和电子制造与封装等相关领域，所有期刊曾多年被 SCI 索引。

(6)医学期刊全文数据库(OVID-LWW)。LWW(Lippincott Williams & Wilkins)是世界第二大医学出版社。LWW 数据库共收录 235 种医学期刊，其中 154 种为核心刊(90% 为英、美核心刊)。回溯期最早至 1993 年。LWW 通过 OVID Journals@ Ovid 提供服务。

(7)LexisNexis—环境大全数据库。是美国律商联讯(Lexis-Nexis)公司 2002 年发布的在线环境数据库。数据库收录超过 1240 种与环境相关的期刊和会议的文章的摘要，涵盖的环境主题为：能源问题、空气污染、毒理学、土地使用和污染、固体和有毒废物放射性污染、水资源污染、野生动植物保护、人口增长、全球变暖、废弃物管理和农业问题等。

(8)PubMed Central—生命科学期刊全文数据库。PubMed Central 是一个提供生命科学期刊文献的全文数据库，由隶属美国国立图书馆(NLM)的国家生物技术信息中心(NCBI)所创建与管理。现已收录有近 80 多种期刊，可免费获取全文。

(9)美国电气电子工程师学会/英国工程技术学会全文电子期刊数据库(IEEE/IET Electronic Library, IEL)。提供美国电气电子工程师学会(Institute of Electrical and Electronic Engineers, IEEE)和英国工程技术学会(Institution of Engineering and Technology, IET)1988 年至今出版的 280 种期刊，此外还包括会议录和标准的全文信息。IEEE 学会下属的 13 个技术学会的 18 种出版物可以浏览更早的全文，部分期刊还可以看到预印本(accepted for future publication)全文。

(10)美国计算机学会全文电子期刊数据库(Association for Computing Machinery, ACM)。数据库包括 ACM 出版的 80 多种全文期刊、杂志、快报等连续出版物及近 170 种会议录，其中大部分期刊被 SCI、EI 收录。

(11)英国物理学会全文电子期刊数据库(Institute of Physics, IOP)。包括 Journal of Physics 系列(A—E)在内的 56 种物理学领域的核心期刊，涵盖了物理学各个方面，包括理论物理、应用物理，以及一些交叉学科，如生物物理，医学物理等。数据回溯至 1874 年。专为中国而设立了网站(http://iop. calis. edu. cn/)。

(12)美国物理学会/美国物理研究所全文电子期刊数据库(APS/AIP)。美国物理学会(American Physical Society, APS)和美国物理研究所(American Institute of Physics, AIP)出版的期刊是国际物理学界最具影响学术期刊。APS/AIP 全文电子期刊数据库通过统一的 Scitation 平台提供访问，可获取创刊以来的全文，最早 1893 年至今。其中 APS 提供 16 种，AIP 提供 10 种。

(13)美国地球物理协会全文电子期刊数据库(American Geophysical Union, AGU)。收录美国地球物理协会出版的 19 种期刊。内容涉及大气科学、海洋学、空间科学、地球科学、行星研究等领域。

(14)美国化学协会全文电子期刊数据库(American Chemical Society, ACS)。收录 39 种化学领域的期刊。

(15)英国皇家化学学会全文电子期刊数据库(Royal Society of Chemistry, RSC)。数据库提供 36 种期刊，大部分刊物回溯至 1997 年。专为中国国内读者而设立网站：http://rsc. calis. edu. cn，可检索英国皇家化学学会出版的 23 种电子期刊的全文内容。

(16)美国土木工程师学会全文电子期刊数据库(American Society of Civil Engineers,

ASCE)。包括30种技术和专业期刊,大部分SCI、EI收录,是土木工程学科的重要核心期刊。回溯至1993年。通过统一的Scitation平台提供访问。

(17)美国机械工程师学会全文电子期刊数据库(The American Society of Mechanical Engineers ASME)。数据库包含22种由美国机械工程师学会出版的电子期刊,内容涉及工程学、能源、环境和交通、材料和结构、加工制造业、系统设计等。通过统一的Scitation平台检索、浏览。

7.3 引文数据库

7.3.1 引文数据库概述

引文数据库也即引文索引。引文指期刊论文文后的参考文献。这是以被引文献为检索起点,进而查找到引用文献的一种数据库。它在编制原理、体例结构和检索方法上与常规数据库不一样,具有其独特的形式与功能。其基本思路是基于文献之间的引用与被引用的关系,将来源文献和被引文献有序合理地组织起来,通过先期的文献被当前文献的引用,来揭示科学文献之间的内在联系,以及先前文献对当前文献的影响力。

引文数据库的主要功能在于:①通过引文数据库的来源文献和被引文献的检索功能,获取相关文献信息;②能够获取论文的参考文献信息,扩大检索范围,并了解研究人员对学术资源的利用状况;③可对某一学科领域的论文发表和论著被引用情况进行检索与分析,了解专业人员在该领域的研究工作,了解该学科领域学术研究的历史渊源,追踪学科的发展动态和最新进展;④可获取机构、学科、学者、期刊等多种类型的统计数据,为学术研究评价、科研绩效评价、期刊质量评价和学科发展等方面的评价提供定量依据。

引文索引从20世纪50年代以来逐渐受到学者们的重视,并进行大量的研究,产生了多种引文数据库。本节主要介绍科学网(ISI Web of Science)、中文社会科学引文索引(CSSCI)、中国科学引文数据库(CSCD)、中国引文数据库、中国科技期刊数据库(引文版)。

各数据库的相关内容和主要检索界面见光盘:16. 国内外引文数据库。

7.3.2 国外引文数据库—科学网

国外著名引文数据库当属科学网(ISI Web of Science)。科学网是世界著名学术信息出版机构美国科学情报研究所(Institute for Scientific Information, ISI)研制的三大引文数据库的网络版。收录9400多种世界权威的、高影响力的学术期刊中的文献及所引用的参考文献,内容涵盖自然科学、工程技术、生物医学、社会科学、艺术与人文等领域。

7.3.2.1 科学网概况

科学网包括三个数据库:

- 科学引文索引(Science Citation Index Expanded, SCIE):收录自然科学、工程技术、生物医学等所有科技领域核心期刊的文摘和引文,每年收录期刊略有增减,2006年收录的来源期刊达6400多种,数据回溯至1900年,每周收录19 000多篇文献,42 000篇参考文献。内容涉及150多个科技领域。
- 社会科学引文索引(Social Sciences Citation Index, SSCI):收录社会科学核心期刊的文摘和引文,同时也收录SCIE所收录的期刊当中涉及社会科学研究的论文。2006年收录的来源期刊达1800多种,数据回溯到1956年。

• 艺术和人文科学引文索引（Arts & Humanities Citation Index，A&HCI）：收录艺术与人文类核心期刊的文摘和引文。2006 年收录的来源期刊达 1200 多种，数据回溯到 1975 年。

三大引文数据库包括了从自然科学、社会科学到文学艺术的全部知识领域。由于三大引文数据库有着严格的选刊标准和评估程序，使其收录的文献能够比较全面地覆盖全世界最重要和最有影响力的研究成果。目前发表的学术论文被科学网收录或引用的数量，已被世界上许多大学和科研机构作为评价学术水平的一个重要标准。

目前，ISI 三大引文数据库通过知识网（Web of Knowledge，WOK）平台提供服务。知识网是 ISI 于 2001 年推出的一个学术资源整合体系。该体系以科学网为核心，对在知识网平台上运行的各类数据库间进行了链接，建立了包括期刊、专利、会议录在内的多种类型文献之间的引证与参考的关系。WOK 平台提供跨库联合检索功能，既可进行单个数据库检索，还可以实现基于 WOK 平台上的所有数据库的一站式检索。

7.3.2.2　检索方式

在 ISI WOK（4.0）平台上，点击"Web of Science"，进入数据库系统。系统提供三种主要检索方式：来源文献检索（Search）、引文检索（Cited Reference Search）、高级检索（Advanced Search）。

（1）来源文献检索（Search）。这是系统默认的界面，可实现 SCIE 、SSCI 、A&HCI 三个数据库的联合检索，如果仅在一个库检索，可以选择库和检索时间段。

1）检索途径

检索界面有三组检索词输入框，列有字段和布尔逻辑下拉式菜单供选择字段及逻辑算符。在输入框中输入检索词、词组或检索式，选择字段和逻辑算符。系统提供 9 个检索字段：主题（Topic）、标题（Title）、作者（Author）、团体作者（Group Author）、出版物名称（Publication Name）、出版年（Year Published）、地址（Address）、语种（Languages）、文献类型（Document types）。如果要添加多个检索词，点击"Add Another Field"（添加一行）。作者、团体作者和出版物名称字段都提供相应的辅助索引。

2）检索结果的显示与分析

• 检索结果的概览页的显示格式为论文题名、作者、来源（期刊名称、年、卷、期、页）、该篇论文被引的次数。点击该篇论文被引次数链接，显示引用该篇论文的题录列表。如果所在机构订购了该篇论文发表期刊的电子版，则显示"Full Text"图标，点击图标，即可获取全文。在概览页左栏，可从论文的学科范围、文献类型等对检索结果进行精炼（Refine Results）。

• 点击该篇论文篇名，可以看到该篇论文的详细记录内容。包括：题名、作者、来源、引用次数（指该论文自发表以来被数据库收录的其他论文的引用次数）、参考文献数量、摘要、（期刊的）学科分类、语种、关键词、作者地址、标识、ISSN 号等。在详细记录页面右边的栏目可以查看引用文献情况，该篇论文引用参考文献的题录列表，以及与该篇论文相关的记录（Related Records），即与当前记录共同引用一篇或几篇参考文献的一组论文，也即共引文献列表。

• 分析检索结果（Analyze Results）。选择记录前的复选框，点击概览页"分析检索结果"（Analyze Results）链接，可按照多种途径对多达 100 000 条记录进行分析，可供分析的字段包括作者、来源刊、国家（地区）、文献类型、主题分类、出版年度、语种、机构名称等。也可先对检索结果按照被引用次数排序后再进行分析，从而得到具有对比性的分析结果。

（2）引文检索（Cited Reference Search）

引文检索方式通过被引作者、被引文献名、被引年份三种途径检索论文被引用情况。

• 被引作者(Cited Author)：查找某一作者的论文在科学网中被引用的情况。在该字段中输入某篇论文的第一作者的姓名。第一作者的姓(不超过15个字母)，然后空格，再输入名的首字母(不超过3个)。如果该论文被科学网数据库收录成为一条源记录，则可以输入该论文中的任何一位作者姓名。可在输入的首字母后用 * 代替。也可点击该字段输入框右面的图标，查看"引用作者索引"(Cited Author Index)，选择并添加到检索框中。

• 被引文献(Cited Work)：主要用于查询期刊、著作被科学网来源期刊引用情况。在该字段中输入被引用的期刊名、著作名。期刊名缩写为20字符以内。可点击输入框右面的图标，查看"引用文献列表"(Cited Work List)，查找ISI来源期刊的缩写形式。

• 被引年份(Cited Year)：通过该论文发表的年限进行查找。一般作为某一出版物某年发表的论文被引用情况的限制。可输入特定年份或者某一时间段(如2000-2007)，也可用 or 进行组配(2004 or 2005 or 2006)。

上面三个检索字段可以单独使用，也可同时使用。系统默认多个检索途径之间为逻辑"与"的关系。单一字段内各检索词之间只能用逻辑算符 or 进行组配。

检索结果的概览页显示引文列表，格式为：被引作者、引文来源、年、卷、页、论文ID、被引次数、查看记录。点击引文来源的"显示完整名称"(SHOW EXPANDED TITLES)链接，浏览文献和期刊的全称；点击"查看记录"(View record)链接，可浏览来源文献的详细记录(显示界面同来源文献检索)。

(3)高级检索 (Advanced Search)

在文本框中直接输入检索式。利用检索字段代码、检索词和布尔算符等进行组配，创建复杂的检索式。检索字段代码为：TS = Topic(主题)、TI = Title(题名)、AU = Author(作者)、GP = Group Autho(团体作者)、SO = Publication Name(出版物名称)、PY = Year Published(出版年)、AD = Address(地址)、OG = Organization(机构)、SG = Suborganization(下级机构)、SA = Street Address(街道地址)、CI = City(城市)、PS = Province/State(省/州)、CU = Country(国家)、ZP = Zip/Postal Code(邮政编码)。

(4)检索规则

• 采用逻辑算符 AND(与)、OR(或)NOT(非)进行检索词之间的逻辑组配。逻辑算符与检索词之间应有一个空格。

• 通配符 *、?、$：* 代表0个或多个字符；? 代表1个字符；$ 表示0或1个字符。

• 位置算符 SAME：表示其所连接的检索词出现在同一句中或同一个词组中，检索词中的顺序是任意的。位置算符与检索词之间应有一个空格。

• 系统默认为词、词组检索。若想查找与输入的检索词完全匹配的记录，在检索词两边加上" "引号。

(5)检索结果处理

在检索结果列表右侧标记所需记录，也可以全选，点击"Add to Marked List"按钮，将记录添加到标记列表中。可对标记的结果进行打印、存盘、输出或以电子邮件的形式发送。输出的结果除包含默认的作者、题名、来源字段外，还可以添加其他字段，并选择记录的排序方式。

如果某个检索式今后还需使用，点击界面上方工具栏中的"检索历史"(Search History)按钮，打开检索历史显示框，可保存检索历史和策略。

7.3.3 国内引文数据库

7.3.3.1 中文社会科学引文索引(Chinese Social Sciences Citation Index,CSSCI)

(1)概况

“中文社会科学引文索引”(CSSCI)是国家、教育部重点课题攻关项目,由南京大学中国社会科学研究评价中心研制。CSSCI采取定量与定性评价相结合的方法从全国2700余种中文人文社会科学学术性期刊中精选出学术性强、编辑规范的期刊作为来源期刊。CSSCI数据库现有1998年至2006年的数据470万余条,其中来源文献数据近63万余条,引文文献数据409余万条。2008年和2009年,CSSCI收录的来源期刊共有528种,扩展版来源期刊152种,来源集刊86种。

(2)检索方式

中文社会科学引文索引提供来源文献检索和被引文献检索。可以在全部年代中进行检索,也可选择某一年份进行检索。

1)来源文献检索。主要用于查询CSSCI所选用的来源期刊文章的作者(所在单位)、篇名、参考文献等。提供14个检索字段输入框:论文作者、篇名(词)、关键词、作者机构、作者地区、期刊名称、中图类号、学科类别、学位类别、文献类型、年代、基金类别、基金细节、所有字段等。大多数检索字段自身就可以实现逻辑组配检索,也可以选择逻辑“或”和“与”。

来源文献检索结果的概览页显示命中结果篇数,分年代排列,可选择相应的年代查看。格式为:来源作者、来源篇名、期刊、年代卷、全文(显示)。点击来源篇名,可以看到该篇文献的详细记录和引用该篇文献的题录列表。

系统提供二次检索功能,可分别对来源作者、作者姓名拼音、第一作者、英文篇名、学位分类、学科分类、期刊、年代卷期、文章类别、基金类别、基金、机构名称、第一机构、地区、标引词等进行再次检索。

2)被引文献检索。主要用来查询作者、论文、期刊等的被引用情况。提供7个检索字段输入框:被引文献作者、被引文献篇名(词)、被引文献期刊、被引文献年代、被引文献类型和被引文献细节、所有字段。可选择逻辑“或”和“与”进行不同字段的组合检索。主要字段含义如下:

- 被引文献作者:查找某一作者在CSSCI中被引用的情况。如想达到精确检索,或排除作者自引,再勾选“精确”和“排除自引”。
- 被引篇名(词):与来源文献的篇名词检索相同。输入被引篇名、篇名中的词段,可以获得该篇文献或包含该词段的文献在CSSCI中被引用的情况。
- 被引文献期刊:主要用于查询期刊被引情况。在被引文献期刊栏中输入某刊名,可得到该刊在CSSCI中所有被引情况。
- 被引文献年代。一般作为某一出版物某年发表的论文被引用情况的限制。
- 被引文献类型:在下拉选项中选择,一般与其他检索项组合使用。主要用于查询期刊论文、图书、报纸、会议文献、学位论文、汇编、报告、标准、法规、电子文献等的被引情况。
- 被引文献细节:可对文献题录信息进行检索。

被引文献检索结果的概览页显示命中结果篇数和总计被引篇次数,分年代排列,可选择相应的年代查看。格式为:被引作者、被引文献篇名、被引期刊、被引文献出处和被引次数。点击被引文献篇名,可以看到引用该篇文献的题录信息。

系统提供二次检索功能,可对被引文献作者、来源期刊、被引文献期刊、被引文献篇名、文献类型、被引文献类别、被引文献出处等进行再次检索。

(3)检索结果的处理

当检索结果显示后,可以通过每条记录前的选择框进行进一步的选择,也可以勾选"选择所有"框进行所有记录的选择。点击"显示",可以查看所选文献记录的详细信息和引用所选文献的题录信息。点击"下载",可以本文格式显示或保存。

7.3.3.2 中国科学引文数据库(Chinese Science Citation Database,CSCD)

(1)概况

"中国科学引文数据库(CSCD)"由国家科学数字图书馆研制。该库是"中国科学文献数据库服务系统"(Science China)子库,收入1989年以来我国数学、物理、化学、天文学、地学、生物学、农林科学、医药卫生、工程技术、环境科学和管理科学等领域的中英文科技核心期刊和优秀期刊近千种,其中核心期刊670种,优秀期刊378种,来源文献数据100万条,引文文献数据400万条。由于系统提供了内部链接和开放外部链接功能,可从单篇论文链接到全文或从引文链接到论文文摘或者全文。

(2)检索方式

数据库提供来源文献检索和引文检索,每种检索方式又具有基本检索与高级检索功能。

1)来源文献检索

系统默认为来源文献检索。可检索字段有:作者、第一作者、题名、刊名、ISSN、文摘、机构、关键词、基金名称、第一机构。

① 基本检索:系统默认为"基本检索"。在基本检索方式下,提供下拉菜单,可直接在选定的检索字段中输入检索词,进行快捷检索,并可以进行三个检索字段的逻辑"与"和逻辑"或"的组合检索。检索词的匹配模式为"模糊"与"精确",可以选择"仅查核心期刊"。

② 高级检索。可在文本框中直接输入检索式,也可根据来源文献检索提供的10个检索字段,进行任意组配,点击"增加",将检索词自动增加到文本框中进行检索。

检索结果的概览页的显示格式为论文题名、作者、来源(期刊名称、ISSN、年、卷、期、页)和该篇论文的被引次数。点击被引次数,显示引用该篇论文的文献;点击篇名,可以看到该篇文献的详细记录内容及中文引用文献数和被引次数的链接。

2)引文检索

系统提供文献被引用情况的主要途径有:被引第一作者、被引作者、被引来源、被引机构、被引重点实验室、被引文献出版社、被引文献主编。

引文检索的基本检索与高级检索功能同来源文献检索。检索结果的概览页显示引文列表,可在检索结果中进行二次查询。概览页显示格式为:引文作者、引文来源、被引次数、引证文献(指数据库收录的期刊论文)、到其他库检索。点击"引证文献"链接,可获得该篇文献(被引文献)引证文献列表,包括引证文献的题名、作者、来源信息;点击题名,可以获得该引证文献的详细信息;点击"到其他库检索"图标,可获得开放链接系统的扩展服务,包括获取文摘、全文、馆藏信息、WEB检索、馆际互借和原文传递、参考咨询等服务。

(3)检索结果的处理

当检索结果显示后,可以通过每条记录前的选择框进行进一步的选择,也可以通过"全选”框进行所有记录的选择。对检索结果可以通过下载、打印、E-mail 的方式存储。注册用户可以将记录存储到电子书架中。

7.3.3.3　CNKI——中国引文数据库

CNKI“中国引文数据库”收录了中国学术期刊(光盘版)电子杂志社出版的所有源数据库产品的参考文献,包括来自期刊、学位论文、会议论文、学术图书、专利、标准等各类文献。截至 2008 年 5 月,累积链接被引文献达 562 万多篇。收录年限由 1912 年至今。

“中国引文数据库”现有两个版本,即网络出版总库版和知识资源总库版。

(1)中国引文数据库——知识资源总库版

这是“中国知识资源总库”的一个子库,分为 10 个专辑。检索字段包括被引文献题名、被引文献作者、被引文献第一作者、被引文献作者机构、被引文献出版者、被引文献基金名称、被引文献关键词、被引文献摘要、被引文献来源、年、期、任意字段。提供初级检索、高级检索和专业检索 3 种方式。检索结果的概览页包括被引文献题名、被引文献作者、被引文献来源和被引频次。点击篇名,进入知网节,可以浏览该篇被引文献的细目,并可获取被引文献与其参考文献、引证文献、共引文献、同引文献的链接,包括与其他库文献资源间的链接。该库检索模式与“中国期刊全文数据库”相同。

(2)中国引文数据库——网络出版总库版

该库为 CNKI 数字出版平台“中国学术文献网络出版总库”的子库。

检索方式。数据库提供初级检索与高级检索。高级检索包括“引文检索”和“源文献检索”。

1)引文检索

系统默认为引文检索。

• 选择被引文献类型。可供选择的类型有:期刊类型引文、学位论文类型引文、图书类型引文、会议论文类型引文、专利类型引文、标准类型引文。

• 选择检索字段,输入检索词。提供的检索字段有 12 种:被引题名、被引作者、被引第一作者、被引关键词、被引摘要、被引单位、被引刊名、被引年、被引期、被引基金、被引 ISBN、被引统一刊号。点击“逻辑”下的“ + ”按钮,增加输入框,对检索词间进行“并且”、”包含”和“不包含”的逻辑组配。

• 其他限制选项。主要包括:资源范围(全部期刊、EI 来源期刊、SCI 来源期刊和核心期刊)、匹配(模糊、精确)、发布时间、被引时间。

检索结果显示被引文献列表,包括被引文献题名、被引文献作者、被引文献来源和被引频次。点击某篇被引文献的被引频次数,可以看到该篇文献的引证文献(引用该篇文献的文献)列表,点击引证文献后的图标,显示该篇引证文献的参考文献。点击被引文题名前 CAJ 格式下载图标,可阅读或下载浏览 CAJ 格式全文,点击篇名,进入知网节,可以浏览该篇被引文献的细目,包括引证文献、同被引文献和二级引证文献,以及读者推荐文章、相似文献、相关研究机构、相关文献作者等的链接。

2)源文献检索

主要用于检索“中国学术期刊网络出版总库”收录来源期刊的文章。提供 16 种检索字段:主题、篇名、关键词、摘要、作者、第一作者、单位、刊名、参考文献、全文、年、期、基金、中图分类号、ISBN、统一刊号。

检索结果列表内容包括篇名、作者、刊名、年/期。点击文章篇名，进入该篇文章的细览页，可以浏览该篇文献的细目，包括参考文献、引证文献、共引文献、同被引文献、二级引证文献，以及读者推荐文章、相似文献、相关研究机构、相关文献作者等的链接。

(3)数据统计。数据库提供6种统计功能：作者统计、机构统计、期刊统计、专题统计、基金统计、出版者统计。点击某项统计类别，右窗口显示相应的检索界面。

• 作者统计。提供特定作者文献被引信息。统计指标包括：发文量、各年被引量、下载量、H指数、期刊分布统计、作者被引排名、作者引用排名、作者关键词排名。例如，选择“各年被引量”，输入作者姓名、单位，选择匹配模式和资源范围，点击“统计”，下方显示该作者总被引频次数和各年被引量统计的柱状图。

• 机构统计。提供机构文献被引情况统计。统计指标有：发文量、各年被引量统计、下载量、H指数、作者发文排名、作者被引排名。例如，选择“H指数”，输入机构名称，选择匹配模式和资源范围，点击“统计”，下方显示该机构H指数统计曲线图。

• 期刊统计。提供期刊被引情况统计。统计指标包括：发文量、下载量、被引统计（各年被引量、篇均被引率）、引文统计（各年引文量、篇均引文量、引文类型）、引用期刊排名、被引期刊排名、作者统计（作者发文排名、作者被引排名）、基金论文统计（基金发文排名、基金被引排名）、H指数。

• 专题统计。提供CNKI设立的10个专辑、168个专题文献的被引情况统计。统计指标包括：发文量、各年被引量、引用专题排名、被引专题排名。

• 基金统计。提供基金文献被引情况统计。可实现的统计指标包括：发文量、各年被引量和下载量。

• 出版社统计。提供出版社文献被引情况统计。统计指标包括：发文量、各年被引量、下载量、H指数。

7.4 题录/文摘型数据库

题录/文摘型数据库主要提供期刊原文线索或原文的内容摘要，数据来源一般以期刊文献为主，兼收其他出版物。有些文摘型数据库提供对部分订购期刊原文的链接，从中既可获得文献题录或摘要，也可通过链接获取原文献。本节主要介绍国内外主要文摘/题录型数据库。各数据库详细内容和检索界面见光盘：17.题录/文摘型数据库。

7.4.1 国内题录/文摘型数据库

(1)全国报刊索引数据库——篇名库

“全国报刊索引数据库——篇名库”即原“中文社科报刊篇名数据库”，是《全国报刊索引》的网络版，由《全国报刊索引》编辑部研制和编辑。数据库包括社科和科技2个子库，收录全国各地区（包括港、台地区）的期刊9600余种，涉及社会科学、自然科学以及工程技术领域，包括邮发与非邮发的期刊。目前数据总量超过1000万条，数据记录起始于1857年。年新增数据达45万条。数据库提供普通检索、高级检索、学科检索（按“中图法”分类）和期刊检索，检索途径包括全字段、分类、题名、著者、单位、刊名、年份、期号、基金、主题和摘要等。

(2)外文科技期刊数据库（文摘版）

外文科技期刊数据库(文摘版)由重庆维普资讯有限公司出版。提供1992年以来世界30余个国家的11 300余种期刊,约800余万条外文期刊文摘题录信息,并以每年100余万条的速度增加。数据库分为7大专辑:自然科学、工程技术、农业科学、医药卫生、经济管理、教育科学和图书情报。提供基本检索、二次检索、逻辑组配检索、分类导航检索等检索方式。

(3)中国数学文摘数据库

中国数学文献文摘数据库由中国科学院文献情报中心承建。收录了1984年以来国内(包括台湾地区)出版的300多种中英文期刊,80种国外出版的数学核心期刊、数学专著和会议录的摘要信息。内容涵盖数学各分支领域及其在信息论、控制论、计算机、物理、生物、经济、医学等领域的应用。现有数据量12万余条,年数据更新增量1万余条。提供基本检索与高级检索。

7.4.2 国外题录/文摘型数据库

(1)现刊题录快讯数据库(ISI Current Contents Connect,CCC)

Current Contents Connect 提供1998年以来8000多种世界上重要学术期刊和2000多种图书的题录信息。按学科分为9个子库,内容涵盖自然科学、技术科学、社会科学、艺术与人文学科。CCC 在知识网(Web of Knowledge,WOK)平台上提供检索。检索模式同科学网(Web of Science)。

(2)科学文摘数据库——INSPEC

INSPEC 是科技领域的权威性文摘型检索工具英国《科学文摘》(*Science Abstracts*,SA)的网络版。收录1898年以来全球80个国家出版的4200多种科技期刊、2200多种会议论文集以及其他出版物的文摘信息。内容涵盖物理学、电气工程、电子与通信、计算机与控制工程、信息技术、制造与生产等科技领域。来源出版物涉及29种语言,覆盖超过140个国家的作者。所有文献的文摘和索引都以英语报道。目前数据库含有1000多万条文献,并且以每年40万条新文献的速度增加。数据每周更新。INSPEC 可在 Engineering Village 2(EV2)、ISI Web of Knowledge(WOK)、OVID、INSPEC-China、ProQuest 等平台上检索。其中,WOK 平台分为检索(Search)和高级检索(Advanced Search)。检索模式同 Web of Science。

(3)工程索引文摘数据库(Ei Compendex Web)

美国《工程索引》(*The Engineering Index*,EI)是国际著名的报道有关工程技术方面的文摘性刊物。Ei Compendex 是其网络版,侧重提供应用科学和工程领域的文摘索引信息,其题录文摘源来自1969年以来5400种工程类期刊、会议论文集和技术报告。目前数据库包括1884年至今的1000多万条文献,每年新增超过175个学科和工程专业的约50万条记录。数据每周更新。在 Engineering Village 2、Dialog OR-BIT、ESA/IRS、STN、OCLC 等平台上都可以检索。

(4)剑桥科学文摘数据库(Cambridge Scientific Abstracts,CSA)

剑桥科学文摘是美国剑桥科学文摘出版公司出版的一个大型、多学科的数据库群,大部分文献为题录文摘信息。CSA 采用 ILLUMINA 平台提供服务。默认是英文界面,同时有法语、西班牙语、繁体中文、简体中文、韩语等多种语言可以选择。ILLUMINA 平台现提供自然科学、社会科学和科技三大领域27个数据库,其中自然科学13个,社会科学8个,科技6个。部分数据库提供全文。具有快速检索、高级检索、浏览功能,并提供命令检索、词表、索引等工具。

(5)化学文摘数据库——CAPLUS

CAPLUS 是美国《化学文摘》(*Chemical Abstracts*,CA)的网络版,由美国化学文摘社(CAS)

出版。收录 CA1907 年至今的内容,涵盖化学、生化、化工及其相关学科,信息来自 150 多个国家的 1 万多种期刊论文,4 万多篇 1907 年之前的论文,以及专利、会议录、技术报告等其他出版物,目前收录的记录超过 2700 多万条,每天更新 3000 条以上。CAPLUS 通过 SciFinder Scholar 平台检索。SciFinder Scholar 还提供多个化学及相关学科(包括生物医学、工程、材料、农业等)的数据库。

(6)生物学文摘数据库(BIOSIS Preview,BP)

生物学文摘数据库由美国生物科学信息服务社(Biosciences Information Service,BIOSIS)生产,是世界上规模最大的有关生命科学的文摘和索引数据库。收录世界上 100 多个国家和地区的 5500 多种生命科学方面的期刊和国际会议的会议录等出版物的摘要和题录信息,记录总数超过 1600 万条,每年增加约 56 万条记录。Web of Knowledge 平台上提供 BIOSIS 的检索。

(7)数学评论数据库——MathSciNet

美国《数学评论》(*Mathematical Review*,MR)是国际数学界声誉很高的评论性和报道性的数学文摘杂志,专门报道世界范围新发表的有创新观点的数学和相关领域论著的评论性和报道性文摘。由美国数学会(Amarican Mathematical Socicty,AMS)出版。其网络版 MathSciNet 收录 1864 年以来 233 万多条有关数学学科领域的摘要和评论,并以每年 8 万条的速度增长,其中 6 万条为专家写的评论性文摘。数据源来自 1800 多种期刊。提供多语言界面检索。

(8)数学文摘数据库(Zentralblatt MATH)

Zentralblatt MATH 是一个文摘评论型数据库,对应于印刷版《数学文摘》,是国际数学领域重要的检索系统之一。收录世界各国 1868 年以来 230 多万条数学研究文献的摘要、题录及评论。其中一半以上的评论由全世界 5000 多名专家撰写,其余部分的评论采用原文文摘或由编辑撰写。信息源自 2300 多种期刊,还包括 1100 种连续出版物及相关图书、会议记录。

(9)CABI 农业文摘数据库

CABI 农业文摘数据库由国际农业和生物科学中心(Centre for Agricultureand Biosciences International,CABI)制作。是世界上著名的农业检索工具。收录 1973 年至今的 500 多万条英文文摘记录,并以每年约 18 万条的速度增长。数据来源于 130 多个国家用 75 多种文字发表的 14 000 种期刊、科技报告、图书、会议论文,约占世界农业文献总量的 70—80%。CABI 农业文摘数据库可通过 OVID 或 WebSPIRS 检索平台进行检索。

(10)心理学文献库(Psychological Association)

由美国心理学会(American Psychological Association)根据其出版的《心理学文摘》(*Psychological Abstracts*)及《心理学情报》(*PsycINFO*)编辑而成。现有光盘版。收录 1887 年以来世界 50 多个国家以 27 种语言出版的 1300 种期刊中有关心理学及行为科学的论文,以及专著、会议录、博士论文等文献的文摘和题录。

(11)食品科技文摘(Food Science and Technology Abstracts,FSTA)

食品科技文摘(FSTA)数据库是食品科学与技术方面的文摘数据库。该库为光盘数据库。数据源来自 40 多种语言发表的与食品科学和技术相关的 2000 多种学术期刊以及其他出版物,所有文摘由专业人员和语言学家以英文撰写。现有 50 多万条记录。FSTA 数据库可通过 OVID(收录年限 1969 至今)和 WebSPIRS(收录年限 1990 至今)检索平台进行检索。

第 8 章 学位论文、会议论文和报纸文章检索

8.1 检索学位论文

8.1.1 学位论文概述

检索学位论文的最佳途径是利用专门的学位论文检索工具。这些检索工具主要来源于：商业性公司制作的学位论文数据库，一般以综合性的为主；各地区/系统共建的学位论文数据库；各高校的自建的学位论文数据库。学位论文数据库的检索原理、检索方式及检索技术与期刊论文数据库基本相同，只是检索字段有所不同。本节主要介绍几种常用、重要的国内外学位论文数据库。各数据库的相关内容和主要检索界面见光盘:18. 国内外学位论文数据库。

(1)含义

学位论文是高等学校或研究机构的学生为取得学位，在导师指导下完成的科学研究、科学试验成果的书面报告。

学位是评价学术水平的一种尺度，学位论文是培养研究生掌握科学研究基本方法和独立进行科学研究能力的一个重要环节，是授予学位的一个主要依据。学位制度起源于中世纪的欧洲。1180 年巴黎大学授予第一批神学博士学位。学位论文答辩制度是由德语国家首创，以后各国相继效仿。凡经答辩通过的学位论文，一般都应是具有独创性的研究成果，能显示论文作者的专业研究能力。根据国务院学位办发布的信息，截至 2002 年 6 月，我国已有博士学位授予单位 312 个，博士学位授权点 1542 个；硕士学位授予单位 726 所，硕士学位授权点 9693 个。

长期以来，学位论文只由授予学位的院校或研究机构的图书馆保存，博硕士论文还由国家规定接受呈缴本的图书馆收藏，只在一定范围内阅览，一般不公开发表。国家图书馆、中国科学技术信息研究所和中国社会科学院文献信息中心是我国法定的学位论文集中收藏机构。学位授予单位定期向国家法定的收藏单位上报本单位的学位论文。随着对学位论文需求的增长，目前许多博士学位论文以纸本印刷方式公开出版，以电子形式公开出版的学位论文数量也大幅增长。

(2)类型与特点

根据授予学位的级别不同，学位论文包括学士学位论文、硕士学位论文、博士学位论文之分。其中博士学位论文具有较高的学术价值。

学位论文最大的特点是具有一定的独创性，内容专深，学术价值较高。

《中华人民共和国学位条例暂行实施办法》(1981 年 5 月 20 日国务院批准实施)对博硕士论文的要求是："硕士学位论文对所研究的课题应当有新的见解，表明作者具有从事科学研究工作或独立担负专门技术工作的能力。博士学位论文应当表明作者具有独立从事科学研究工作的能力，并在科学或专门技术上做出创造性的成果。博士学位论文或摘要，应当在答辩前三个月印送有关单位，并经同行评议。"学位论文的选题要求有相当的理论意义和实践意义。对

论文所涉及的问题应具有坚实宽广的基础理论和系统深入的专门知识。学位论文是在导师的指导下，用1—2年甚至3—4年的时间才完成的科研成果，这期间做了大量的调查研究、科学实验、分析论证和专门研究，最后通过专家评审答辩后才能通过。所以学位论文是一种重要的原始研究成果，其学术价值和利用价值受到众多领域研究人员的关注。

8.1.2 国外学位论文数据库

8.1.2.1 ProQuest 博硕士论文文摘数据库(ProQuest Dissertations & Theses，PQDT)

(1)概述

ProQuest 博硕士论文文摘数据库是美国 ProQuest 公司(原名 UMI 公司)出版的博硕士论文数据库，是目前世界上最大和最广泛使用的学位论文数据库，原名 PQDD(ProQuest Digital Dissertations)，是 DAO (Dissertation Abstracts Ondisc)光盘数据库的网络版。目前收录了欧美1000余所大学的250多万篇学位论文的摘要，其中博士论文摘要350字左右，硕士论文摘要为150字左右，1997年以后的多数论文可以看到前24页的扫描图像。收录始于1861年，每年约增加4.5万篇论文摘要。

(2)检索方式

目前该数据库现运行在 ProQuest 系统平台上。其检索方式与检索功能与学术研究期刊数据库(Academic Research Library，ARL)相同。

该库提供16个检索字段：引文和摘要、摘要、导师、作者、委员会成员、学位、教育机构中的系部、文件 ID、文文件语言、文文件标题、索引短语(关键词)、ISBN、出版物编号、学校名/代码、学科名/代码、卷/期。主要字段含义如下：

• 作者。用来查找由某位特定作者撰写的学位论文。可点击检索字段右边的“浏览作者”链接，从作者列表中选取作者姓名。字段代码：AUTHOR、AU。

• 导师。检索在特定导师指导下完成的论文。可通过“浏览导师”链接，从导师列表中选取导师姓名。字段代码：AD、ADV、ADVISER、ADVISOR。

• 教育机构中的系部。检索教育机构中特定的系部认可的学位论文。字段代码：DEP。

• 出版物编号。按出版物或出版物编号检索特定学位论文。可包括或省略破折号。字段代码：DISPUB，如 DISPUB(9598765)。

• 学位。检索某个特定学位的论文，例如 Ed. D.(教育学博士)学位。字段代码：DG，如 DG(Ph. D.)。

• 委员会成员。检索已由特定委员会成员评议过的学位论文。字段代码：CMT。如不能肯定成员姓名的正确拼写，可使用部分分段式拼写。可采用以下方式检索：CMT(名字)、CMT(姓氏) 或 CMT(姓氏，名字)，如 CMT(Frazier，Maria)。

• 标题。检索学位论文标题中包含的检索词。字段代码：TITLE、TI。

• 索引短语(关键词)：检索关键词中包含该检索词的学位论文。可单击“浏览关键词”链接从“浏览关键词”列表中选取关键词。

• 摘要。检索包含检索词的文章摘要。字段代码：ABS、AB、ABSTRACT。

• 引文和摘要。如选择“引文和摘要”，检索词将出现在以下字段中：作者、摘要、论文题目、关键词、来源、来源类型。

• 学科名/代码。通过该检索字段查找有关特定学科的学位论文。可单击“浏览主题”链接从学科列表中选取学科。该字段宜与关键词、获得学位日期或其他检索限制项配合使用。字段代码:SUB,如 SUB(Environmental science)。

• 学校名/代码。检索特定学校认可的学位论文。字段代码:SC、SCH、SCHNAME,如 SCHNAME(University of Michigan)。可单击“浏览学校”链接并从可用学校列表中选取学校名称。

• 语言。字段代码:LA、LN,如 LA(french);也可在“更多检索选项”提供的“文件语言”下拉菜单字中选择语言。

(3)检索结果显示

检索结果概览页列表显示命中文献的简单题录信息和“摘要”、“24 页预览”、“订购”链接。点击“摘要”链接,可以查看该学位论文的详细信息,包括论文题名、作者、摘要、学校名称、学校地点、来源、来源类型、学科、出版物编号、文档 URL、ProQuest 文档 ID;点击“24 页预览”链接,可以阅读前 24 页全文,包括订购的方式,所订购论文的形式(网上下载、简单/精致复印、缩微胶片等)及价格。

8.1.2.2 ProQuest 博硕士论文全文数据库

(1)概述

ProQuest 博硕士论文全文数据库是 ProQuest 博硕士论文文摘数据库(PQDT)中选取的一部分论文的全文数据库。2001 年 ProQuest 公司在文摘库的基础上开发了电子版的论文全文服务方式,2002 年,国内高校、科研机构等单位联合组成的 ProQuest 博硕士论文中国集团开始订购 ProQuest 中的全文,由北京中科进出口公司独家代理,亚洲信息服务有限公司开发检索平台,凡参加联合订购的集团成员馆均可共享整个集团订购的全部 ProQuest 学位论文全文(PDF 格式)资源。目前联合订购库中的全文收录有 1998 年以来的授予学位的 13 万多篇博硕士论文,每年以 1 万多篇的速度增长。数据库以中文接口提供检索服务。ProQuest 学位论文全文中国集团在国内已建立了三个镜像站:CSLIS 镜像站、上海交通大学镜像站和中国科学技术信息研究所镜像站。

(2)检索方式

数据库提供基本检索、高级检索和论文分类浏览 3 种方式。

• 基本检索。提供三组检索输入框,可检索的字段包括:摘要、作者、论文名称、学校、学科、指导老师、学位、论文卷期次、ISBN、语种、论文号。提供的布尔逻辑算符为:与(and)、或(or)、且非(not)。

• 高级检索。接口下方提供 12 组输入框,选择检索字段和逻辑算符,输入检索词,点击“增加”按钮,检索式即添加至上方的文本框中;也可在文本框中直接输入检索式,字段标志及代码为:导师(adviser,如:adviser = Smith)、作者(author)、论文发表日期(book_date)、学位(degree)、学科代码-名称(subject)、论文卷期次(div)、ISBN(isbn)、学校名称/代码(school)。

• 论文分类检索。提供以下学科的分类导航浏览:生物学科学、地球与环境科学、健康科学、纯粹科学、应用科学、心理学、通讯与艺术、教育学、语言/文学和语言学、哲学/宗教和神学、社会科学。

(3)检索结果显示

检索结果概览页列表显示查询检索数量及简单题录信息,点击“正文 + 摘要”链接,可查阅该篇学位论文的详细信息,包括:出版号、论文名称、作者、学位、学校、日期、指导老师、IS-

BN、来源、学科、全文、摘要。点击“此处下载 PDF 档”,可阅读并下载 PDF 格式全文。

8.1.2.3 NDLTD 学位论文库(Networked Digital Library of Theses and Dissertations, NDLTD)

NDLTD 学位论文库是由美国国家自然科学基金支持的一个网上学位论文共建共享项目,提供免费的学位论文文摘,还有部分可获取的免费学位论文全文。根据作者的要求,NDLTD 文摘数据库链接到的部分全文分为无限制下载、有限制下载、不能下载几种方式。目前全球有 170 多家图书馆、7 个图书馆联盟、20 多个专业研究所加入了 NDLTD,其中 20 多所成员已提供学位论文文摘数据库 7 万条,可以链接到的论文全文大约有 3 万篇。提供检索和浏览方式。

8.1.2.4 其他

• 美国麻省理工学院的博硕士论文数据库(Digital Library of MIT Theses)。收录 1800 至今的学位论文的题录,部分有全文。

• 弗吉尼亚技术学院学位论文(Virginia Polytechnic Institute and State University)。收录 1995 年以后弗吉尼亚技术研究所的 6000 多篇博硕士论文题录和摘要,大部分可下载全文。

• 得克萨斯大学学位论文(Texas Digital Library)。是由 Universit of Texas at Austin(得克萨斯大学奥斯汀分校)、Universit of Texas at Arlington(得克萨斯大学阿灵顿分校)、Texas A&M University(得克萨斯 A&M 大学)和 Texas Tech Universit(得克萨斯理工大学)4 所大学建立的学术机构库,收集了 2002 年至今的学位论文,可下载 PDF 全文。

• 加拿大大学学位论文门户(Theses Canada Portal)。可检索 AMICUS(加拿大公共书目信息检索系统)中的加拿大学位论文库,该库提供 1965 年至今的加拿大 1300 多个图书馆的学位论文信息,还可免费检索和获得加拿大 1998 年至 2002 年出版的部分大学的学位论文,部分提供全文。

• 宾夕法尼亚州大学电子论文库(Pennsylvania State Univ eTDs)。收录 1848 篇全文,涵盖材料学、教育学、工学、法学、医学、航空、经济、化工、建筑等各个学科。可在线免费获取。

• 北欧大学学位论文(DIVA Portal)。可查询北欧 17 所大学的学位论文,部分有全文。

• 澳大利亚国家学位论文数据库(Australasian Digital Theses Program, ADT)。收录澳大利亚 40 所高校的硕、博论文,可免费浏览全部学位论文的文摘;根据论文作者授权的不同,还可免费阅读学位论文的前两章或全文。

• 俄亥俄学位论文数据库(OhioLINK ETDs Center)。集成了 OhioLINK 成员单位(俄亥俄州 74 所大学和学院)图书馆的电子学位论文记录。

• 瑞士大学学位论文(ETH)。收录 1999 年以来的部分瑞士学位论文,提供全文。

• 瑞典大学学位论文(Digital Scientific Publications from Swedish Universities)。提供瑞典学位论文以及其他科技出版物,可获取全文。

8.1.3 国内学位论文全文数据库

8.1.3.1 CNKI——中国博士学位论文全文数据库、中国优秀硕士论文全文数据库

CNKI——中国博士学位论文全文数据库、中国优秀硕士论文全文数据库是 CNKI 系列数据库的子库。现有两个版本,即网络出版总库版和知识资源总库版。

(1)知识资源总库版—中国博士学位论文全文数据库、中国优秀硕士论文全文数据库

这是 CNKI“中国知识资源总库”的两个子库。至 2008 年 5 月,中国优秀硕士论文全文数

据库收录 1999 年以来全国 652 家硕士培养单位的硕士学位论文 58.4 万多篇，中国博士学位论文全文数据库收录 1999 年以来全国 420 家博士培养单位的 8.2 万多篇博士学位论文。

数据库提供初级检索、高级检索、专业检索和学位授予单位导航。有 21 个检索字段：主题、题名、关键词、摘要、作者、作者单位、导师、第一导师、导师单位、网络出版投稿人、论文级别、学科专业名称、学位授予单位、学位授予单位代码、目录、参考文献、全文、中图分类号、学位年度、论文提交日期、网络出版投稿时间。

检索结果概览页显示中文题名、作者姓名、网络出版投稿人、网络出版投稿时间、学位年度，论文级别，点击论文题名，进入该篇学位论文的知网节。数据库提供在线阅读、整本下载、分章下载、分页下载 4 种阅读下载与保存方式。

数据库的检索模式与方式与“中国期刊全文数据库”相同。

(2)网络出版总库版——中国博士学位论文全文数据库、中国优秀硕士论文全文数据库

这是 CNKI 数字出版平台“中国学术文献网络出版总库”的两个子库。至 2008 年 5 月，中国优秀硕士论文全文数据库收录 1984 年以来全国 460 家硕士培养单位的硕士学位论文 53.4 万多篇，中国博士学位论文全文数据库收录 1984 年以来全国 339 家博士培养单位的 7.4 万多篇博士学位论文。

数据库有文献检索和学位授予单位导航（按地域和按学科专业）2 种方式。其中文献检索的模式同中国学术期刊网络出版总库。

数据库提供的检索控制条件为：发表时间、学位年度、支持基金、作者单位（学位授予单位、导师单位）、论文作者（导师、作者、第一作者）。提供的检索字段有：全文、篇名、主题、关键词、摘要、目录、参考文献、中图分类号。

检索结果列表题录包括题名、作者、导师、出版授权与投稿人、发表年期、作者基本信息、关键词和摘要。可按文献分组排序选择文献，分组为：学科类别、学位授予单位、研究资助资金、导师、学科专业、研究层次、中文关键词。也可按发表时间、优秀论文级别、相关度、被引频次、下载频次和学位授予年度对结果排序。点击论文题名，进入“节点文献”接口，可获取详细记录和相关文献。

8.1.3.2　万方——中国学位论文数据库

“中国学位论文数据库”是“万方数据资源系统”系列数据库之一。收录 1977 年以来我国人文与社会科学、自然科学、医药卫生、农业科学、工业技术等领域的硕博士论文，包括文摘版和全文版 2 个数据库。截至 2008 年 4 月，文摘版收录硕博士论文的文摘约 117 万多条，年增加数据 2.4 万条；全文版收录硕博士论文的全文约 88 万篇，年增加数据 2 万篇。系统具有检索和学科分类浏览功能。检索字段包括：作者、论文标题、作者专业、导师姓名、授予学位、授予单位、中图分类号、关键词。

8.1.3.3　NSTL——学位论文数据库

国家科技图书文献中心（NSTL）是一个网络科技文献信息服务机构。目前包括中文学位论文库、外文学位论文库、中文会议论文库、外文会议论文库、中文期刊库、外文期刊库，以及科技报告、标准文献等数据库。

• NSTL 中文学位论文数据库：收录 1984 年至今我国高等院校、研究生院及研究院所发布的硕士、博士和博士后的论文，学科范围涉及自然科学各专业领域，并兼顾社会科学和人文科学。现有数据约 117 万条，每年增加 6 万余条，每季更新。提供普通检索、高级检索和分类检

索，检索字段有：论文题名、关键词、分类号、作者、完成年、导师姓名、授予学位、学位授予单位、研究专业、研究方向。

• NSTL 外文学位论文数据库：收录了 ProQuest 公司博硕士论文数据库中 2001 年以来的优秀博士论文。现有数据约 145 万条，每年增加 2 万余条，每季更新。提供普通检索、高级检索和分类检索，检索字段有：论文题名、关键词、分类号、作者、学位授予年、学位、导师姓名、研究专业、ISBN。

8.1.3.4 CALIS——学位论文服务系统

CALIS 学位论文数据库收录 95 所学校 1995 年以来硕、博士学位论文的题录和文摘。现有资料约 25.8 万条。系统提供简单检索、复杂检索和学科浏览，检索字段有：论文摘要、作者、中文题名、外文题名、导师、论文关键词、论文摘要、学校、学科。可以获得论文中英文摘要和部分论文的 16 页信息，并可通过馆际互借平台和开放链接方式获取原文。

8.1.3.5 国家图书馆馆藏博士论文库

国家图书馆是国务院学位委员会指定的收藏博士论文的专门机构，现收藏博士论文近 12 万种，此外，还收藏部分院校的硕士学位论文、台湾博士学位论文和部分海外华人华侨学位论文。博士论文库现提供 6 万余种博士论文摘要信息和全文前 24 页的浏览，具有简单检索、高级检索功能，检索字段有题名、作者、导师、学科专业、研究领域、学位授予单位、关键词、模糊检索。

8.1.3.6 其他学位论文数据库

• 国家图书馆联机公共目录查询系统——学位论文库。这是国家图书馆联机公共目录查询系统中文及特藏数据库的子库。收录博士论文、硕士论文、博士后论文、海外学位论文（含港澳台等地）。

• CADAL——学位论文库。其中学位论文库收录了参与高等学校中英文图书数字化国际项目单位的 11 万多篇学位论文。

• 清华大学学位论文服务系统。收录了清华大学 1980 年以来的学位论文的题录和文摘。1986 年以来的论文在 IP 范围内多数可看到全文。

• 北京大学图书馆学位论文数据库。提供北京大学 1985 年以来的 2 万余篇学位论文的题录和部分文摘。部分授权论文提供浏览全文。

• 台湾 OAI 博硕士论文联邦查询系统。收集全球利用 OAI 接口所提供的博硕士论文，提供全文链接。目前有近 16.2 万篇论文。

• 台湾 CETD——中文电子学位论文服务系统。现收录 2004 年以来台湾地区 19 所高校的博硕士论文的摘要、目次及参考文献，现有书目数据近 5 万篇，大部分可看全文。

• 台湾联合大学博硕士论文全文影像检索系统。收录台湾交通大学、阳明大学等四所高校的学位论文 71 700 余篇。凡经作者授权的论文可浏览全文内容。

• 香港大学学位论文（Hong Kong University Theses Online）。收录香港大学 1941 年以来的 13 900 多篇学位论文题录，部分可下载全文。

• 香港理工大学博硕士论文库。提供 1990 年至今的香港理工大学博硕学位论文的题录和摘要。

8.2 检索会议论文

检索会议论文的最佳途径是利用专门的会议论文检索工具。会议论文数据库的检索原理、检索方式及检索技术与期刊论文数据库基本相同,只是检索字段有所不一。本节主要介绍几种常用、重要的国内外会议论文数据库。各数据库的相关内容和主要检索界面见光盘:19.国内外会议论文数据库。

此外,注意利用大型文摘数据库检索会议文献。几乎所有国际大型文摘数据库都收录和报导会议文献,如英国科学文摘(INSPEC)、美国工程索引(EI)、剑桥科学文摘(CSA)数据库等。利用这些数据库,也可以查找到许多专业领域的会议论文信息。

8.2.1 会议文献概述

(1)含义

会议文献有广义与狭义两种含义。广义的会议文献是指在会议交流论文和会议过程中产生的相关数据。狭义的指会议交流论文的正式出版物。

据ICCA(国际大会和会议协会)的统计,每年全世界举办的国际会议中,参加国超过4个、参会外宾人数超过50人的各种国际会议有40万个以上。据美国情报学会估计,全世界每年召开的科学会议有1万个,这些会议有四分之三对提交的论文以书、报告、期刊的形式进行出版,形成会议文献。学术会议是发布新研究成果的重要场所,会议文献是及时全面地了解有关领域发展状况的重要渠道,是获取最新信息的重要来源,一直受到研究人员的高度重视。

(2)类型与特征

会议文献按其时间先后可分为会前、会期和会后文献。会前文献是指会议征文启事、会议通知、会议日程,会议前与会者提交的会议论文预印本。这类文献,大多不对外发行,没有正式出版物。会期文献主要是会议开幕词、有关讲话、报告、会议记录、会议决议、闭幕词、会议期间散发的资料。会后文献是指对会议交流论文及相关数据进行编辑加工后的正式出版物,常以专著或期刊特刊的形式出版,一般以会议录、汇编、论文集、报告、学术讨论报告、会议专刊等为名。我们所说的会议文献主要指会后文献。

会议文献主要有三个特征:

• 内容新颖。各学科的研究成果很大一部分是通过学术会议首次公之于世的,所以会议文献内容新颖,代表着本领域的最新水平,反映着本领域的最新动态。

• 内容专深。每个会议都围绕某个特定主题举行,与会者多是该领域专家或正在从事该项研究工作,所交流的论文集中反映了该主题最新学术水平和发展趋势。因此,会议文献比其他类型的信息源内容更专深。

• 时效性强。会议文献基本是在会议上首次公布的研究成果,一般比在期刊上发表的论文早半年至一年,通过会议文献,可以及时了解某一学科、某一专业领域的新成果、新动向和新发现。

8.2.2 国外会议论文数据库

8.2.2.1 ISI Proceedings 会议文献数据库(ISTP/ISSHP)

(1)概况

ISI Proceedings(ISTP/ISSHP)会议文献数据库由美国科学情报研究所(ISI)出版。它是科学与技术会议录索引(Science and Technology Proceedings,ISTP)和社会科学与人文科学会议录索引(Social Science and Humanities Proceedings,ISSHP)的网络版。

ISI Proceedings(ISTP/ISSHP)汇集了世界著名的会议、座谈、研究会和专题讨论会的会议录资料。目前约收录来自6万多个会议的450多万条记录,包括来自于740多个专题的会议摘要,资料回溯至1990年,并收录自1999年至今的文后参考文献,其中90%以上的记录都含有参考文献。每年增加约38万多条记录,其中65%来源于专门出版的会议录或丛书,其余来源于期刊、报告、学会协会或出版商的系列出版物以及预印本等,每周更新。

• 科学与技术会议录索引(ISTP):收录自1990年以来每年近12万多个国际科技学术会议所出版的共计190多万篇会议论文。涵盖学科包括农业科学、环境科学、生物化学与分子生物学、生物技术、医学、工程、计算机科学、数学、化学、物理等。

• 社会科学与人文科学会议录索引(ISSHP):收录自1990年以来每年近2800个国际学术会议所出版的20万篇会议论文。涵盖了社会科学、艺术和人文科学的所有领域,包括:心理学、社会学、公共健康、管理、经济学、艺术、历史、文学和哲学等。

(2)检索方式

ISI Proceedings(STP/SSHP)提供检索和高级检索。

检索方式有三组检索词输入框,列有字段和布尔逻辑下拉式菜单供选择字段及逻辑算符。在输入框中输入检索词、词组或检索式,选择字段和逻辑算符。可以增加检索词输入框。系统提供主题、题名、作者、团体作者、会议信息等检索字段。

高级检索方式可在文本框中直接输入检索式。利用检索字段代码、检索词和布尔算符等组配检索式。字段代码同科学网(ISI Web of Science)。检索界面右侧给出了字段代码表。

ISI Proceedings(ISTP/ISSHP)通过 Web of Knowledge 平台提供服务。其检索模式与 Web of Science 来源文献检索基本相同。

8.2.2.2 OCLC FirstSearch——国际学术会议论文索引(PapersFirst)、国际学术会议目录索引(Proceedings)

国际学术会议论文索引(PapersFirst)和国际学术会议目录索引(Proceedings)是 OCLC FirstSearch 联机信息检索服务系统中的2个国际会议论文数据库。进入 FirstSearch 首页,选择 PapersFirst 或 Proceedings,即可进行检索。数据库提供基本检索、高级检索和专家检索,检索方式与 OCLC FirstSearch——世界联合书目数据库(WorldCat)相同。

(1)国际学术会议论文索引(PapersFirst)

PapersFirst 收录了在世界各地的学术会议(包括代表大会、专题讨论会、联合会、博览会、座谈会以及其他会议)上发表的论文的题录。覆盖了自1993年以来英国图书馆文献提供中心(The British Library Document Supply Center,BLDSC)收到的已出版的论文。目前有540多万条记录,可通过馆际互借获取全文,每两周更新一次。

PapersFirst 提供20个检索字段:题名、题名词组、关键词、登入号码、著者、著者词组、书目层次位置、会议日期、会议地址、会议名称、会议名称词组、会议赞助者、会议赞助者词组、期刊刊名、期刊刊名词组、出版社、出版日期、数据来源编辑、数据来源编辑词组、标准号码。

(2)国际学术会议目录索引(Proceedings)

Proceedings 是 PapersFirst 的关联库,收录 1993 年以来世界范围内的会议目录。目前包括 15.8 万多条记录,每周更新 2 次。Proceedings 提供 19 个检索字段:关键词、叙词、登入号码、书目层次位置、会议日期、会议地址、会议名称、会议赞助者、会议赞助者的词组、期刊刊名、期刊刊名词组、归类、归类词组、注释、出版日期、出版社、数据来源编辑、数据来源编辑词组、标准号码。

8.2.2.3 其他专业性会议录数据库

• 美国电气电子工程师学会/英国工程技术学会会议录(IEEE/IET Electronic Library, IEL)。提供 IEEE/IET1988 年至今出版的会议录全文。

• 美国计算机协会会议录(Association for Computing Machinery, ACM)。收录美国计算机协会的会议录全文。

• 美国物理研究所会议录(AIP Conference Proceedings)。报道了 1975 年以来美国物理研究所的会议论文。

• 美国工程师教育学会会议录数据库(ASEE Conference Proceedings)。报道了美国工程师教育学会 1996 至今的会议文献。

• 美国材料研究学会会议录(MRS Online Proceedings)。收录美国材料研究学会自 1998 年以来的会议全文。

• 国际光学工程学会会议录(SPIE Digital Library)。收录了国际光学工程学会 1990 年至今的会议录全文。

• 美国航空航天学会会议录(AIAA)。报道了美国航空航天学会的会议论文的题录信息。中国科学院国家科学图书馆 AIAA 数据库收录 AIAA1963 年至今的会议文献 8 万多篇。北京航空航天大学数字图书馆的 AIAA PAPER 全文数据库提供近 5 万篇 AIAA 会议报告全文。

• 美国土木工程师学会会议录(ASCE Proceedings)。提供美国土木工程师学会 2001 年以来出版的会议录全文。

8.2.3 国内会议论文数据库

(1)CNKI——中国重要会议论文全文数据库

"中国重要会议论文全文数据库"是 CNKI 系列数据库的子库。截至 2008 年 5 月共收录我国 1176 个二级以上学会、协会、研究会主办的 8685 个重要学术会议和在国内召开的国际会议。累积会议论文全文文献 81.8 万多篇,年增加约 10 万篇。按学科分为 8 个专业文献总库,168 个专题数据库。

数据库提供初级检索、高级检索、专业检索和主办单位导航,有 25 个检索字段:主题、题名、关键词、摘要、论文作者、第一责任人、作者机构、会议名称、会议录名称、参考文献、全文、年、基金、中图分类号、主办单位、学会、主编、编者、出版单位、会议地点、ISSN、统一书刊号、ISBN、网络出版投稿时间、网络出版投稿人。

该数据库检索模式同"中国期刊全文数据库"。

(2)NSTL——会议论文数据库

国家科技图书文献中心(NSTL)——会议论文数据库包括中文会议论文库和外文会议论文库。提供普通检索、高级检索和分类检索。检索字段有:标题、关键词、分类号、作者、会议录名/文集名、ISSN 号、出版年、会议年。其中中文会议论文库收录 1985 年以来我国国家级学会、协会、研究会以及各省、部委等组织召开的全国性学术会议论文,收录重点为自然科学各专业领域,每年涉及600余个重要的学术会议,现有数据86.6万多条,年增加4万余条。外文会议论文库主要收录了1985年以来世界各主要学/协会、出版机构出版的学术会议论文,部分文献有少量回溯。学科范围涉及工程技术和自然科学各专业领域。现有391.8万多条记录,每年增加约20余万条。

(3)万方——中国学术会议论文全文数据库

"中国会议论文全文数据库"是"万方数据资源系统"系列数据库之一。收录1998年至今的国家一级学会在国内组织召开的全国性学术会议近7000个,现有64.1万多篇。检索字段包括:论文标题、作者、会议名称、主办单位、会议时间、会议地点、母体文献、出版时间、分类号、关键词、摘要、记录ID。该数据库的检索方式与万方"数字化期刊全文数据库"相同。

8.3 检索报纸文章

检索报纸文章主要使用报纸全文数据库。一般通过以下2种途径:其一,群报全文数据库,即收录多种报纸的数据库,如中国重要报纸全文数据库;其二,报纸网站,即报纸网站提供的数据库,如人民日报图文数据库。本节主要介绍国内外几种常用的群报全文数据库及重要的报纸网站。

各数据库的相关内容和检索界面见光盘:20.国内外报纸数据库。

8.3.1 报纸概述

(1)含义

报纸是以新闻报道为主要内容,定期连续发行的出版物。报纸和期刊一样,如有固定的名称,定期且连续出版,每期汇集许多文章、报道、数据、消息,有常设的编辑机构。通常以单张散页印刷,不装订,没有封面。

公元前200年前后,我国封建王朝开始用各种传播媒介公布政令、发布文告。公元前59年,罗马议事厅外逐日公布元老院议事情况,后人称之为"每日纪闻"。这些都可看作报纸的雏形。我国最早的原始状态的报纸始于唐宋的官报,称呼有"进奏院状报"、"报状"、"朝报"等,统称为"邸报"。到了清代,政府允许民间报房翻印邸报稿件公开出售,这就产生了京报。最早的定期印刷报纸,是1566年在意大利单张印刷出版的《威尼斯公报》。在西方,1609年德国出现的《报导新闻报》以及随后出现的《政府报》、《法兰克福报》等是西方近代较早的报纸。最早的中文报纸是香港出版的《孖剌报》的中文版《中外新闻》,创办于1858年。

随着现代社会生活的发展和信息需求的多样化,报纸的数量和类型不断增多。除了以传播新闻和评论为主的报纸外,还出现了以传播知识,提供娱乐消遣或以生活服务为主要内容的报纸。同电子图书、电子期刊同步,报纸的数字化——"电子报纸"E-paper也发展迅速。在我国自1995年《中国贸易报》率先在网上开办电子版以来,许多报纸纷纷上网,并将网络版扩展成网站,如《人民日报》网络版改为"人民网"、《光明日报》网站改为"光明网"等。

(2)类型与特征

报纸按出版频率分,有日报、双日报、三日报、周报、旬报、月报等;按内容可分为时事政治类、科学与技术类、商业类、文化教育类等;从刊载范围看,分综合性和专业性两类。

报纸主要有三个特征：

• 与其他信息类型相比，报纸出版周期最短，信息传递迅速，时效性最强。

• 信息量大，内容丰富，具有广泛的使用价值。

• 出版量大，读者面广。

• 受版面限制，信息内容的系统性、完整性和深度不如图书、期刊等其他文献类型。

8.3.2 国外报纸数据库

8.3.2.1 PressDisplay 报纸全文数据库

(1)概述

PressDisplay 报纸全文数据库由荷兰 Swets(Swets Information Services)公司推出。现收录来自全世界 77 个国家 37 种语言的 598 种世界知名报纸。基本保持印本报纸原始版面，包括全文和图片，回溯 60 天内的报纸信息。可支持多种比例的放大浏览，提供中文、英语、俄语、德语、日语、韩语、阿拉伯语、西班牙语、法语、波兰语、葡萄牙语等 11 种语言的翻译，并具有标准语音播放功能。每日更新。

(2)检索方式

系统提供简单检索、高级检索和报纸浏览检索。

1)简单检索。在界面上方检索输入框检索词，在日期下拉菜单中选择时间(今天、近三天、这周、这月、任何时间)，即可检索。

2)高级检索。提供多项检索限制条件，主要有：

• 检索结果限制(Find results)。点击"Advanced Query"，弹出检索条件框，可供选择的条件有：包含全部的字词、包含精确的短语、包含至少一个字词、不包含的字词。在相应的文本栏中输入检索词，点击"OK"，将该词添加至检索输入框。

• 选择报纸(In newspapers)：点击"Select"，弹出按国家排列的报纸列表框，在复选框中勾选，可以多选，点击"OK"，所选报纸添加至检索输入框。点击报纸名前的删除按钮，可清除选择。

• 选择语言(Language)：点击"Select"，弹出 37 种语言列表框，在复选框中勾选语种，点击"OK"，所选语种添加至检索输入框。

• 检索范围限制(Results located)。可选择在标题(headline)中或在正文(body of the article)中进行检索。

3)报纸浏览检索。提供 3 种浏览方式：按国家(by country)、按语种(by language)、按报纸名称字母顺序(alphabetically)。报纸名前有红色箭头标记的提供语言翻译功能。点击某报纸名称，进入该报纸浏览接口，显示其标题原版(头版)及全部版号目录，右栏顺序显示报纸的全部图形原始版面，点击版号目录链接或图形版面，可以浏览阅读该版面内容。

(3)检索结果的显示、阅读与处理

• 检索结果概览页列表包括题名、摘要(取自文章第一自然段)、报纸名称、出版时间及版号信息。上方显示"文章等级"(Article rank)标志，根据此标志的长短，可实时反映某篇文章被关注的程度。

• 点击文章题名，进入细览界面，右上栏为文章题录信息，左栏显示该报纸全部版次，右下栏是相关文章列表。点击"See page"链接，进入该篇文章原版页。

• 有红色箭头标记的报纸提供语言的翻译、朗读功能。将鼠标放到原版页的一篇文章上，即可出现语音播放图标，提供该篇文章的标准语音播放。在“table of contents”下选取一篇文章，即显示该文章的本文格式，在“translate”下选取翻译的语言，实现该语言的翻译。点击语音播放按钮，实现该文章的标准语音播放。

• 在原版或在本文模式下，选取打印图标，打印所需要的文章；点击电子邮件图标实现邮件发送，也可将纯文本内容复制或粘贴到电子邮件文本中。

8.3.2.2 EBSCO——报纸全文数据库（Newspaper Source）

EBSCO——报纸全文数据库（Newspaper Source）是 EBSCO 系列数据库之一。提供 28 种美国和国际报纸的精选全文，收录 260 种美国地方报纸的部分全文，同时收录哥伦比亚广播公司新闻（CBS News）、美国有线新闻国内频道（CNN）、美国有线新闻国际频道（CNN International）、福克斯新闻（FOX News）、美国国家公共广播（NPR）等电视和广播的新闻稿。数据库每日更新。

在 EBSCO 数据库选择页点击“Newspaper Source”链接，进入其检索界面。数据库提供基本检索（Basic Search）、高级检索（Advanced Search－Guided）、视觉搜索（Visual Search）三种方式，在基本检索和高级检索方式下，提供关键词（Keyword）和出版物（Publications）检索功能。其检索模式和检索方式与学术期刊集成全文数据库（ASP）一致。

8.3.3 国内报纸全文数据库

8.3.3.1 CNKI——中国重要报纸全文数据库

“中国重要报纸全文数据库”是 CNKI 系列数据库的子库。收录 2000 年以来中国国内公开发行的重要报纸刊载的学术性、资料性文献。至 2008 年 5 月，共收录报纸 1000 种，累积报纸全文文献 845.6 万多篇，日更新近 5000 篇。数据库分为 10 大专辑：理工 A、理工 B、理工 C、农业、医药卫生、文史哲、政治军事与法律、教育与社会科学综合、电子技术与信息科学、经济与管理。

数据库具有初级检索、高级检索、专业检索和报纸导航功能。提供 11 个检索字段：主题、标题、作者、第一作者、关键词、全文、报纸名称、日期、版号、栏目、统一刊号。报纸导航按出版级别列出地方级报纸导航和中央级报纸导航。点击某一报纸名称，显示该报纸收录的所有文章列表，可通过主题、标题、作者、第一作者、关键词、全文等途径检索该报纸内容。

该数据库检索模式与“中国期刊全文数据库”相同。

8.3.3.2 Apabi（阿帕比）——中国报纸资源全文数据库

“中国报纸资源全文数据库”由北京方正阿帕比技术（Apabi）有限公司联合全国各大报社开发的以中国报纸资源为主体的全文数据库系统。至 2008 年 4 月已经获得报纸授权合作近 500 种，每月新上架 25—30 种，每年新增报纸超过 300 种，覆盖了 60% 以上的报业集团报纸和省级以上各类报纸。数据库提供搜索（首页）、高级检索和报纸导航等检索方式。

• 高级检索。分为“搜索文章”和“搜索报纸”。“搜索文章”可以对时间范围和文章分类进行限定，检索途径包括标题、引题、副题、内容、体裁、作者、来源、主题关键词、主栏目名、版次。“搜索报纸”提供报纸名称、出版地、国内统一刊号、发行范围等检索途径。

• 报纸导航。提供按地区、按分类、按字母 3 种方式。其中分类导航按照国家标准《中文新闻信息分类法》分为综合新闻类、行业专业类、生活服务类、读者对象类、文摘类、期刊类和其他类。

所有收录报纸均提供在线原始版面,可以通过版面图定位并点击进入相关文章,也可以通过 Apabi Reader 将版面下载到本地,实现原版原式的报纸翻阅和原版打印。

8.3.3.3 INFOBANK——中国经济新闻库

“中国经济新闻库”是中国资讯行(INFOBANK)——高校财经数据库系统的子库。中国资讯行(INFOBANK)是一家专门收集、处理及传播中国商业、经济信息的香港高科技企业,1995 年在香港成立。高校财经数据库系统包括中国经济新闻库、中国统计数据库、中国商业报告库、中国法律法规库、中国上市公司文献库、中国企业产品库等 12 个专业数据库。

“中国经济新闻库”收录国内 1000 多种报纸中的商业财经信息,同时收录中央电视台、中央人民广播电台、中新社、中国银行、中国纺织经济信息网、农业部信息中心、北京商业信息网、中国物资信息中心等 20 余家新闻媒体的专业信息。内容涉及 19 个领域 198 个行业。

数据库提供简易检索和专业检索两种方式。简易检索可直接输入检索词在标题和正文中进行查询。专业检索增加了行业选择、地区选择、数据来源选择、检索范围(全部、标题、副标题、正文)等检索条件,可在其输入框的下拉式列表中选择。

检索结果概览页列表显示命中文献的序号、日期、题名和来源。点击文章篇名,显示其正文信息,包括:行业分类、地区分类、时间分类、文献出处、标题和正文。

8.3.3.4 中国财经资讯数据库——财经报纸数据库

“中国财经信息数据库”由深圳巨灵信息技术有限公司开发,是以收录财经类报刊为主的数据库检索系统。截至 2008 年,收录国内有影响的财经类报纸和期刊 130 种,其中报纸 54 种。数据库提供简单检索、高级检索和报刊浏览方式。

• 高级检索:包括全文检索和主题词检索。

全文检索提供关键词、作者、报刊种类、时间段之间的组合检索。在关键词输入框输入检索词(任意词),或由 and 、or 、not 链接的检索式。可从界面右栏的检索词表和报刊列表中选择关键词和报刊名加进输入框中。

主题词检索即利用系统提供的主题词表(标引词表)进行检索。数据库提供 4 类主题词表:分类词表、人物词表、机构词表、证券品种词表。选择主题词表,点击列表中条目添加进输入框中。

• 报刊浏览。选择报纸类别和报纸名称,点击某报纸名,显示该报所有文章,并提供历史阅读、分类阅读和版次阅读功能。

• 分类信息。提供证券期货类、金融保险类、财务会计类、行业经济类、国民经济类、高校学报类、港台境外类、法律法规类 8 个类目的分类浏览。

8.3.3.5 人民数据库——人民日报图文数据库

人民数据库由人民日报网络中心、人民网、金报电子出版中心联合研制的党政时政数据平台。人民日报图文数据库是其经典栏目。收录了《人民日报》创刊(1946 年)至今的全部图文报道内容(含报纸图形版)。每周更新。

数据库提供组合检索/全文检索日期、日期版面检索和日期导航检索方式。

• 日期导航检索。可利用导航结构按出版日期进行查询。

• 日期版面检索。选择年、月、版次,下方的日历会根据所选择的年、月自动显示出相对应的具体日期,点击所需要的日期即可。

• 组合检索。组合检索列出的组合条件有:日期选择、版次、作者、标题、正文。组合检索各检索条件不支持多词检索,若要对多个词(字)进行检索,可使用全文检索。

• 全文检索。检索范围是数据库中所有文章的正文、标题(肩标题、副标题)作者,多个检索词可用 *(与)和空格(或)连接。

全文为纯文本格式,可进行复制、下载和打印。

8.3.3.6 金报兴图——经济日报、参考消息全文数据库

经济日报、参考消息全文数据库由北京金报兴图公司制作。

"经济日报全文数据库"收录《经济日报》1983 年 1 月 1 日创刊至 2006 年 9 月 30 日全部报纸的原版、文字、图片、表格、广告信息,包括分类检索和专题检索,提供高级检索、日期检索、版栏检索、作者检索、日期检索等功能。

"参考消息全文数据库"收录《参考消息》1957 年至 2006 年 12 月 31 日的全部文字、图表和版面信息。提供简单检索、高级检索、全库浏览、日期检索、版面浏览、特色检索等功能。

8.3.3.7 人民网报刊搜索

人民网是世界十大报纸之一 ——《人民日报》建设的以新闻为主的大型网上信息发布平台,是国家重点新闻网站。其前身为人民日报网络版。采用中文(简体、繁体)、英文、日文、法文、西班牙文、俄文、阿拉伯文等语言发布信息,在日本以及中国教育网、中国科技网设有镜像站。人民网现包括 13 种报纸:《人民日报》、《人民日报海外版》、《华东新闻》、《华南新闻》、《环球时报》、《京华时报》、《江南时报》、《国际金融报》、《市场报》、《生命时报》、《中国汽车报》、《健康时报》、《讽刺与幽默》。此外还包括《新闻战线》、《大地》、《环球人物》、《人民论坛》、《人民文摘》、《中国经济周刊》等杂志。

人民网报刊搜索可单报检索,也可选择多种报刊检索。显示的字段可以选择标题、摘要、日期、频道、文章大小、作者、网址。其高级搜索可限定检索词在检索结果中出现的形式。检索结果显示各报纸命中记录数,可在全文和标题中再次检索。

第9章　术语信息检索

本章主要介绍常用的检索古今文字、语词、学科术语的印刷型辞书、百科全书以及数据库的基本概况和使用方法。

有关具体内容、图片及检索界面参见光盘:21. 检索术语信息的工具书;22. 检索术语信息的数据库。

9.1　术语型检索工具概述

检索术语信息主要使用术语型检索工具。

术语型检索工具是专门用于揭示字词的形、音、义和使用方法,以及学科名词术语的含义、演变和发展的检索工具。各种字典、词典,各类专科辞典以及百科全书是术语型检索工具家族中的主要成员。

依据载体的不同,术语型检索工具包括印刷型术语类工具书和术语型数据库两类。印刷型术语检索工具即书本式的辞书和百科全书,如《汉语大字典》、《中国大百科全书》等(参见第3章3.3.5辞书、3.3.6百科全书);术语型数据库是书本式辞书、百科全书的光盘版或网络版。依据存储内容的不同,术语型数据库可以分为辞书型数据库和百科全书型数据库(参见第4章信息检索系统:数据库4.3.2术语型数据库)。

9.2　检索古今文字、语词

9.2.1　检索古今文字:字典

9.2.1.1 《汉语大字典》

查古今文字及其形体演变,主要利用古今文字皆收的大型综合性字典——《汉语大字典》。

(1)概况

《汉语大字典》由徐中舒主编,于省吾、王力、吕叔湘等17位国内语言文字学专家任学术顾问,400多名专家、学者和教师参加编纂。全书收录单字54 678个,共分8卷,每卷约200万字,总计约1500万字,是我国到目前为止收汉字最多、单字注音释义最全的一部巨型字典,所有古今文献中出现的汉字,几乎都可在书中查到。《汉语大字典》是我国辞书编纂史上的里程碑,与《汉语大词典》一起被誉为汉语语文辞典“双璧”。《汉语大字典》同传统字典相比,有三个优点:

- 在字形方面,每单字条目下收列了能反映形体演变的有代表性的古文字形体,如甲骨文、金文、小篆、隶书形体,并简要说明其结构的演变。所收入的每一个形体都以可靠的实物或拓片为依据。
- 在注音方面,除对所收单字都注有现代读音外,并且兼收了中古的反切(主要根据《广韵》和《集韵》)，标注了上古的韵部。

• 在字义方面，不仅注重收列常用字的常用义，而且注意考释常用字的生僻义，亦注意考释生僻字，还适当地收录了复音词中的词素义。释义准确，义项齐备，例证丰富典范。

(2)《汉语大字典》的编排

该字典按部首编排，以传统的214部为基础，酌情删并为200部。1—7卷为正文，每册前有"总部首目录"、"部首排检法说明"、"新旧字形对照举例"，各卷有"部首目录"和"检字表"。第8卷是索引，由四部分组成：①附录(包括上古音字表、中古音字表、通假字表等10个附表)；②分卷部首表；③笔画检字表；④补遗。排版上采用繁简体混排的方式，释文和现代例证用简化字，其余全部用繁体字。

(3)版本

目前《汉语大字典》版本达8种之多，各版本之间开本、卷数、规模、字数等都存在差异。主要分两种情况：

• 内容没有改变的版本。包括3卷本(最早问世的版本，是正本、母本，内容上最为完整、齐备)、缩印本(1992年出版)、原本的3卷本(1995年出版)及4卷本(2000年出版)。它们在内容上完全一致，唯装订形式有所不同。

• 内容有所改变和调整的版本。包括简编本(1996年)、袖珍本(1999年)和普及本(2003年)。

9.2.1.2 检索古代汉语字：《康熙字典》及其他

(1)概况

《康熙字典》是中国清代官修字书，是我国第一部以字典命名的工具书。由张玉书、陈廷敬等30人奉康熙皇帝之命，在明代梅膺祚《字汇》和张自烈《正字通》两书的基础上加以增补修订而成。编撰工作始于康熙四十九年(1711)，成书于康熙五十五年(1716)，历时六年，因编纂、刊行于康熙年间，因此书名叫《康熙字典》。它是古代收字最多的一部字典，共收字47 035个。因其皇帝钦命编纂，在刊行后的200多年中，影响很大，流传极广，它的文字、音义、书证被广泛引用，其体例也成了后世出版字书的蓝本。

《康熙字典》的错误和缺点也不少，清人王引之曾撰《字典考证》一书加以纠正，举出其中错误2588条。日本人渡部温著有《康熙字典考异正误》，查出错误达11 700多条，且很多条与王引之的《考证》并不重。尽管如此，《康熙字典》仍具有重要参考价值。

(2)编排

《康熙字典》字典采用部首分类法，按笔画排列单字。全书分为十二卷，从子集到亥集，以十二地支顺序标识，每集又分上、中、下三卷，并按韵母、声调以及音节分类排列韵母表及其对应汉字。书首列"字母切韵要法"和"等韵切音指南"，又有"检字"和"辨似"。"检字"为检查疑难字而设，"辨似"是辨别笔画近似的字。书中每字下详列《广韵》、《集韵》、《古今韵会》等书的反切，并加注直音。字义之下都引经、史、子、集文句为证，并举出篇名。对音义有疑的都加按辨析。书后有"补遗"一卷，收冷僻字；"备考"一卷，收不通用的字。

(3)版本。《康熙字典》自问世以来，版本众多，据不完全统计有100多种，主要有康熙五十五年(1716)武英殿本(四十二卷)，是最流行的本子，后世之本皆出于此；道光十一年(1831)武英殿本，王引之校改本；中华书局1958、1980、1997年据康熙五十五年(1716)武英殿本和王引之《字典考证》影印本；上海古籍出版社1996年据道光殿本影印本；《康熙字典(新修)，上海书店 1988;《〈康熙字典〉通解》,时代文艺出版社 1997;《康熙字典》(新版横排标点注音简化字本),北京师范大学出版社 1997;《康熙字典》(标点整理本),汉语大词典出版社 2002 年、2005 年;《康熙字典》(修订版),社会科学文献出版社 2008 年等。

(4)其他

近些年来出版的查找古代汉语字的字典主要有:

●《王力古汉语字典》,王力主编,中华书局 2000 年版。全书收字 1 万多个,以繁体字排版。

●《古汉语常用字字典(第 4 版)》,王力等原编,蒋绍愚等增订,商务印书馆 2005 年版。共收古汉语常用字 6400 余个(不包括异体字)。

●《古代汉语字典》(彩色版 · 大字本),《古代汉语字典》编纂委员会编,商务印书馆国际有限公司 2007 年版。收录中国古籍中的通用汉字 17 000 余个,包括了古汉语中的所有常用字及部分难字和异体字。

●《新编古汉语常用字字典》,任超奇主编,崇文书局 2006 年版。收录古汉语常用字近 8600 个。不收古今意义相同而现代汉语中不常用的字、古书中很少出现的生僻字。

●《古汉语常用字字典》(第二版),《古汉语常用字字典》编写组编,四川大学出版社 2004 年版。共收古汉语常用字 4317 个(不含异体字),兼收古汉语常用复音词及词组近 10 000 个。

●《古汉语常用字字典》(最新版),韩志用主编,《古汉语常用字字典》编写组编,中国大百科全书出版社 2006 年版。收单字 5000 余个,词条 6000 余条。

9.2.1.3　现代汉语字

●《现代汉语通用字数码字典》,何光才著,云南人民出版社 2006 年版。该字典收录 7000 个国家公布的现代汉语通用字。按笔顺编码,将用于检字的笔形精确为"点、横、竖、撇、折、捺、提"7 种,分别用"1、2、3、4、5、6、7"做代码,从汉字"基本笔形、笔顺笔画、部件笔画、角位、加总笔画"五个方面对汉字进行编码,通过数码排检直接查找汉字。该字典是我国第一部查字快捷的数码字典。

●《现代汉语字典》,《现代汉语字典》编委会编,商务印书馆国际有限公司 2004 年版。收录《现代汉语通用字表》中的 7000 个通用字及一些常见字、繁体和异体字共 12 200 个,运用汉语拼音进行注音,提供释义以及例句。

●《倒序现代汉语字典》,梁兴哲编,商务印书馆国际有限公司 2002 年出版。该书采用倒序方法,对我国常用的 7000 多个汉字按音序进行重新排列与组合。倒序法比常规的正序法减少了检索所需字母,提高了检索速度。

9.2.2　检索古今语词:词典

9.2.2.1　综合性词典:《汉语大词典》及其他

查古今语词,主要利用古今词语皆收的大型综合性词典——《汉语大词典》。

(1)概况

《汉语大词典》由罗竹凤主编,汉语大词典编辑委员会汉语大词典编纂处编纂,吕叔湘任首席学术顾问,王力、叶圣陶等 13 位国内一流语言学专家和知名学者任学术顾问,编纂始于 1975 年,山东、江苏、安徽、浙江、福建、上海五省一市的 1000 多名专家学者参与编写。汉语大词典出版社 1986—1993 年出版,全书正文 12 卷,另有附录/索引一卷。2001 年重印。该词典的编辑方针是“古今兼收,源流并重”,集古汉语和现代汉语词汇之大成,是一部反映汉语全貌的大型综合性汉语词典。

(2)编排

全书正文共收词目约37.5万条,其中单字字头2.27万,约5000万字,并配有插图2000余幅。收词范围包括古今词语、熟语、成语、典故及比较常见的百科词语等。单字采用部首法编排,同《汉语大字典》一样,以传统214部为基础,酌情删并为200部。以繁体字立目,简化字括注于后。多字条目按“以字带词”的原则列于单字条目之下。单字下用汉语拼音标注现代音,并用韵书、字书反切标注中古、近古音。每个义项一般精选3—4条书证,全面反映语词的历史源流演变。书证涉及经部史部、诸子百家、古今文人别集、戏曲小说、笔记杂著、宗教经典、科技著作、学术专著、近现代报章杂志乃至方志、碑刻、出土资料等。所引书证,均注明时代、作者、书名、篇名或卷次章节,并按时代先后顺序排列。各卷卷首有“部首总表”、“《广韵》韵目表”、“《广韵》四十一声类表”、“新旧字形对照举例”、“繁简字对照表”等。第13册为“附录·索引”,索引包括单字笔画索引和单字拼音索引。

《汉语大字典》原书所拼音附索引仅是单字,没有复词。2003年,汉语大词典出版社出版了《汉语大词典词目音序索引》(梅维恒主编,汉语大词典编纂处编)。该书是《汉语大词典》12卷正文复词条目按拼音顺序排列的索引,可依据汉语拼音查检到《汉语大词典》提供的每个复词条目。

(3)版本

《汉语大词典》包括以下几种:

• 缩印本。《汉语大词典(缩印本)》,全3册,1997年出版。

• 简编本。《汉语大词典(简编)》,1998年出版。是《汉语大词典》小型修订本和精品本,在立目、释义、举证等方面都是从《汉语大词典》中精选后改编的。收词20余万条、收释单字2万余个,总字数1500万字,上下两卷。

• 普及本。《汉语大词典(普及本)》,2000年出版,在原《汉语大词典》的基础上重新改编加工而成。收单字2万余个,复词熟语20余万条。

(4)其他

•《中国语言文字大词典》,中国大百科全书出版社和香港中华辞书出版社2007—2008年出版。全书共分7卷:语言文字学卷、现代汉语卷、古代汉语卷、汉语成语卷、汉语俗语卷、汉语方言卷和少数民族语言文字卷。总字数约2800万字,综合收录了《康熙字典》中至今仍有“生命力”的所有汉字和《规范汉字表》中的全部汉字,同时还适量收录了港澳台地区的常用字词。

•《中文大辞典》,林尹,高明主纂,中文大辞典编纂委员会编纂,台湾中国文化研究所1962—1968年出版。全书40册,其中前38册为正文,第39册是部首总索引,第40册为笔画总索引。共收单字49 905个,词语371 231条。该辞典是当时兼收单字和复词最多的中文辞典,也是台湾省所出的最重要的一部大型综合性辞书。后该词典多次出修订版.普及本,全10册。1982年中国文化研究所影印40册。

9.2.2.2　古代汉语词:《辞源》及其他

(1)《辞源》

查古代汉语词汇的重要词典是《辞源》。该词典由陆尔奎等主编,1915年商务印书馆初版,后多次修订影印。该书以语词为主,兼收百科,新旧并容,重在溯源。共收单字 13 000 多个,词目 10 万余条。1958 年重新修订,删去原书中的百科词语,收词下限止于鸦片战争(1840年),专收古代汉语词汇和成语,以及关于文史学科的条目,成为一部最大的阅读古典文献和研究文史用的古汉语辞书。

《辞源(修订本)》由广东、广西、湖南、河南辞源修订组修订,商务印书馆编辑部编,1979—1983、2001 年商务印书馆出版。全书四册,收单字 12 890 个,复词 84 134 条,共 97 024 条。商务印书馆 1991 年出版了《辞源修订本索引(四卷本·四角号码)》,专供查阅《辞源(修订本)》单字的四角号码。1988 年出版了《辞源》缩印合订本。

(2)《古代汉语大词典》(新一版)

徐复等编写,上海辞书出版社 2007 年版。该词典是在《辞海·词语分册》基础上改编成的。改编本剔除所有现代汉语词汇和现代书证;纠正原书中字形、音注、释义、例证等各方面的讹误;删汰生僻而无检索价值的字词,增补古籍中常见而有用的典故和词汇。所收词目,包括单字、一般语词(复词、词组、成语)和古籍中常见的专科词语(天文、地理、方术、佛道、动植物、古器物、古建筑物名称,以及有关古代典章制度、风俗习惯等方面的词语),共约 62 000 条。

9.2.2.3　古汉语虚词、联绵词

(1)古汉语虚词

•《词诠》,杨树达著,商务印书馆 1928 年初版,1931 年重印,之后多次重印。现有中华书局 1965、1991、2004 年重印本,上海古籍出版社 1986、2006 年重印本。《词诠》是一部解释古汉语虚词的工具书。收古书中常用的介词、连词、助词、叹词和一部分代名词、内动词、副词,共 470 个(同词异形的合在一条)。

•《古代汉语虚词词典》,何乐士编,语文出版社 2006 版。收录单音虚词 382 个,固定格式、惯用词组和复音虚词 1100 个。

•《古代汉语虚词词典》中国社会科学院语言研究所古代汉语研究室编,商务印书馆 2004 年。收单音虚词 762,复合虚词 491,惯用词组 289,固定格式 313,共计 1855 条。

(2)古汉语联绵词

联绵词是指由多个单字联缀成义而不能分割的双音词,又称联绵字。可供使用的工具书有两部:《辞通》和《联绵字典》。

•《辞通》,朱起凤编,上海开明书店 1934 年初版,上海古籍出版社 1982、1991 年重印。这是一部专门解释古汉语中双音词通假现象的辞书,收词近 4 万条。

•《联绵字典》,符定一编,1943 年出版(10 册),中华书局 1954、1983 年重印(4 册)。该书名为"字典",实际上是一部专收双音词的辞典。全书汇集六朝以前中国古籍文献中的联绵词和汉以来有关注释。

9.2.2.4　现代汉语词:《现代汉语词典》、《辞海》、《大辞海》及其他

(1)《现代汉语词典》

该词典是我国第一部规范型现代汉语词典。中国社会科学院语言研究所词典编辑室编,吕叔湘和丁声树先后主持编辑工作,商务印书馆出版。1978 年正式出版,2005 年出版第 5 版修订本。全书收字、词、词组、成语和其他熟语 65 000 余条,围涉及语文、政治、社会生活、科学技术等诸方面。基本上反映了目前现代汉语词汇的面貌。

(2)《辞海》

《辞海》是以字带词，兼有字典、语文词典和百科词典功能的大型综合性辞典。最初由舒新城等编，1936 年中华书局初版（2 册），后多次修订。现有 1979 年、1989 年和 1999 年修订本。1999 年版《辞海》由夏征农主编，上海辞书出版社出版。全书分为 4 卷，另加附录、索引 1 卷。共收单字字头 17 523 个，附繁体字和异体字 6129 个。字头及其下所列词目，包括普通词语和百科词语，共 105 400 余条。同时收入图照 16 000 余幅，其中地图 380 幅。与此同时，上海辞书出版社出版了 1999 年版《辞海》的普及本 3 册（1999 年），缩印本 1 册（2000，2003 年重印），普及本（音序）4 册（2004 年），彩图珍藏本 9 册（1999，2000 重印）。《辞海》10 年修订一次，2009 版《辞海》编辑工作正在进行。

(3)《大辞海》

《大辞海》是我国第一部特大型综合性辞典。其编纂以《辞海》为基础，继承《辞海》的优点并加以拓展，以增收《辞海》尚未涉及的新领域和各学科的新词新义为重点，适当补缺漏。《大辞海》全书收词约 25 万条，共约 5000 万字，按学科分类编纂，分 38 卷出版。除"语词卷"外，百科部分分为 37 卷，各卷正文前有目录、分类词目表，书末附词目笔画索引。《大辞海》由夏征农任主编，分科主编近 170 人。2003 年起由上海辞书出版社陆续出版，计划到 2010 年全部出版。现已出版：哲学卷、法学卷、医药科学卷、语言学卷中国古代史卷、中国文学卷、数学·物理学·化学·力学卷、天文学·地球科学卷、环境科学卷、军事卷等。

(4)其他

近年出版的查现代汉语词的工具书还有：

•《中华现代汉语词典》，刘家丰主编，中国语言文字系列辞书编委会、《中华现代汉语词典》编委会编，中国大百科全书出版社 2007 版。

•《新编现代汉语词典（最新版）》，任超奇主编，崇文书局 2006 版，共收录包括字、词、短语、成语、熟语共 30 000 条，单字字头 8000 余个。

•《新编现代汉语词典》，刘建卫主编，山西人民出版社 2003 年版，共收录汉字 8000 余个，新词新语近 60 000 条。

•《新编现代汉语词典（21 世纪推荐版）》，罗琦、周丽萍主编，吉林大学出版社、吉林音像出版社 2003 版，收录了汉字、词组、成语、短语等共计 60 000 余条。

9.2.2.5　方言、成语、典故

近年出版的查方言、成语、典故的工具书主要有：

(1)方言

•《现代汉语方言大词典》（分卷本），李荣主编，江苏教育出版社 1993—1999 年出版。该书是全国高等院校和科研机构的 60 多位专家学者参加，在全国 41 个方言点组织编写的方言大词典，全面记录了中国 20 世纪汉语方言的风貌。《现代汉语方言大词典》分卷本由 41 部分地词典构成。每部词典收词约 8000 条左右，全书收词总数约 32 万条，每一条目词都包括字形、注音、释义三个部分。

•《现代汉语方言大词典（综合本）》，李荣主编，江苏教育出版社 2002 年版。该书是在《现代汉语方言大词典（分卷本）》的基础上编纂而成的综合本，全 6 册。

(2)成语

•《中国成语大辞典》（辞海版，新 1 版），王涛，阮智富，赵克勤等撰稿，上海辞书出版社，2007 年版。收见于历代文献的成语约 18 000 条。

●《汉语成语词典》(最新版),伍宗文等编写,四川辞书出版社 2007 版。共收成语 1.4 万条。

●《中华成语大词典》(最新版),任超奇主编,崇文书局 2006 年版,收录成语及典雅的俗语 13 000 余条。

●《成语词典》,傅玉芳,郭玲主编,上海大学出版社 2006 年版,收录古今常用成语 8000 余条。

●《中华成语词典》,《中华成语词典》编委会编,商务印书馆国际有限公司 2006 年版,共收成语 8000 余条。

●《汉语成语词典》(世纪版),《汉语成语词典》编写组编,内蒙古大学出版社 2005 年版,共收成语 15 000 余条。

●《汉语成语词典》(世纪版),何伟渔,包南麟主编,上海教育出版社 2004 年版,共收成语 8159 条。

●《现代汉语成语规范词典》(修订本),李行健主编,长春出版社 2003 年版。共收常用成语 5000 条。

●《新华成语词典》,商务印书馆辞书研究中心编,商务印书馆 2002 年出版。收词 8000 余条。

(3)典故

●《常用典故词典》(辞海版,新一版),于石,王光汉,徐成志编著,上海辞书出版社 2007 版。选收古代诗文中常用的故事典故 500 余个,设立词目近 5000 条。

《中华典故词典》,中华书局编辑部编,中华书局 2007 年版。收录中外典故 916 则,其中中国古代典故 753 则,形式较为固定的典故变体 1700 余个。

●《中国典故大辞典》,赵应铎主编,汉语大词典编纂处编,汉语大词典出版社 2005 年版。该辞典除收录《汉语大词典》中的典故外,又增收了大量新的典故。共收典故 6400 多个,各种变化形式 32 000 多条。

●《典故词典》,李爱珍,孙立群主编,上海大学出版社 2007 年版,收录常用典故约 8120 条,其中主条约 2630 条,副条约 5490 条。

●《牛津典故词典》(Oxford dictionary of allusions),德拉亨特 (Delahunty, Andrew) 、迪涅恩(Dignen, Sheila)、斯托克 (Stock, Penny)编。上海外语教育出版社 2007 年出版(牛津大学出版社授权出版),收各国典故约 2200 条。

9.2.3 辞书型数据库

9.2.3.1 CNKI——中国工具书网络出版总库(知网工具书)

(1)概况

知网工具书是 CNKI 系列数据库的子库。目前收录了近 200 家出版社的语言词典、专科辞典、百科全书、医学图谱、图录(谱)年表共 2000 多种,词条 1000 多万。其中汉语词典 80 余部、英汉/汉英词典近 100 部、专科辞典 1200 部以及百科全书、图鉴、医学图谱各 200 余部。包括语言类、专科类和图类 3 大类共 26 个专题库。其中语言类 2 个,专科类 22 个,图类 2 个。

(2)检索方式。系统提供初级检索、组合搜索、工具书分类浏览 3 种方式。

1)初级检索。默认界面为简单检索,可在输入框中直接输入字、词、句、术语、人物、地名、事件等词语。系统支持通配符＊、?，＊代表多个字，? 代表一个字；提供精确匹配和模糊匹配模式。可在检索结果中通过条目、释文和词目 + 释文 3 种途径进行再次检索。一般来说，查找名词、术语、人物、地名、事件等可选择“词目”途径，如果查找典故、文献的出处，可利用“释文”或“词目 + 释文”途经。

2）组合搜索。组合搜索包括工具书检索、条目检索和辅文检索 3 种方式。支持与（并且）、或（包含）和非（不包含）算符的逻辑组配。提供精确与模糊匹配模式，默认“精确”。

• 工具书检索：主要用于查找所收录工具书名称。点击“工具书检索”选项，进入该界面。提供书名、作者、出版者和主题字段的组配检索。

• 条目检索：组合搜索默认界面。提供词目、释文、主题、书名 4 种途径的组配检索。媒体类型可选择文本和图片，也可全选。

• 辅文检索。主要用于查找工具书的前言、凡例、附录、编委会、作者、后记等辅助信息。提供书名、篇名、全文、作者、主题 5 种字段的组配检索。可供选择的类型有：全选、凡例、图片前言、后记、附录、编委会。可供检索的内容简介范围包括目录索引和作者简介。

3）工具书分类浏览

点击界面上方工具条“收录图书列表”，进入工具书导航界面。系统提供分类索引和专辑导航 2 种浏览方式。分类索引按专题列出所有工具书，专辑导航按 CNKI 通用的十大分类专辑列出所有工具书。点击某类或某专辑，显示该类或该专辑（专题）所收录工具书目录，显示方式可选择图形方式、列表方式和详细方式。点击工具书名称，进入该工具书浏览与检索界面，左栏为工具书编辑出版的基本情况和总目录，中栏是总词目列表，右栏为索引，包括拼音索引、笔画索引和主题分类索引。

（3）检索结果显示

检索结果概览界面左栏显示词目名称和释文中出现该词的记录。包括词目名称、释文、字数、阅读全文和来源等项。右栏是收有该词的工具书列表，可按主题分类或按 CNKI 专辑分类浏览。点击“阅读全文”链接，进入该条目的释文界面。条目释文的左栏提供该条目的相关信息，包括相邻词条、参见其他参考书、书内被引、相关词提示等。条目释文的下栏提供该条目的相关期刊文章、相关报纸文章和相关会议文章的列表。

9.2.3.2　商务印书馆“工具书在线”系统

商务印书馆“工具书在线”系统于 2006 年推出，是商务印书馆所出工具书的网络版。主要提供常用工具书、专业性工具书以及英语方面工具书的检索。现上线提供检索和即将上线的工具书有 20 多种。二期工程计划推出 100 种工具书。系统提供一般检索与高级检索方式。设有英语、专业、常用、图书、资讯、书目 6 个频道。首页的查询范围为全库，可以根据需要选择相应频道进行检索。检索结果界面右边“相关结果”栏按照一定顺序列出包含检索词的所有词条。中间栏显示所选定词条在全库所有类别工具书中的检索结果；点击工具书链接，进入内容界面。显示纸版工具书中含该词条的书页，并以红色线条标出该词条及其解释所在位置。

9.3　检索学科术语

9.3.1　《中国大百科全书》及其数字版

9.3.1.1　《中国大百科全书》（第 1 版）

《中国大百科全书》是中国第一部大型综合性百科全书，也是世界上规模较大的几部百科全书之一。由胡乔木任总编辑委员会主任，姜椿芳、梅益先后任总编辑，中国大百科全书总编辑委员会和中国大百科全书出版社先后组织2万余名专家学者参加编写，中国大百科全书出版社1980年起陆续出版，1994年全部出齐。2004年重印。

全套书74卷（包括总索引1卷），共77 859个条目，12 568万字，内容覆盖哲学、社会科学、文学艺术、文化教育、自然科学和工程技术等66个学科或知识领域。各学科分卷的条目按汉语拼音顺序排列。在正文条目前一般有一篇介绍该学科卷内容的概观性文章，并附有反映该学科体系的条目分类目录。在正文条目后有介绍对该学科发展有重大影响的事件的大事年表和供寻检的条目汉字笔画索引、条目外文索引、内容索引。卷内条目有完备的参见系统，部分条目附有参考书目。

《中国大百科全书》设有《总索引》1卷。该索引将73卷中所有条目标题集中，统一按汉语拼音字母顺序并辅之以汉字笔画、起笔笔形顺序排列。条目标题后注明所在的卷名和页码。利用《总索引》可以查找《中国大百科全书》中的任一条目。

中国大百科全书出版社还同时出版了《中国大百科全书》的简明版和精华本。简明版12册，设有3.1万个条目，1.1万幅插图，2004年出版第3版简明版修订本。精华本2003年出版，以74卷本和简明版为基础，浓缩、改编、补增而成，全6册，共收7.8万个条目。

9.3.1.2　中国大百科全书网络版

“中国大百科全书网络版”由中国大百科全书出版社出版发行。以《中国大百科全书》和中国百科术语数据库为基础，共收条目78 203条，计12 568万字，图表5万余幅。内容涵盖了哲学、社会科学、文学艺术、文化教育、自然科学、工程技术等66个学科领域。

中国大百科全书网络版将《中国大百科全书》各卷分成哲学社会科学、文学艺术、文化教育、自然科学、工程技术五大类。在首页中，按以上五大类将《中国大百科全书》的所有卷分别排列出来；点击某一卷，即可对该卷进行检索。

系统提供分卷检索、全文检索、条目顺序、组合检索、大事年表5种检索方式。

• 分卷检索。是指在选定的《中国大百科全书》卷目范围中进行检索。可以选择某一类、一卷或数卷。如果选择的是一卷，即显示该卷按汉语拼音音序排列的条目名称；如果选择的是多卷，则显示这些卷的条目名称。

• 全文检索。即对所选中的某一卷或多卷进行逻辑检索。设有中文名称、外文名称和正文3种检索字段，可在字段前的方框中勾选。检索词之间的逻辑关系有4种：同时包含（相当于逻辑与）、包含其一（相当于逻辑或）、不包含后者（相当于逻辑非）和不同时包含。

• 条目顺序。即浏览所有条目。点击“条目顺序”按钮，即显示所有条目。如在“分卷检索”中确定要检索的卷的范围，显示的就是所选卷的条目顺序。

• 组合检索。提供对“中文名称”、“外文名称”和“正文”3个字段的组配检索，3个字段之间的关系是逻辑“与”关系。组合检索中的中文名称字段的逻辑关系是：包含、相等（与检索词完全一致）和不包含。外文名称字段检索的逻辑关系是包含。正文字段的逻辑关系为包含和表达式。表达式即利用系统设定的运算符组配检索词。

• 大事年表。提供了49个学科的大事年表。每个大事年表分别收录了各领域发生的具有历史意义的重大事件。

检索结果界面左窗口显示结果数量和条目列表，点击条目名称，右窗口显示其正文内容。

可对条目内容复制、下载和打印。

9.3.1.3 中国大百科全书出版社“中国大百科在线搜索”

中国大百科全书出版社于2005年推出“中国大百科在线搜索”。在线搜索设有全文搜索、条头搜索、分类搜索和字母索引4种检索与浏览方式。其中分类搜索包括5大类:哲学社会科学、文学艺术、文化教育、自然科学、工程技术。选择相应的大类,显示不同的细分类,选择相关类别,直到出现需要的条目。字母索引是按条目首字拼音排列,点击要查询标题第一个字的拼音开头字母,出现以此字母开头的所有标题。

9.3.1.4 《中国大百科全书》(第2版)

《中国大百科全书》第2版于1995年12月经国务院批准正式立项,是我国“九五”“十五”重点出版规划项目。2003年新闻出版总署批准成立由周光召同志任主任的中国大百科全书第2版总编辑委员会。参加编纂条目的作者有近3000人,大部分是两院院士和社会科学方面最具代表性的专家学者。

第2版《中国大百科全书》在第1版的基础上,进行了科学分类,全面更新知识内容,充分吸纳当今世界各个学科和知识领域的最新成果,补充了近20年世界新技术发展、新概念、新术语、新发现,充分体现我国近20年科学文化和社会发展的最新成果。

第2版《中国大百科全书》内容包括哲学、社会科学、文学艺术、文化教育、自然科学、工程技术等各学科和领域,涵盖80余个学科和知识门类,共32卷,其中正文30卷,索引和附录2卷,共包括6万个条目,3万幅配图,1000幅地图,总计约6000万字,每卷约120—150万字。与第1版的分学科卷出版不同,第2版编纂和出版方式与世界主要百科全书接轨,采用条目统编法,并采用大、中、小条目相结合,以中、小条目为主的条目设置原则,中小条目占70%,人文、社会科学条目比重略大于自然、工程技术科学。正文编排按条目的汉语拼音(从A—Z)统一排序。为提高检索系统的便捷性,在第2版6万个条目中,几乎每个条目中至少有一个参见或索引,概述条目涉及几十个参见或索引条目。全书各学科的内容按各该学科的体系、层次,以条目的形式编写,计划收条目10万个左右。

第2版《中国大百科全书》按学科分卷出版,不列卷次,每卷只标出学科名称,由中国大百科全书出版社于2007年陆续出版,计划用十年左右时间出齐。《中国大百科全书》第2版光盘版、多媒体数据版和网络版的制作工作已在进行之中。

9.3.2 《不列颠百科全书》及其数字版

9.3.2.1 《不列颠百科全书》(Encyclopedia Britannica)

《不列颠百科全书》又称《大英百科全书》,现由美国不列颠百科全书公司出版。它是迄今为止世界上最权威的大型综合性百科全书,内容涵盖2000多个学科。

《不列颠百科全书》第1版于1768年由英国人W.斯梅利、A.贝尔和C.麦克法夸尔在苏格兰编纂,于1771年出版,共3卷。历经200多年修订、再版的发展与完善,1974年第15版问世。参加15版撰稿的4300多位专家、学者来自130多个国家,均为学术领域的权威人物,诺贝尔获得者100余人先后为该书撰稿。目前,《不列颠百科全书》除英文版外,还有法、西、日、萄、希、中、韩等10多种文本出版。

2005年美国不列颠百科全书公司出版了第15版《不列颠百科全书》的修订版及最新版。全书32册,收录20万条词条,共计4400余万字,有24 283幅插图、地图和照片,其中新增图片

500 幅；在 6.5 万余篇文章中有 8000 余条修正词条，5000 余篇修正文章，其中新文章是所有最新修正文章的 6 倍多，许多新文章还涉及了大英百科全书以前所没有的课题。《不列颠百科全书》的词条均由世界最著名学者和专家编写和修正。

9.3.2.2 不列颠百科全书网络版（Encyclopedia Britannica Online）

（1）概况

"不列颠百科全书网络版"（Britannica Online）由不列颠百科全书公司 1994 年推出。除印刷版《不列颠百科全书》内容外，还包括《韦氏词典》（Merriam - Webster Dictionary and Thesaurus），1993 年以来每年出版的不列颠百科年鉴，超过 215 个国家的地图、旗帜、统计资料、相关文章等，同时还提供 30 万个以上经过百科全书编者评审的优秀网站链接。每周更新一次。可检索词条达 10 万多词目，并收录 124 000 篇文章，23 000 篇传记，27 000 篇的图解、地图、统计图，2600 多幅地图，3300 段动画、影片等。

（2）检索方式

不列颠百科全书网络版主要提供检索、浏览以及相关辅助功能。

1）检索

包括基本检索（首页）和高级检索。

• 基本检索。在"SEARCH"输入框中输入所需检索的字词，选择所需检索的数据来源（不列颠百科全书或韦氏词典），点选"Go"即可。

• 高级检索。高级检索提供限制检索结果的 4 组逻辑关系：包含全部这些字词、包含完整的字句、包含这些字中的任何一个、不包含这些字词。可以选择不列颠百科全书完整版、简明版、多媒体或网站进行检索。

2）浏览

不列颠百科全书网络版主要提供 3 种浏览方式：

• 条目浏览（A—Z Browse）。按条目首字英文字母 A—Z 排列，点选某字母，出现所有该字母为前缀的英文字，可依序寻找条目。

• 主题浏览（Subject Browse）。提供以下 10 类主题的浏览：艺术与文学（Arts & Literature）、地球与地理（The Earth & Geography）、健康与医学（Health & Medicine）、哲学与宗教（Philosophy & Religion）、运动与休闲娱乐（Sports & Recreation）、科学与数学（Science & Mathematics）、生活（Life）、社会（Society）、科技（Technology）、历史（History）。

• 年鉴浏览（Year in Review Browse）。每一年，不列颠百科全书公司会以年鉴的形式出版前一年值得纪念的人物及事件。"年鉴浏览"提供了 1993 年以来每年出版的不列颠百科年鉴，可依年份浏览各年鉴内容。

3）辅助功能。提供世界地图浏览（World Atlas）、时间（大事纪年表）浏览（Timelines）、世界数据分析（World Data Analyst）、国家比较（Country Comparisons）等功能。

（3）检索结果

检索结果左边窗口显示在各数据类别中的命中数量，可根据需要选择数据类别：不列颠百科全书（Encyclopedia Britannica）、不列颠百科全书简明版（Concise Encyclopedia）、媒体（Media）或网站信息（Websites）。也可浏览 Proquest 与 EBSCO 的相关主题文章，以及字典、辞典中的释文。

9.2.2.3 《不列颠百科全书》中文版

(1)《简明不列颠百科全书》

由中国大百科全书出版社和美国不列颠百科全书公司合作编译,中国大百科全书出版社1985—1986年出版。该书主要根据英文版《不列颠百科全书》第15版编译而成,其中有关中国的条目由我国专家学者重新撰写。全书共10卷,1卷—9卷前半部分为正文,共收条目71 000余条,插图约5000幅,内容包括社会科学、自然科学、工程技术、文学艺术等各学科的概述和专名、术语、人物、团体、机构等的介绍,侧重西方的文化、科技成就和当代知识,涉及古今中外各个领域。正文条目按汉语拼音顺序排列。第9卷后半部分为附录,包括9种附表。第10卷是索引,包括条目标题汉字笔画索引和条目标题外文与中文对照索引。1991年,中国大百科全书出版社又出版了该书的第11卷(增补卷),第11卷是对前10卷内容的增加、补充和更新,附条目索引。

(2)《不列颠百科全书(国际中文版)》

《不列颠百科全书(国际中文版)》由中国大百科全书出版社和不列颠百科全书编辑部编译,中国大百科全书出版社1999年出版。该书对照《不列颠百科全书》英文版第15版,在简明版基础上,逐条修订,更新资料、增补内容和纠正错误,并增加新条。全书共20卷,1—18卷是正文,19—20卷是索引。共有条目81 600余条,字数达4350余万,图片15 300余幅。其中关于中国的条目增加了450条新条目和1200条参阅条目。全部条目按英文版原书条目标题的外文词的字母顺序。2卷索引包括"条目标题笔画索引"和按汉语拼音音序排列的"条目标题和内容索引"。后者为改善应用功能,在中、英文条头后,还附有简短的定性分类。《不列颠百科全书》(国际中文版)自出版以来,已再版7次。

2007年4月,美国不列颠百科全书公司和中国大百科全书出版社联合推出《不列颠百科全书(国际中文版)》(修订版)。修订版在前版的基础上进行了全面修订,共增加条目2000余条,主要增补了音乐、文学、体育、科技等领域检索率高的知识内容;原有条目修订量达15%以上,包括各国地理建制的变化,人、事、物的最新动态或研究发现等万余条目的资料得到更新。

第 10 章　事实与数值信息检索

本章主要介绍国内外编制的事实与数值型数据库的基本概况和使用方法。详细内容及检索界面参见光盘:23 - 26. 国内事实数值型数据库(1)、(2)、(3)、(4);27. 国外事实数值型数据库。

10.1　事实/数值检索工具概述

检索事实、数值信息主要利用事实型检索工具和数值型检索工具。

事实型检索工具是根据一定的需要,汇集某一领域的文献信息,如事件、人名、地名、机构、产品等,按一定方法编排的检索工具。依据载体的不同,事实型检索工具包括印刷型事实类工具书和机读型事实数据库两种类型。印刷型事实检索工具即书本式工具书,如年鉴、名录、手册等。(参见第 3 章有关章节);机读型事实数据库即利用计算机软件编制的供查询事实信息的数据库,如年鉴数据库、机构数据库、产品/商品数据库、法律法规数据库、科技成果数据库等。其中年鉴类数据库是一种综合性的事实型数据库,反映各类事实信息和数据信息(参见第 4 章 4.3.3 事实型数据库)。

数值型检索工具是指提供各类数值信息的存储和检索的工具。依据载体的不同,数值型检索工具包括印刷型数值类工具书和机读型数值数据库两种类型。印刷型数值检索工具即书本式工具书,如各类统计年鉴、统计公报、统计资料汇编等。机读型数值数据库即利用计算机软件编制的供查找数值信息的检索系统,如统计数据库、统计年鉴数据库等(参见第 4 章 4.3.4 数值型数据库)。

10.2　国内事实数值型数据库

10.2.1　法律法规数据库

10.2.1.1　北大法意网——法律法规系列数据库

北大法意网法律法规系列数据库是由北京大学实证法务研究所、北京大学图书馆、北京法意网科技有限公司共同研发的在线法律信息数据库。包括法院案例库、法律法规库、合同文本库、立法资料库、审判参考库、政府文报库、法律文书库、法律咨询库、金融法库、WTO 法律库、行政执法库、法务流程库等 20 多个子库。

(1)法律法规库

法律法规库主体由大陆法规库、国际条约库、香港法规库、澳门法规库、台湾法规库共 5 个数据库组成。收录约 27 万部法规,其中大陆法规库收录约 26 万部法规。每年至少更新 3 万部各类法规。全库总记录数超过 44 万条 。库主界面设置了法规引导检索、快速检索和高级检索方式。

- 法规引导检索。主要提供法规的分类检索,包括层级引导(9 个效力层级)、主题引导(9

个法律部门)、专题引导(22 个专题)和法域引导(6 个司法区域)四大类。所有大类都有自己相应的分类体系,点击各类下的子类进入各子类检索页面,页面左侧显示各类分类列表,可逐级浏览该子类的所有文件。

• 法规快速检索。提供对大陆法规库、香港法规库、澳门法规库、台湾法规库和全部法规库的关键词检索。点击数据库名称按钮选择库,输入检索词,勾选“名称”或“名称或全文”,点击“搜索”。

• 法规高级检索。提供关键词、检索位置(名称、名称或全文)、颁布机构、法规文号、效力属性(包括全部、有效、失效、已修正)、法规层级(包括宪法法律、行政法规、司法解释、部委规章、地方法规、军事法规、政策纪律、行业规范、国际条约)、颁布时间等检索项。支持模式查询,多个关键词之间用空格分隔可实现多关键词逻辑“与”查询。在各检索项输入或选择检索条件,点击“开始检索”即可。

检索结果列表包括文件题名、效力属性、颁布时间、颁布机构。点击文件题名,即可阅读全文。

(2)法院案例库

现收录刑事、民事经济、行政、海事海商、知识产权等方面案例 15.6 万个。包括高级检索和案例引导检索。

• 高级检索。可以选择裁判文书单库检索和裁判文书、媒体案例并库检索。提供的检索项有:案件类型(刑事、民经、行政、知产、海商)、案号、案由、学理词、当事人、审理法院、审理法官、代理律所、代理律师、全文关键词、判决时间等限定性条件。多个关键词用空格分隔,逻辑关系为“与”。在各检索项输入或选择检索条件,点击“开始检索”。

• 案例引导检索。包括法院案由引导、审理法院引导、专题案例引导 3 大类。各类都有自己相应的分类体系,点击各类下的子类,即可逐层浏览该子类的所有文件。

检索结果列表包括文件题名、案由、判决时间和审理法院。点击文件题名,即可阅读全文。

(3)其他数据库

• 合同文本库。现有文件 6000 多篇。包括中文范本、英文范本、合同起草、官方文本、行业合同、专题合同等子库。提供关键词查询。

• 金融法库。内容包括全国人大金融法律、国务院金融法规、最高人民法院金融司法解释、部委金融规章、金融行业规范、国际金融条约。现有文件 23 500 多篇。提供法规引导、法院案由引导、法规高级检索和逐条智能检索。

• 政府文告库。收录全国人大常委会、国务院、最高人民法院、最高人民检察院等发布的公报。现有公告 13 500 多条。提供文告种类引导检索和高级检索。

• 审判参考库。收录法院工作报告、领导讲话、新闻稿、会议纪要、审判业务规定、调研报告、法律理解与适用、司法建议等内容。现有资料 2849 条。提供文本归类引导、业务领域引导、地方法院引导,可在名称和全文中进行关键词检索。

• 立法资料库。收录各类新闻稿、立法说明、草案、征求意见稿等立法资料。现有资料 7200 多条。提供发布机构引导、资料类别引导,可在名称和全文中进行关键词检索。

• 行政执法库。收录证券、工商和物价等部门发布的各类行政处罚决定、责令整改通知书、通报批评、撤销决定等行政执法文件。现有文献 1379 条。提供执法形式检索、专题检索和关键词检索。

• 法务流程库。收录银行、保险、工商、国税、地税、公安、专利、房屋登记、环境保护、劳动与社会保障、民政、公检法司及仲裁、卫生监督、卫生信息、仲裁、公证等机构事项的法律事务办事流程共计 5923 条。提供分类引导和关键词检索。

• 统计数据库。收录刑事、民事、经济、行政、海事海商、交通运输、执行、赔偿、告申信访、特别程序等司法统计数据共计 594 篇。提供类型检索和关键词检索。

• WTO 数据库。包括 WTO 动态、贸易救济案例、WTO 争端解决案例、中国入世文件、WTO 规则、国际贸易经济条约、中国对外贸易法规、WTO 研究论文、WTO 基本知识等内容。现有记录 37 500 多条。提供浏览检索。

10.2.2.2　北大法宝——中国法律信息总库

北大法宝——中国法律信息总库由北京大学法制信息中心与北大英华科技有限公司联合推出的法律信息检索系统。包括中国法律检索系统、中国法律英文译本数据库、中国司法案例数据库和中国法学期刊数据库。内容涵盖法律法规规章、司法解释、司法案例、仲裁裁决、裁判文书、中外条约、合同范本、法律文书、法学教程、法学论文、法学期刊、参考数据及 WTO 法律文件等中国法律信息各个方面。

(1) 中国法律检索系统

该库收录 1949 年至今 38 万多篇法律法规文献。由 17 个子库组成:法律法规规章司法解释库、地方法规规章库、中华人民共和国条约库、外国与国际法律库、最高人民法院公报案例库、中国法院裁判文书库、法律文书样式库、合同范本库、仲裁裁决与案例库、经典案例评析库、中国法律条文释义库、实务指南库、法学教程库、香港法律法规资料库、台湾法律法规资料库、台湾法律法规资料库、法学文献库、立法背景资料库。数据每天更新。

主界面默认快速检索,列出 17 个数据库。点击所属数据库前面的复选框,选择需要检索的数据库,可以单选也可多选。在输入框直接输入检索词,点选复选框全文或标题,点击"检索"即可。

点击单库名称,进入单库高级检索界面。各库高级检索界面一般都设有标题关键词和全文关键词检索字段,并给出相应的检索选项,可从下拉选项列表中选择。不同的数据库其选项有所不同。在标题关键词或全文关键词检索框中输入检索词,逐次选择或输入检索条件,点击"检索"。标题关键词和全文关键词检索可用逻辑算符 * 或空格(与)、+(或)、-(非)连接,3 种逻辑算符可用英文输入状态下的"( )"进行组合。

检索结果内容一般包括标题名和发布日期,点击标题名,进入该法律法规的详细页面,内容包括法规全文及相关信息(如发布部门、发文字号、批准部门、批准日期、发布日期、实施日期、时效性、效力级别、类别、唯一标志等)。

(2) 中国司法案例库

"中国司法案例库"主要收录我国大陆法院的各类案例,由民事案例、刑事案例及行政案例 3 个数据库组成。现收录我国大陆法院的各类案例 76 000 余篇。数据每天更新。

该数据库根据我国三大诉讼法对民事案例、刑事案例以及行政案例的不同特征提供了对应的检索功能。既提供标题和全文关键词检索方式,还提供了多项检索选项。同时设置了分类导航检索,包括案由分类、专题案例和地域指引。

检索结果列表各标题项下列出案由分类、审理法院、审结日期及审理程序。右栏是"案由分类"树状结构导航指引及数据统计。标题后没有标明"(精选)"字样标志的为普通案例,点击标题即可查阅正文内容。

(3)中国法律英文译本数据库

该库由北京大学法律翻译研究中心与北大英华联合推出。提供中国法律法规,案例和中外税收协定,以及法律新闻等中国法律信息的英文译本,涉及公报、法律新闻 、WTO 与中国等内容。译文包括北京大学法律翻译研究中心翻译的文本、国家立法机关提供的官方译本及经有关机构授权使用的译本。数据库每日更新,通常在新的法律文件颁布后几日内完成翻译。

10.2.2.3 中经网——中国法律法规库

中经网——中国法律法规库由国家信息中心和中经网管理中心联合研制,法律法规数据由国家信息中心法规处提供。该库收录了 1949 年以来我国全部法律法规条文(包括全国人大、国务院、高法、高检法律法规,国际条约惯例,地方法规,部委规章等)、司法解释、我国加入的国际条约以及对法律实践有参照意义的案例、裁判文书、合同范本、市场惯例等。

数据库检索界面分为“库区分类”和“查询条件”两部分。

• 库区分类:包括总库分类和子库分类两栏。总库包括 9 个库:全国人大/国务院/高法/高检法律法规、案例及裁判文书、部委规章、国际条约及惯例、地方法规、工作报告库、法律法规动态库、立法草案及说明库、国家与政府机构简介库。首先在总库分类下拉选项中选择库,再从子库分类选项中选择所需子库,然后单击“添加”,所选子库被添加至“被选库集”框中,可以添加多个子库。如果不选择单库和子库,将在全部库中检索。

• 查询条件。包括起始时间、结束时间、任意词和颁布单位 4 项。选择起始时间和结束时间,在任意词输入框中输入检索词,检索词之间可用“AND”(与)“OR”(或)连接。点击“确定”按钮。

检索结果列表包括法律法规标题和发布时间,点击标题名可以阅读全文,并可查看法律法规的有效期、颁布单位、颁布日期、实施日期、试销日期、法律分类和文号等信息。

10.2.2.4 万方——政策法规数据库

万方——政策法规数据库是“万方数据资源系统”系列数据库之一。该库收录了 1949 年以来的法律法规,截至 2008 年 4 月共有记录 24 万多条。该库提供的检索字段包括:全文、标题、颁布部门、发文文号、颁布日期、实施日期、失效日期、效力级别、时效性、内容分类、正文。支持逻辑与、或、非的组配检索。

根据需要在下拉选项中选择库别,包括:全部、国家法律、行政法规、司法解释、部门规章、合同范本、法院公报案例、仲裁裁决案例、法院裁判文书、法律文书样式、港澳台法律法规、国际条约、外国法律、地方法规。

检索结果概览页显示标题、出处、简单信息、详细摘要信息和查看全文。详细摘要信息包括:颁布部门、发文文号、效力级别、时效性、颁布日期、实施日期、内容分类。点击“查看全文”链接,可以阅读全文。

10.2.2.5 其他法律法规数据库

• INFOBANK——中国法律法规库

INFOBANK——中国法律法规库是中国资讯行(INFOBANK)——高校财经数据库系统的子库。该库收录中华人民共和国自 1949 年以来的各类法律法规及条例案例全文(包括地方及行业法律法规)。现有文件 14 万多条。数据每日更新。提供关键词检索,检索选项目有行业分类、颁文机构、文献出处等。

• 法律之星——中国法规库

法律之星——中国法律库由北京中天诺士达(法律之星)科技有限责任公司研制。包括7个子库:中国法律法规规章司法解释数据库、中国司法判例和裁判文书数据库、国际公约和惯例数据库、合同范本和法律文书数据库、中国地方法规数据库、中外经济和科技协定数据库、香港台湾法规资料数据库。提供全部数据库或多库的“快速检索”,单库的检索途径主要有文件名称(文件名称中的任意词)、文件分类、发布日期、发布部门和全文检索(文件正文中的任意词)。

• 中国法律资源网——中国法律法规数据库

中国法律资源网——中国法律法规数据库由上海美尊信息科技有限公司研制。内容包括全国人大法律库、国务院行政法规、部委行业规章库、地方法规规章库、两高司法解释库、国际条约与惯例、经典司法判例库、规范法律文书库、WTO 法律文本库、最新合同范本库10个数据库。现有文献36.6万多篇。可按标题关键字和全文关键字进行检索。

• 中国法院网——法律文库

中国法院网是中国最高法院的官方网站,法律文库由中国法院国际互联网站研制。收录了1949年以来的10万多条法律法规,包括法律法规、司法解释、地方法规、中外条约和政策参考等类型。可通过内容和标题进行查询。

• 国信中国法律网——国家法规数据库

国信中国法律网——国家法规数据库由国家信息中心法规信息处研制。内容包括自1949年建国以来全国人大法律、国务院行政法规、最高人民法院和最高人民检察院司法解释等。检索途径主要有标题词、颁布日期和内容分类。该网还提供“新法规联机查询”,可通过标题词、颁布日期和颁布单位查询,并可按法规目录期号浏览。

10.2.2 统计类数据库

10.2.2.1 国研网(教育版)

(1)概况

“国研网”是“国务院发展研究中心信息网”的简称,该网站创建于1998年3月,由国务院发展研究中心信息中心主办、北京国研网信息有限公司承办。国研网汇集、整合了国内外经济金融领域的研究成果和经济信息。国研网教育版由4个数据库组成:统计数据库(包括26个子库)、全文数据库(包括16个子库)、研究报告数据库(包括4个子库19个专题)和专题数据库(包括19个重点专题数据库)。这4个数据库系列中包含了丰富的数据资料,其中全文数据库、行业研究报告数据库和专题数据库是以文字的形式反映相关数据库,统计数据库是全数据型数值数据库。

(2)检索方式

可对4个数据库跨库检索也可选择单库检索。系统默认跨库检索。

1)跨库检索

各库都提供关键词检索和高级检索两种方式。关键词检索可以通过标题、关键词、作者名和全文4种途径查询;高级检索增设了栏目选择、时间选择等检索条件,支持布尔逻辑组配检索。检索结果列表显示的内容包括题名、发布日期、摘要和数据来源,点击题名可看全文及该篇文章的相关文章。也可以直接点击各数据库子库进行子库的浏览与检索。

2)单库检索

点击数据库名称,进入单库检索界面。单库检索设置了关键词检索、高级检索和分类检索3种方式。关键词检索和高级检索的方式及显示同跨库检索。

分类检索主要通过数据库下设的子项目进行浏览查询。其中统计数据库包括行业分类检索和参数设置检索2种方式:

①行业分类检索。统计数据库中的16个重点行业数据库提供行业分类检索。每个数据库一般包括行业数据、主要经济指标和进出口数据几个子项目。

• 行业数据。依次在下拉菜单中选择相应的分类项,点击“检索”,“检索结果”显示框中显示结果列表,选择某条数据记录,点击“打开文章”按钮,即可显示数据内容。

• 主要经济指标。提供年份选择和三级分类选择,依此在下拉框列表中选择后,点击“确定”。

• 进出口数据。提供时间段、时间、国家/地区、省市、贸易方式、交易产品分类和进出口等选项,可从下拉框列表中选择。依次选择后,点击“确定”。

②参数设置检索。统计数据库中的宏观数据、对外贸易、区域经济、产品产量库、中国教育经费和工业统计数据库提供参数设置检索。查询页面设置四个区域:功能区、分段选择区、参数选择区、参数显示区。

• 功能区。提供“显示数据”、“参数选择”、“指标解释”、“使用帮助”、“保存查询”、“选择查询”等功能,并显示数据库名称。

• 分段选择区。提供的分段选择分别有时间、指标和地区等。

• 参数选择区。包括时间、地区、指标等参数供选择。数据库不同,提供参数也有差异;同一数据库中,在分段选择区选择不同内容,可选择的参数也有差异。

• 参数显示区。在参数选择区内选择参数后,该参数就会在右边参数显示区内的相应位置显示。这里显示哪些参数是由参数选择区决定的。

检索时,先在分段选择区选择一个参数,在参数选择区选择若干个参数(不能超过30个)。然后调整参数显示方向,参数可以显示在横向和纵向,可以根据需要进行选择。各个参数选择完成后,点击页面左上方的“显示数据”按钮显示查询结果。点击左上方按钮,可将页面显示的数据结果保存成Excel文件。

10.2.2.2 中华人民共和国统计局——统计数据

中华人民共和国统计局是主管全国统计和国民经济核算的国务院直属机构。统计数据是中华人民共和国统计局网站提供的在线统计数据查询栏目。该栏目由国家统计数据库、数据阅览和部门数据链接组成。

(1)国家统计数据库。数据库提供3种查询范围,分别是年度资料、季度资料、月度资料。提供整表查询、指标查询、专题查询、关键字查询4种检索方式。

• 整表查询。即查询统计表。选择查询范围,点击整表查询后,界面显示各主题,点击所要查询的主题,显示该主题下的所有统计表,点击某一统计表则进入查询结果显示界面。

• 指标查询。依次选择某一主题、某一指标类别的一个或多个指标,点击“下一步”,进入分类(分组)、地址、时间选择界面,选择某一分类类别下要查询的一个或多个分类项,点击“下一步”,即显示查询结果显示界面。

• 专题查询。集中了能够反映不同社会经济领域资源信息的一组或多组指标及分类的集合。

• 关键字查询。根据统计表名称、指标名称及专题名称进行关键字检索。查询结果如为指标,可以继续选择分组及时间、地址进行查询;如为统计表或专题,点击表名(专题名)直接显示数据。

(2)数据阅览。包括7个数据库:月度数据、季度数据、年度数据、普查数据、专题数据、部门数据、国际数据。每个数据库设置了相应的检索界面,提供关键词检索和浏览检索。

(3)部门数据链接。链接了农业部、粮食局、林业局、建设部、水利部、财政部、交通部、信息产业部、民政部、中国人民银行、银监会、证券会等30多个部门的统计数据。

10.2.2.3 中宏数据库(教育版)

(1)概况

"中宏数据库"是系列经济类数据库,由国家发改委所属的中国宏观经济学会、中国经济学奖管理委员会、中国宏观经济信息网等权威机构联合研制。北京中宏金智资讯有限公司出版。数据库由19类大库、74类中库组成。19类大库是:统计数据库、形势研析库、战略规划研析库、金融研析库、财政税收研析库、投资研析库、消费研析库、物价研析库、商业物流研析库、外贸研析库、外资研析库、产业研析库、区域经济研析库、世界经济研析库、政策法规数据库、体制改革研析库、企业经营研析库、中宏百人团数据库、课题成果库。

19类大库包含了丰富的统计数据,其中"统计数据库"是专门用于查找数据的数据库。

(2)检索方式

1)跨库检索。

各数据库都提供关键字检索与高级检索。高级检索界面可以按照大库和小库选择检索范围。设有全文、标题和作者检索途径。检索结果左栏显示在各数据库中的命中数量,右栏为检索记录列表,内容包括:作者、标题、摘要、所属数据库以及相关文章链接。点击标题即可查看内容。数据库还提供"中宏关注指数"和"中宏分布指数",供查询一定时间范围内查询关键字的检索排名,以及同一检索词在每个专业库的分布情况。

2)中宏统计数据库检索

"中宏统计数据库"由宏观经济、金融数据、行业经济、区域经济、城市数据、世界经济6个子数据库组成,以时间序列和图表方式提供经济数据。提供数据浏览、关键字检索和高级检索3种方式。点击左栏各数据库的子库及月度或年度指标项目,右栏显示该指标项目的指标数据列表。关键字检索与高级检索方式同跨库检索。

检索结果概览页的左栏显示在数据库中的命中数量,右栏为检索记录列表,内容包括:标题、摘要、所属数据库以及相关文章链接。可以查看"中宏关注指数"和"中宏分布指数"。点击标题即可查看数据内容,统计数据为Excel格式。

10.2.2.4 中经网统计数据库

"中经网统计数据库"由中经网数据有限公司研制,该数据库现有数百万个序列的经济数据,数据内容指标涵盖宏观经济、产业经济、行业经济、区域经济以及世界经济等领域。包括中国经济统计数据库和世界经济统计数据库两个子库。

• 中国经济统计数据库。分为5个子库:宏观月度库、行业月度数据库、海关月度库、综合年度库、城市年度库。共有5万余个指标,内容涉及宏观经济、行业经济(机械、石油、化工、汽车、医药、房地产、金融、商贸、能源、保险等),数据指标包括国民经济核算、投资、财政金融、国内贸易、进出口、价格、工业、农业、建筑业、旅游、经济效益等。

• 世界经济统计数据库。以 OECD(世界经合组织)的主要宏观经济指标数据库(OECD Main Economic Indicators, MEI)为数据来源。分 OECD 月度库和 OECD 年度库。包括 30 个 OECD 组织成员国、8 个非成员国,以及国际主要经济组织(如欧盟、西方七国、欧元区、北美自由贸易组织)的数据。

数据库提供分库检索和名词解释,点击分库名即可进行单库检索。依次选择地区和指标内容,点击“显示数据”。

10.2.2.5 INFOBANK——中国统计数据库

该库是中国资讯行(INFOBANK)——高校财经数据库系统的子库。收录自 1995 年以来国家及各省市地方统计局的统计年鉴及海关统计、经济统计快报、中国人民银行统计季报等月度及季度统计资料,其中部分数据可追溯至 1949 年,也包括部分海外地区的统计数据。数据库定期更新。提供关键词检索,检索选项包括行业、地域、参考资料(来源)、时间范围等。

10.2.2.6 搜数网

“搜数网”是由北京精讯云顿数据软件有限公司推出的专门面向统计和调查数据的专业垂直搜索网站。提供各种有关中国和世界各国的经济和社会统计数据。目前数据总数达 2.9 亿个,其中部分数据可追溯至 1949 年,数据范围覆盖了全国 32 个省(自治区/直辖市)、2 个特别行政区,数据内容涉及 44 个行业。数据每日更新。

搜数网提供快速检索、专业检索和分类浏览三种检索方式。“快速检索”只要在检索框中输入关键词即可。“专业检索”的检索选项包括行业分类、地区分类、数据提供、检索范围(统计项目、指标参数)起始日期等。分类浏览提供按统计行业浏览和按地区浏览。检索结果包括数据名称、表格预览、行业分类、地区分类、数据采集日期、数据包含量、统计要素。

10.2.3 机构名录、产品类数据库

10.2.3.1 万方——商务信息子系统(机构名录数据库)

商务信息子系统(机构名录数据库)是“万方数据资源系统”系列数据库之一,由北京万方数据股份有限公司制作。该数据库由 5 个数据库组成:企业信息数据库、科研机构数据库、教育机构数据库、信息机构数据库、媒体新闻数据库。提供跨库检索和单库检索。单库检索包括数据检索、按地区浏览、按行业浏览和研发统计等类型。

• 数据检索。各库提供不同的检索字段。选择检索字段,输入检索词,选择机构信息,依次勾选所需的限定条件。

• 按地区浏览。包括机构信息按地区浏览区和检索区两部分。按地区浏览区列出地区名称和机构数量,点击地区名称链接,右栏显示该地区机构列表。

• 按行业浏览。包括机构信息按行业浏览区和检索区两部分(模式同按地区浏览)。

• 研发统计。该页面左栏显示各大机构研发统计排名指标,如承担成果量前 100、申请专利量前 100、期刊论文量前 100、会议论文量前 100、学位论文量前 100、起草标准量前 100、社会关注度前 100、链接文献总量前 100。点击排名指标名称,右栏显示该指标排名统计列表,点击机构名称,进入该机构详细信息页面。

(1)企业信息数据库。现收录 96 个行业 17 万家企业的详尽信息。提供数据检索、重要名单、按地区浏览、按行业浏览和研发统计等项检索。企业详细信息包括:企业简介、性质指

标、荣誉排名、产品服务、研究成果、申请专利、期刊论文、会议论文、学位论文、起草标准、媒体新闻和联系信息。

(2)科研机构数据库。收录地、市级以上及大学所属主要科研机构近1万家。包括国家重点实验室、国家工程技术研究中心、中科院系统研究院所、部委系统研究院所、省市系统研究院所、高校系统研究院所、企业系统研究院所等。科研机构详细信息包括研究内容(研究范围、学科分类)、科研能力(职工人数、机构类别、上级主管单位、成立年代、机构沿革、主要研究人员、科研设备、内部机构名称、科研成果、获奖情况)和联系信息。

(3)教育机构数据库。主要收录国家公布的有招生资格的高校信息,包括教育部直属高校、普通高等学校、民办普通高校、培养研究生的科研机构、成人高等学校、中等专业学校。详细信息包括:基本信息(学校名称、专职教师数、占地面积、层次、定期出版物、高校特色、从属院校情况、校办产业)、专业设置、院系设置、研究成果、申请专利、期刊论文、会议论文、学位论文、起草标准、媒体新闻、联系信息、学校名人。

(4)信息机构数据库。主要收录部委专业信息机构、部委所属科研院所信息机构、地方所属科研院所信息机构、中科院科研专业图书馆、高等院校图书馆、省市级公共图书馆、省级综合信息机构、市级综合信息机构、县级综合信息机构等信息机构的信息。详细信息包括:基本信息(机构名称、负责人、地址、电话、传真、电子邮箱、机构类别)、研究成果、期刊论文、会议论文、学位论文、起草标准、媒体新闻。

10.2.3.2　中经网——中外上市公司资料库

中经网——中外上市公司资料库由方正科技集团股份有限公司研制。收录上海及深圳证券交易所全部上市公司从上市以来公布的招股说明书、上市公告书、年度报告、中期报告、配股公告等全部文件,以及从这些文件中抽取的上市公司的基本情况数据和财务数据。数据库提供数据检索和图形显示功能。通过数据检索,可以浏览上市公司公布的所有文件及近20种数据表格中的信息,并可形成所需的、任意组合的二维表格。对于四张主要的财务数据表格,可以任选表中所需的指标作出线图、直方图及饼图。

10.2.3.3　中经网——中国企业产品库

中经网——中国企业产品库由国家信息中心组织,全国各省市信息中心共同参与建设的全国性的企业、产品信息收集、发布和查询服务系统。目前在上海、江苏、浙江等26个省、市建立了分库站点。现收录各类企业27万家、产品45万条。包括所有的上市公司、国家重点企业、大型企业集团、外资企业、民营企业、各个行业龙头企业和地方的名、优企业。

中国企业产品库包括企业产品库、外资企业库、出口企业商品库、进口企业商品库4个子库。企业产品库提供关键字查询、行业查询、产品分类查询和服务分类查询。外资企业库提供关键字查询和行业查询,查询方式同中国企业产品库。出口企业商品库/进口企业商品库可通过企业名称检索出口/进口企业及商品。

10.2.3.4　INFOBANK——中国企业产品数据库

该库是中国资讯行(INFOBANK)——高校财经数据库系统的子库。收录中国27万余家各行业企业基本情况及产品资料。提供关键词检索,检索选项包括行业分类、地域分类、文献出处、检索范围(机构名称、正文)等。数据库定期更新。

10.2.3.5　INFOBANK——中国中央及地方政府机构库

该库是中国资讯行(INFOBANK)——高校财经数据库系统的子库。收录中央国务院部委机构及地方政府各部门资料，内容包括各机构的负责人、机构职能、地址、电话等主要资料。提供关键词检索，检索选项包括机构分类、级别分类、文献出处、检索范围（标题、正文）等。数据库定期更新。

10.2.4 科技成果数据库

10.2.4.1 CNKI——国家科技成果数据库

CNKI——国家科技成果数据库收录了1978年以来所有正式登记的中国科技成果，信息取自35个省部级单位的83个采集点。按行业、成果级别、学科领域分类。成果的内容来源于中国化工信息中心，相关的文献、专利、标准等信息来源于CNKI各大数据库。现有数据30.4万条，每周更新。国家科技成果数据库现有两个版本，即网络出版总库版和知识资源总库版。

（1）网络出版总库版——国家科技成果数据库

数据库提供科技成果导航、初级检索、高级检索和专业检索四种检索方式。

1）成果导航。提供3种导航方式：①学科导航。按CNKI十个专辑168学科分类导航。②中图分类导航。按《中图法》（第四版）22个大类分类导航。③成果分类导航。按GB/T 13745《学科分类与代码》分类导航。

2）检索字段。在初级检索、高级检索和专业检索模式下，都可以通过成果名称、关键词、成果完成人、成果简介、中图分类号、学科分类号、第一完成单位、合作完成单位、单位所在省市名称等字段进行检索。

3）成果限制条件。在初级检索、高级检索和专业检索模式下，都提供2种限制条件。

① 成果应用行业：点击“成果应用行业”选项输入框右边的图标，在弹出的行业领域列表中勾选，点击“选择”即添加至输入框中。

②成果课题来源：点击“成果课题来源”选项右边的图标，在弹出的行业领域列表中勾选，点击“选择”即添加至输入框中。

4）检索结果：检索结果内容包括成果名称、成果完成人、第一完成单位、年。每条成果信息包含：成果完成人、第一完成单位、关键词、中图分类号、学科分类号、成果简介、成果类别、应用行业、成果体现形式（应用技术类）、成果属性、课题来源、转让单位、评价单位、评价形式、单位所在省市、详细通讯地址、邮政编码、单位电话、资源采集日期、资源入库时间等。

5）节点文献：点击题名进入节点文献页面。每条成果集成了与该成果相关的最新文献、专利、标准等信息。包括：专利产出状态分析（包括成果完成人其他成果、完成单位其他成果、相似成果、相关成果、相关成果完成单位、相关成果完成人、核心技术领域成果地域分布）、本领域专利与标准（相关专利列表、相关中外标准列表）、完成人发表文献、完成单位发表文献、本成果研制背景、本成果应用动态、所涉核心技术研究动态、知识链接（相关机构、相关专家）。

该库检索方式同CNKI——国内外标准数据库和中国专利全文数据库。

（2）知识资源总库版——国家科技成果数据库

数据库提供成果导航、初级检索、高级检索和专业检索方式。检索界面、检索模式同“中国期刊全文数据库”。检索字段包括成果名称、关键词、中图分类号、学科分类号、成果完成人、第一完成单位、成果主要应用行业、所在省市、合作完成单位、成果简介。检索结果显示同网络出版总库版。

10.2.4.2 万方——科技信息子系统（科技成果数据库）

科技成果数据库是“万方数据资源系统”系列数据库之一，包括中国科技成果数据库、科技成果精品数据库、中国重大科技成果数据库、国家级科技授奖项目数据库和全国科技成果交易信息数据库等子库。检索模式同数字化期刊全文数据库。

(1)中国科技成果数据库。该库是国家科技部指定的新技术、新成果查新数据库。收录范围包括新技术、新产品、新工艺、新材料、新设计，涉及自然科学各个学科领域。截至2008年6月共有记录52.6万多条。提供10个检索字段：全文、成果名称、联系单位名称、联系人、完成单位、完成人、成果简介、主题词汇、鉴定部门、鉴定日期。可选项有：成果分类、成果类别(计划项目、应用项目)、成果水平(国际领先、国际先进、国内领先、国内先进)、应用行业及省市范围。

(2)科技成果精品数据库。该库信息是从各种科技成果中精心挑选组成的。收录范围包括新技术、新产品、新工艺、新材料、新设计，涉及自然科学各个学科领域。现有记录5万多条。提供8个检索字段：全文、成果名称、联系人、完成人、成果简介、主题词汇、成果鉴定日期、成果鉴定部门。可选项有：成果分类、成果类别、成果水平、应用行业及省市范围。

(3)中国重大科技成果数据库。收录国家级重大科技成果和省部级重大科技成果。现有记录4.3万多条。提供17个检索字段：全部字段、成果密级、成果水平、成果名称、成果英文名、登记情况、公布刊物、推荐登记、申报单位、申报单位名称、起止日期、完成单位、研究人员姓名、鉴定情况、分类号、主题词、成果简介。

(4)国家级科技授奖项目数据库。收录在我国科技进步活动中为加速科技事业的发展，提高综合国力作出突出贡献的国家自然科学奖、国家技术发明奖、国家科学技术进步奖获奖项目600多项。检索字段有：奖种、评奖机构、项目名称、主要完成人、主要完成单位、关键词汇、推荐部门、授奖等级、项目简介。

(5)全国科技成果交易信息数据库。收录自然科学领域内各地各行业的新技术、新工艺、新产品等国内可转让的适用新技术成果约13.1万项。检索字段包括：成果名称、项目年度编号、完成人、完成单位、简介、中图分类号、关键词。

10.2.4.3 国家科技成果网(NAST)——科技成果数据库

国家科技成果网(NAST)是由国家科技部创建的国家级科技成果创新服务平台。科技成果数据库现收录全国各地区、各行业经省、市、部委认定的权威性科技成果20万余项。分为18大类：农/林/牧/渔业、采矿、运输/仓储和邮政、金属冶炼加工、水的生产供应、科学研究和地质、勘察、轻工、石油化工/化工/制药、设备制造、建筑、信息传输和计算机软件、环境保护、医药卫生、经济/金融、通用工业技术、文化/教育/体育和娱乐、水利、其他。提供分类浏览检索、关键词检索和高级检索。检索字段有：成果名称、成果编号、关键词、完成单位、完成人。

10.2.4.4 中国科技查新网——中国科技成果数据库

中国科技查新网提供的“中国科技成果数据库”始建于1986年，是国家科技部指定的新技术、新成果查新数据库。数据主要来源于历年各省、市、部委鉴定后上报国家科技部的科技成果及星火科技成果。现收成果已达37万余条，每年新增2万条最新成果。收录成果范围涵盖技术、新产品、新工艺、新材料、新设计，涉及化工、生物、医药、机械、电子、农林、能源、轻纺、建筑、交通、矿冶等专业领域。

10.2.5 年鉴类数据库

10.2.5.1 CNKI——中国年鉴网络出版总库

“中国年鉴网络出版总库”是CNKI“中国年鉴全文数据库”的新版，两者检索模式基本相同。截至2008年5月，收录我国正式出版的1376种8095本年鉴，含中央级年鉴293种，统计类年鉴207种，地方年鉴1006种。

数据库提供检索导航、初级检索、高级检索、专业检索、年鉴整刊导航。初级检索、高级检索与专业检索的模式与“中国期刊全文数据库”相同。

• 检索字段。提供15个检索字段：条目题名、正文、地域、作者、单位、年鉴中文名、年鉴英文名、卷、主编单位、主编、出版者、出版日期、issn、cn、isbn。

• 年鉴级别。可供选择的年鉴级别有：全部、中央综合年鉴、地方综合年鉴、中央行业年鉴、地方行业年鉴、统计年鉴、学科年鉴、企业年鉴、学校年鉴、其他。

• 条目类型。可供选择的条目类型有：总结报告、领导讲话、远景规划、事实类、法律法规类、统计公报、统计图表、文件、标准、人物、科研论文、大事记、图片、机构、作品、其他。

• 检索导航：提供专辑导航（10个专辑）、行业导航（16个行业）和地域导航（34个省级行政区域）。

• 年鉴整刊导航。包括行业分类、地方分类和专辑分类。可按年、按年鉴栏目浏览年鉴内容，也可按条目题名、正文、作者、单位、地域、页码等途径检索该年鉴内容。

• 检索结果。显示序号、条目题名、栏目、年鉴中文名和年鉴年份。点击条目题名，进入细览页。界面右方显示该条目所在年鉴的目录及链接，左上方显示该条目详细记录；下方提供与该条目相关信息及其链接。包括：同栏目条目列表、相关年鉴、不同年份同栏目文章、其他数据库中同类文献、相似文献等。

10.2.5.2 Apabi（阿帕比）——中国年鉴资源全文数据库

“中国年鉴资源全文数据库”由北京方正阿帕比技术（Apabi）有限公司与中国出版工作者协会年鉴工作委员会联合建设。截至2007年10月，已收录国家级、各省级和地级市，重要的省级专业年鉴以及其他各类有价值年鉴近600种，5300多卷，其中包括各类统计年鉴206种，约2500卷。计划至2008年底全文收录1500种。其中90%以上的年鉴达到完整回溯。

所收录年鉴内容划分为19个大类：国情地情综合、国民经济和社会统计、政治民族军事、法律、自然资源和环境保护、经济综合与管理、财政金融、农业、工业、交通和旅游、邮政通信和信息产业、贸易经济、企业经济、科技、哲学与社会科学研究、教育、社会文化体育生活、传媒出版与知识传播、医学医药卫生。

数据库提供检索（首页）、高级检索和年鉴导航。高级检索的检索字段有：正文、标题、作者、年鉴名称、年鉴卷次。可以选择多种年鉴同时检索。年鉴导航包括行业学科分类导航（19大类）、地区分类导航、级别分类导航和年鉴专题导航。检索结果列表显示检索词（以红色标明）以及摘要，点击检索词即可浏览正文。可以查看检索结果分布情况。

10.3 国外事实数值型数据库

10.3.1 律商联讯(LexisNexis)

10.3.1.1 律商联讯——法律数据库(Lexis. com)

Lexis. com 是 LexisNexis(律商联讯)的子库,是一个大型法律资料数据库。主要收录美国、欧盟等国的法律法规及案例等法律信息。拥有 15 563 个法律资料来源,其中包括美国联邦及各州法院判例、美国联邦行政法规、美国各州法律、美国及英国立法和政策,以及英美立法和政治制度资料,来自 28 个国家的法律信息,同时还包括法律期刊、法律新闻、法律专著、法律释义、法律百科、法律重述资料等法律资料。

数据库提供一般检索、文件获取、谢泼德引证检索和研究目标等方式。

(1)一般检索(Search)。包括来源检索、主题检索、指南检索、指令检索。

• 来源检索(Sources)。即在法律资料来源中检索,所有资料按照来源分为法律、新闻与商业、公众记录等类,每一类下面按资料来源又分出二级、三级、四级类目,呈树状结构,可选择单个或多个类目进行检索。

• 主题检索(Topic Or Headnote)。即在某一特定法律领域内进行检索。数据库具有基于 5000 多个法律主题构成的分类系统,可以选择相应的主题层层浏览。

• 指南检索(Guided Search Forms)。将全部资料粗分为国家法律、区域法律、案例、代码等 10 多个大类,在每一类中根据资料情况进行字段检索。

• 指令检索(Command Searching)。即命令检索,直接写入检索指令。

(2)文件获取(Get a Document):可按照引证(citation)、当事人姓名(party name)、案件编号(docket number)检索特定案例的资料。可对法院名称进行限定。

(3)谢泼德引证检索(Shepard's):可通过题内关键词和全文检索两种方式查询某一案件判决后被引证、利用和研究情况。

(4)研究目标(Research Tasks)。列出一些重要研究主题,可以选择感兴趣的研究目标,设定个性化的页面,系统会定期自动搜索相关资料。

10.3.1.2 律商联讯——统计大全数据库(LexisNexis Statistica)

统计大全数据库是 LexisNexis 子库。该库融合了自 19 世纪 70 年代以来由美国政府、主要国际组织、自由职业和贸易组织、商业杂志出版物、自由研究组织、州政府部门和大学制作的各类统计报表,包括约 1000 个从 1980 年至今的统计索引。约有 2 万多个来自 100 多个国际政府间组织从 1983 年至今出版过的所有刊物的刊物名称的索引。每年以 13 万条的速度增加。可通过检索研究性统计报表、检索报表摘要和链接列表等不同渠道查询。

10.3.2 WORLD BANK、OECD 数据库

10.3.2.1 世界银行(WORLD BANK)——在线统计数据库

世界银行是国际复兴开发银行(International Bank for Reconstruction and Development, IBRD)的俗称,该行创建于 1945 年,1947 年起成为联合国专门机构之一,是世界上最大的政府间金融机构之一。总部设在美国华盛顿,并在巴黎、纽约、伦敦、东京、日内瓦等地设有办事处,此外还在 20 多个发展中成员国设立了办事处。

世界银行统计数据库主要有3个:世界发展指数数据库、全球经济监控数据库、全球金融发展数据库。

(1)世界发展指数——在线数据库(World Development Indicators——WDI Online)

该数据库是对全球经济发展各方面基本经济数据的汇总。收录了从1960年以来社会、经济、金融、自然资源和环境指标等多方面的数据资料,包括220个国家及18个地区与收入群的737种发展指标的统计数据。依次选择变量(国家、主题、时间),即可以表格、图形、地图等形式展现数据。也可按关键词查询。每年4月更新数据。

(2)全球金融发展——在线数据库(Global Development Finance——GDF Online)

全球金融发展数据库包括135个国家向"世界银行债务申报系统"申报的该国国家债券和国家保证债券的统计数据,涉及217种参数,数据始于1970年。参数内容涉及外债额、外债流量、主要经济综合指标、主要债务比率、长期债务的货币构成、债务重组等。每年1月更新数据。检索界面与检索模式同WDI Online。

(3)全球经济监控(Global Economic Monitor)

该数据库是早期世界银行为了便于银行成员内部监控和报告每日全球经济状态而建立的。将几个早期的"内部"银行产品整合为一个能够分析当前经济趋势以及经济与金融指数的"一站式"平台。数据库包括每月摘要、指标体系、区域指标等部分。

"每月摘要"提供近期世界主要工业国家数据指标,内容包括全球趋势、高收入国家(美国、日本、欧盟)、工业制造、高科技市场、国际贸易、日用品价格、国际财政、通货等焦点主题;"指标体系"界面可以查询上述主题和分主题的各项指标数据;区域指标显示地图,在地图上点击需要查看的区域,可以获得该区域整体经济指标和财务指标数据。

10.3.2.2 经济合作发展组织(OECD)在线图书馆——统计数据库

经济合作与发展组织(Organisation for Economic Co-operation and Development,OECD)简称经合组织,是全球30个市场经济国家组成的政府间国际经济合作组织,1961年创建。ECD在线图书馆包括26个在线统计数据库(此外还有期刊和图书),其数据不仅来自OECD的30个成员国,也有来自其他非成员国家的。具体数据库是:农业与食品、银行收益、经济发展、教育、就业和劳动力市场、全球化、国际贸易商品、工业和服务业指数、机构投资者、保险、全球发展、全球直接投资、全球移民统计、国际贸易和竞争指数、主要经济指数、国际贸易月度统计、国民账户、健康数据、经合组织成员国税收、工业和服务业结构、科学和技术、服务业、社会支出、工业结构分析、税收和工资、电信和因特网。此外还有国际能源组织(International Energy Agency,IEA)的7个数据库。

数据库提供检索(主页)、高级检索、浏览等方式。高级检索的选项包括选择检索途径、匹配方式、逻辑算符、时间范围、具体数据库等。

10.3.3 联合国(UN)数据库

(1)联合国统计数据库(United Nations statistics division)

由联合国统计处编制。数据来源于30个国际专业统计数据信息源,包括联合国统计司、人口司,联合国经济与社会问题研究部、粮农组织、国际劳工局、国际货币基金组织、国际电信联盟、经合组织、教科文组织、世界卫生组织、世界知识产权组织、世界银行和世界旅游组织等。大部分数据系列的年代自1970或1980年起。数据库设置基本查询、国家/区域查询、快速选择、高级检索方式。

(2)联合国商品贸易统计数据库(UN Commodity Trade Statistics Database)

联合国商品贸易统计数据库由联合国统计处提供。它包含了1962年以来全世界超过140个国家的商品贸易统计数据,已经积累70亿条贸易数据。商品分类遵循《国际贸易商品标准分类》(SITC标准),编码遵循协调商品分类目录及其编码制度(Harmonized System)。可通过商品名称、代码、国家名称(或缩写)、商品分类进行检索。

(3)联合国粮农组织统计数据库 (FAOSTAT)

粮农组织统计数据库是一个在线多语言数据库,包含200个国家15年期间300万个时序记录,超过200个初级产品和农业投入的数据。内容包括生产、贸易、消费、供给使用账户/粮食平衡表、粮食安全、价格、原料/投入等类别。可以按类查询,数据以PDF和xls格式显示。

(4)联合国其他数据库

- 统计月报在线(MBS On-line)。它是联合国出版物《统计月报》(《统计年鉴》的补充资料)的在线版,主要提供世界各国和地区的经济统计信息。
- 国际社会指标数据库(Social Indicators)。提供世界各国和地区有关教育、健康、居住、收入与经济活动、人口、失业、公共卫生、文化素养等社会方面的统计信息。
- 粮农组织全球水和农业信息系统(AQUASTAT)。是粮农组织全球水和农业信息系统,由粮农组织土地及水利开发处建立。主要收集、分析和发布国家及地区水和农业种植方面的数据和信息,特别是非洲、亚洲、拉美和加勒比海区域国家的信息。
- 联合国教科文组织统计研究所数据库(UNESCO institute for statistics, UIS)。提供全球教育、科学与技术、文化与交流、文化素养等方面的各国和地区间可比性统计数据。
- 联合国教科文组织统计年鉴数据库(Statistical Yearbook of UNESCO)。提供1970年—1997年有关教育、科学与技术、文化交流等领域的国际统计数据。
- 国际劳工标准数据库(ILOLEX)。提供世界上180多个国家的7万多份有关劳工标准的全文文件。
- 世界卫生组织信息统计系统(WHO Statistical Information System, WHOSIS)。提供有关世界各国卫生、健康、疾病等方面的统计数据,以及世界卫生组织成员国和地区的卫生信息。

10.3.4 国际货币基金组织(IMF)数据库

国际货币基金组织(the International Monetary Fund, IMF)是政府间的国际金融组织,创建于1945年,同年成为联合国专门机构,总部设在华盛顿,至今已有185个成员。IMF提供的在线统计数据包括国际收支统计(BOP)、国际金融统计(IFS)和贸易方向统计(DTS)。

(1)国际收支统计(Balance of Payment Statistics, BOP)。国际货币基金组织IMF从1949年开始每年出版一本有关其成员国家或地区国际收支状况的《国际收支统计年鉴》,国际收支统计在线数据库的数据主要来源于该年鉴。数据库涵盖了175个国家约10万个时间系列数据,涉及数据内容有:当前账户余额和构成、金融账户余额和构成、储备资产等。国际收支统计根据不同国家按季度、年度提供数据。

(2)国际金融统计(International Financial Statistics)在线数据库。国际金融统计在线数据库的数据来源于国际货币基金组织(IMF)出版的《国际金融统计》月刊,该刊创刊于1948年,从1961年起每年出版一期年刊,是使用频率最高的全球统计数据出版物。该数据库IFS提供超过来自200个国家的32 000个时间序列数据。统计数据被分为国际和国内的财政标准，数据按国家类别组织。主要提供国际货币基金组织各成员在汇率、基金、国际清偿能力、储备金、货币和银行账户、利率、商品价格、产品、政府财政、劳力、国民核算、进出口和人口等方面的统计数据。

(3)贸易方向统计(Direction of Trade Statistics)。贸易方向统计主要是国家与贸易伙伴之间的进出口项目的统计数据，收录了186个国家的自1980年以来的年度和季度数据，约10万余个序列，按国家组织来展示。

(4)国际货币基金组织在线连续出版物(IMF Publications)。提供IMF的系列文件。包括工作报告、国家报告、政策讨论报告、经济问题、世界经济与财政调查等。提供浏览与检索方式。

10.3.5 EMIS、BvD

10.3.5.1 ISI Emerging Markets(EMIS)——全球新兴市场商业资讯

EMIS由ISI公司提供。ISI是"Euromoney Institutional Investor"(欧洲货币和机构投资者)集团的全资控股子公司，是全球最大的新兴市场信息服务商，创建于1994年。EMIS是一个专注于新兴市场经济全景的数据库，它以27种语言提供亚太、欧洲、中东、非洲和南北美洲的80多个新兴市场国家和地区的宏观、微观经济全貌，内容包括实时新闻，所有上市公司和部分非上市公司的分析报告和可供比较的财务报表、行业深度分析报告和统计数据、金融证券市场分析、宏观经济统计数据及法律法规等。现有资源14万多种，其中英文资源占43%、俄语资源占16%、西班牙语资源占15%、中文资源占6%。

EMIS数据库内容分为8类：新闻、公司、行业、宏观经济、金融市场、法律法规、研究报告、信息来源。点击主菜单大类名称，进入该类检索界面，每一类均可在不同国家之间切换。

• 新闻。收录了源自新闻通讯社，报纸，杂志社，在线新闻集团如BBC、AFX、Financial Times、Moody's等覆盖新兴市场国家/地区的政治、经济新闻，以及对全球政治经济事件的深度分析报告，内容覆盖宏观经济、金融市场、行业、公司和评级信息，日更新量超过3万条。

• 公司。截至2007年7月，EMIS共收录了新兴市场国家/地区29 350家上市公司、694 000家非上市公司相关信息。主要功能包括按关键词查询公司、按行业分类查询公司、按字母音序查询公司等。

• 行业。由国内外专业咨询公司、研究机构、政府机构、行业协会等提供的各行业深入研究报告、市场分析与预测以及行业统计数据。提供分类查询、行业检索、在刊物中查询等功能。

• 宏观经济。信息来源均为国内外权威的研究机构和政府机构，如EIU、OECD，主要包括各新兴市场国家/地区统计局、中央银行、海关等宏观经济统计数据，以及花旗、高盛、汇丰、恒生等全球顶级银行和金融研究机构对各国/地区宏观经济发展的预测、研究报告等。包括宏观统计、一致预测、宏观分析研究、宏观经济刊物。全部统计数据均可直接以EXCEL表格形式下载。

• 金融市场。提供新兴市场国家金融市场经济背景、金融市场历史及现实状况、各交易所大盘、29 350家上市公司历史及隔日交易数据、评级预测、同业分析、机构报告，提供与市场联系最紧密的信息数据及研究报告。主要内容包括市场指数、股票代码查询、证券交易所、金融市场分析、市场活跃证券等。

• 法律法规。分为实时的法律新闻和重要的法律出版物两大部分。法律新闻显示实时的新闻列表，直接点击新闻名浏览；法律出版物显示出版物列表，直接点击刊物名浏览。

• 研究报告。包括超过100万篇的全球性的、权威的分析报告，覆盖宏观经济和微观经济的各个方面。

• 信息来源。收录了14 000余种权威信息资源。分为特色刊物、近期更新刊物以及按类别分类的信息源。提供按刊物名称关键词、按刊物提供者、按信息源划分刊物和按内容划分刊物等查询方式。

10.3.5.2 BvD——全球金融、各国宏观经济指标分析库

BvD(Bureau van Dijk Electronic Publishing)——电子商业信息出版商是欧洲著名财经专业分析数据提供商，总部位于瑞士日内瓦。主要提供跨国企业财务经营、企业并购交易等历史与当前的基础分析数据。

BvD数据库按专业子库划分，内容涉及全球各国金融与宏观经济指标数据、跨国企业财务经营数据、银行与保险公司的分析报告、全球各行业内最新的并购交易分析数据等。所含信息量庞大并在线随时更新。库中各类宏观或财务类指标的时间系列完整，并详细注明指标定义、数据来源与数值更新时间。其每个专业子库均提供了多达200多项的高级检索条件，支持单一或多项复合检索。设有高级分析软件，可快速提取所需数值或转换图形，支持多项统计分析及国际同业对比分析。

• BANKSCOPE——全球银行与金融机构分析库。是BvD与银行业权威评级机构Fitch-Ratings(惠誉)合作开发的银行业信息库。提供全球22 800多家主要银行及世界重要金融机构与组织的经营与信用分析数据。每一家银行的分析报告内容包含：按分层财务模版提供最长8年的银行当前与历史财务数据、各银行世界及本国排名、标普/穆迪/惠誉的银行个体评级、国家主权评级等。

• OSIRIS——全球上市公司财务分析库。由BvD公司与世界上10多家权威的金融服务、信用评级机构共同开发。是一个包含全球52 000多家上市公司、上市银行与保险公司的大型财务分析数据库。其中包括中国深、沪两市及海外上市的1500多家公司。主要提供分析全球上市公司所必需的各类商业数据。

• ZEPHYR——全球并购交易分析库。收录了全球各行业50万笔并购记录，每年新增约6万笔。库中所有记录均译成英文。可通过数据库中每一项交易记录的相关链接，直接进入BvD公司网上套件(Suite)中全球各国1000万家公司、企业的经营分析数据库中，获取交易各方的详细经营报告，包括同业分析报告及公司财务报告。数据每日更新。

• EIU CountryData——全球各国宏观经济指标宝典。数据涵盖150个国家与地区，并提供全球45个主要地区的各项宏观经济指标总量数值(Regional Aggregates)。宏观指标分为7大类：国民生产总值类、财政与货币指数类、人口统计和收入类、国际收支类、当前外债类、劳务外债类、对外贸易类。总计317项变量系列(Series)，含年度、季度、月度数值。

• EIU World Investment Service(WIS)——世界投资宝典。WIS是EIU针对世界上60个主要国家作为投资市场而开发的投资分析库，具体有国家和行业的投资，国外合并、收购和企业成本的详细数据，可快速查取所关注国家的经济状况、外国投资情况及大宗跨国合并并购等数据信息。

• EIU Market Indicators & Forecasts(MIF)——各国竞争力指标库。MIF是EIU针对世界

上 60 个主要国家市场而开发的国家竞争力分析库,具有各国完整的各行业分类指标。可快速查取各国经济、人口、消费、各主要行业等关键分析指标数据。数据每日更新。

• ISIS——全球保险公司财务分析库。包含各国家 8150 家主要保险公司的详细财务经营信息,提供各公司的保险业务类别、业务描述、全球及本国排名、历年资产负债表、损益表、现金流量表、信用评级、股价(上市保险公司)、管理层人员姓名、股东及附属机构、审计情况等综合信息。

• CityData——世界主要城市物价指针。提供了从 1990 年至今世界上 123 个主要城市中总计 160 多种商品与服务的价格数据,也含各国国民消费物价指数、平均通货膨胀率、外汇兑换比率、城市居民可支配收入水平等主要宏观数据。

• CHELEM——国际商品贸易分析库。收录全球 82 个最主要的经济活动体(国家与地区)的数据。数据每日更新。

• AMADEUS——欧洲企业贸易投资分析库。提供欧洲 45 个国家共计 1000 多万家公司的财务、经营信息以及各行业发展情况。可按欧洲各国家、所在城市、所在行业、产品类别、雇员人数、企业资产规模、企业盈利状况、企业在行业排名等指标查询。

10.3.6 康帕斯(KOMPASS)全球企业/产品名录

康帕斯是世界著名国际企业信息提供商,于 1944 年在瑞士成立,总部设在法国。康帕斯(中国)国际信息服务有限公司 1993 年在北京成立。康帕斯所创立并拥有独立知识产权的工业和产品分类系统(WorldFile)是被联合国确认的国际标准工业分类系统。这个分类系统已经被翻译成 38 种语言。

康帕斯名录包括产品和服务进口商名录、全球企业产品数据库和商标名录数据库,收录包括中国(含台湾、香港)在内的 70 多个国家的 220 万家公司信息,按 5.3 万个类别归类的 2300 多万种产品,360 多万家企业的负责人信息和 79 万个商标名称。提供包括中文在内的 25 种语言界面。可以通过公司名称、产品关键词、产品分类等途径进行检索。名录信息包括公司名称和司徽、营业场所、位置和联络信息、主要负责人、业务范围、商标名称、营业额、董事会、开户银行、雇员人数、电话/传真号码、电子邮箱、网址和详细的康帕斯产品服务分类。

第 11 章　专利与标准检索

本章主要介绍国内外专利与标准文献数据库的基本概况和使用方法。详细内容及检索界面见光盘:28. 国内外专利数据库;29. 国内外标准数据库。

11.1　检索专利信息

11.1.1　专利文献概述

专利是各国政府用法律形式保护发明创造的一种制度。世界上最早建立专利制度的是威尼斯城邦,1416 年 2 月 20 日它批准了第一件有记载的专利。17 世纪末至 18 世纪初,西方各国相继颁布了专利法。19 世纪下半叶出现了国际性专利组织,缔结了各种国际条约和协定。20 世纪 80 年代初,全世界有 130 多个国家建立了专利制度(包括发明证书制度),每年公布的专利说明书约 100 万件(反映约 30—35 万项新发明),并以每年 9 万件的速度递增。20 世纪 80 年代中期全世界已通报的专利说明书累计总量已达 3000 万件。其中,以日本、苏联、德国、美国、法国、英国、加拿大、澳大利亚、欧洲专利局、世界知识产权组织的专利说明书出版量最大,约占世界每年专利文献出版量的 80% 左右。

(1)专利及其类型

专利文献是记录有关发明创造信息的文献,是发明的书面形式。广义的专利文献是各国专利局以及国际性专利组织在审批专利过程中产生的官方文件及其出版物的总称,包括专利申请书、专利说明书、专利公报和专利检索工具以及与专利有关的一切资料;狭义的专利文献仅指各国专利局出版的专利说明书,它是在申请专利时必须向专利局呈交的有关该发明的技术背景、发明内容以及发明实施方式的详细说明。专利说明书是专利文献的主体。

我国专利法规定的专利有三种:发明专利、实用新型专利和外观设计专利。发明专利是指对产品、方法或者其改进所提出的新的技术方案。发明专利的保护期限为 20 年,自申请日起计算。实用新型专利是指对产品的形状、构造或者其结合所提出的适于实用的新的技术方案。外观设计专利是指对产品的形状、图案、色彩或者其结合所作出的富有美感并适于工业上应用的新设计。其中发明专利是三种专利中最重要的,其技术含量最高,发明人所花费的创造性劳动最多。我国专利法规定发明专利权的保护期限为 20 年,实用新型专利权和外观设计专利权的保护期限为 10 年,均自申请日起计算。

(2)专利文献的特点

专利文献的特点主要表现在:

第一,内容新颖、出版迅速。各国专利法均规定申请专利的发明必须具有新颖性,同样发明内容申请专利的,专利权将授予最先申请者。据统计,全世界发明创造成果约 90%—95% 首先公之于专利文献,从而使专利文献成为报道新技术、新创造最快的信息源。

第二,涉及领域广泛。专利文献涉及的学科专业领域非常广泛,在研究开发和生产活动中遇到的各种技术问题,几乎均能在专利文献中得到有价值的解决方案。

第三，针对性强。专利文献总是针对某一专门问题或某一专门问题的一个或几个方面，因此具有很强的针对性。

第三，实用性强。专利法规定，申请专利必须具有实用性，能应用于生产和科研并产生经济效益，因此专利文献包括丰富的技术细节、研究数据和图解，比其他文献类型相比更具实用性。

(3)专利文献分类——《国际专利分类表》

各国曾使用各自不同的专利文献分类法，《国际专利分类法》(International Patent Classification，IPC)是目前国际通用的管理和利用专利文献的工具。1968 年 9 月 1 日正式公布并使用，每 5 年修订 1 次。目前已普及至 50 多个国家和专利组织。第 2 版以后的各个版本都有中文译本。2006 年第 8 版公布使用。

IPC 采用等级形式，将技术内容按部(Section)、分部(Subsection)、大类(Class)、小类(Subclass)、主组(Maingroup)、分组(Subgroup)逐级分类，形成完整的分类体系。到 2006 年编辑的第 8 版 IPC，共有 8 个部、100 多个大类、600 多个小类。一个完整的 IPC 号由部、大类、小类、主组、分组等几个等级类号组成。

IPC 有 8 个部，将世界上现有的专利技术领域进行总体分类，每个部包含了广泛的技术内容，分别由 A—H 的 8 个大写字母表示。其类号和类名为：

A 部 人类生活必须(农、轻、医)(HUMAN NECESSITIES)；

B 部 作业、运输(PERFORMING OPERATIONS；TRANSPORTING)；

C 部 化学、冶金(CHEMISTRY；METALLURGY)；

D 部 纺织、造纸(TEXTILES；PAPER)；

E 部 固定建筑物(建筑、采矿)(FIXED CONSTRUCTIONS)；

F 部 机械工程、照明、加热、武器、炸药(MECHANICAL ENGINEERING；LIGHTING；HEATING；WEAPONS；BLASTING ENGINES OR PUMPS)；

G 部 物理(PHYSICS)；

H 电学(ELECTRICITY)。

部的下面设分部，分部只有标题，不用分类符号表示。如 B 部下设有分离、混合，成型，印刷，交通运输 4 个部。

大类由部的类号和 2 位数字组成。如：A01 农业；林业；畜牧业；打猎；诱捕；捕鱼。小类由部号、大类类号加大写字母组成。例如：A01D 收获；割草。小类下设主组和分组。主组类号由小类类号加一个 1—3 位的数字及"/00"组成，例如：A01B1/00 手动工具。分组是主组的展开类目，类号由主组类号后跟一个"/"符号，再加上除 00 以外的两位数组成。例如：A01B1/16，除杂草根的工具。分组类号后的圆点数表示各分组的从属关系。

11.1.2 国内专利数据库

11.1.2.1 CNKI——中国专利全文数据库(知网版)

"中国专利全文数据库"是 CNKI 数字出版平台"中国学术文献网络出版总库"的一个子库。收录了 1985 年 9 月以来的所有专利，共计 268 万多条。包含发明专利、实用新型专利、外观设计专利三个子库。专利的内容来源于国家知识产权局知识产权出版社，相关的文献、成果等信息来源于 CNKI 各大数据库。

(1)检索方式

系统提供专利分类导航、初级检索、高级检索和专业检索。

• 专利分类导航。中国专利数据库按专利种类分为发明专利、外观设计和实用新型三个类型。其中发明专利和实用新型采用国际专利分类法(IPC 分类)和 CNKI 10 个专辑 168 学科分类进行导航,外观设计采用国际外观设计分类和 CNKI 10 个专辑 168 学科分类进行导航。在右上方点击各类选项按钮进行单库导航检索。

• 初级检索。可在"专利类别"处勾选单库,提供 17 个检索字段:专利名称、申请号、申请日、公开号、公开日、关键词、摘要、主分类号、分类号、申请人、发明人、地址、专利代理机构、代理人、优先权、国省代码、全文等检索项进行检索。点击"逻辑"下的"+"按钮,增加输入框,可对检索词进行"并且"、"包含"和"不包含"的逻辑组配。

• 高级检索。高级检索支持多项双词逻辑组合检索,即可选择多个检索项进行并且、或者、不包含组配,可在一个检索项中输入两个检索词(在两个输入框中输入),每个检索项中的两个词之间可进行五种组合:并且、或者、不包含、同句、同段。其他检索项同初级检索。

• 专业检索。利用 17 个检索字段和系统提供的运算符构造检索式,多个检索项的检索表达式可使用 and、or、not 逻辑运算符进行组合,逻辑算符前后要空一个字节。

(2)检索结果显示及处理

• 检索结果显示。检索结果列表内容包括:序号、专利名称、发明人、申请号。可对检索结果进行再次检索,输入相应的检索条件,点击"在结果中检索"。

• 知网节。在检索结果列表中点击文章篇名,进入该专利知网节。内容包括专利细目及与该专利相关的最新文献、科技成果、标准等信息。可以浏览该专利产生的背景、最新发展动态、相关领域的发展趋势,以及发明人与发明机构在各种出版物上发表的信息。点击"查询法律状态"链接,可查看该专利法律状态,包括申请专利号、授权公告号、法律状态公告日、法律状态类型。

• 检索结果处理及阅读全文。在检索结果列表界面勾选专利题录,可以全选也可单选,点击"存盘"按钮,对选中记录进行不同格式(简单、详细、引文格式、自定义)的保存、打印和复制。在专利知网节页点击"推荐下载阅读 CAJ 格式全文",可以浏览、下载专利说明书。

11.1.2.2 中国知识产权网——中外专利数据库服务平台(CNIPR)

由中国知识产权网提供的"中外专利数据库检索平台"主要由中国专利库和国外专利 3 个数据库组成。中国专利数据库收录了自 1985 年中国专利法实施以来公开的全部中国专利信息,包括发明专利、实用新型和外观设计;国外专利数据库收录了 1970 年以来六国(美、日、德、英、法、瑞士)两组织(世界知识产权组织、欧洲专利局)专利信息;中国中药专利信息数据库收录了 1985 年至今公开的全部中国中药发明专利。3 个数据库总量达到 1000 万件以上。

(1)检索方式

该平台的中国专利和国外专利主要提供以下几种检索方式:表格检索、组合逻辑检索,IPC 分类检索、行业导航检索和法律状态检索。

1)表格检索。中国专利和国外专利检索的主界面默认为表格检索,即字段检索。中国专利检索提供 18 个检索字段,国外专利检索提供 13 个检索字段,在各检索字段输入框中输入检索词即可。中外专利检索字段都支持模糊检索(? 代替单个字符,% 代替多个字符),字段内各检索词之间可使用布尔逻辑"and"、"or"、"not"算符进行组合检索。

2)组合逻辑检索。表格检索页面下方为组合逻辑检索区。提供“and”、“or”、“not”、“(”、“)”5种运算符按钮,对检索表格中使用的检索字段和输入的检索条件进行布尔运算式逻辑组合,按照组合后的表达式进行检索。检索字段均使用其字母代表。在字段输入框中输入检索词,点击字段名称,再点击逻辑符号按钮,该字段代码和逻辑符号即进入组合逻辑检索框中。

3)IPC分类检索(国际专利分类)。是将IPC分类和表格检索结合在一起进行的检索方式。界面左边显示IPC分类及名称,右边为表格检索(也可以不与IPC分类结合,单独进行表格检索)。层层点击IPC类目逐次展开,表格检索的主分类中自动输入该IPC分类号,可以再配合输入其他检索条件进行检索。点击类目名称前三角箭头图标,可以直接检索该IPC分类的专利。

4)行业分类导航。是以《国际标准产业分类》和《国民经济行业分类与代码》为依据构建。共分22类行业和757个主题。点击类目前的“+”展开分类层次,右边显示导航结果列表。

5)法律状态检索。该检索系统的专利申请(专利)的状态信息主要来源于国家知识产权局出版的发明、实用新型和外观设计专利公报。中国专利法律状态可以从申请专利号、法律状态公告日和法律状态3种途径进行检索;国外专利法律状态提供专利号、法律状态代码、法律状态公告日、法律状态信息4种检索途径。

(2)检索结果显示与处理

检索结果列表显示申请(专利)号、主分类号和专利名称。可以点击选择框进行选择。点击申请(专利)号,弹出该专利详细信息页面,点击“法律状态”和“专利说明书全文”链接,可查看其法律状态和全文。可打印/下载文摘和说明书。

11.1.2.3　国家知识产权局——专利数据库

由中华人民共和国国家知识产权局提供。收录1985年9月10日以来公布的全部中国专利信息。包括发明、实用新型和外观设计三种专利的著录项目及摘要,并可浏览到各种说明书全文及外观设计图形。提供专利字段检索(16个检索字段)和IPC分类检索。检索结果列表包括序号、申请号和专利名称。点击申请号或专利名称即可查看该专利详细信息及浏览专利全文。

11.1.2.4　中国专利信息网——中国专利数据库

中国专利信息网提供的中国专利数据库收录了我国1985年以来的发明专利信息和实用新型专利信息。系统提供关键词简单检索、菜单检索(17个检索字段)和逻辑组配检索3种方式。检索结果列表包括申请号和专利名称。点击专利名称即可查看该专利详细信息及浏览专利全文。

11.1.2.5　万方——专利技术数据库

专利技术数据库是“万方数据资源系统”系列数据库之一。包括中国专利技术数据库和国外专利技术数据库2个子库。

• 中国专利技术数据库。收录从1985年至今受理的全部发明专利、实用新型专利、外观设计专利数据信息。至2008年6月积累297.2万余条专利信息。数据库提供14个检索字段:专利名称、发明人、申请人、主申请人地址、申请号、申请日期、审定公告号、审定公告日期、分类号、主分类号、摘要、主权项、代理机构、代理人。在检索结果列表点击“详细摘要信息”,进入细览页,可浏览该专利详细信息和专利全文。

• 国外专利技术数据库。包括欧洲专利局(EP)、世界专利组织(WO)、德国(GE)、法国

(FR)、美国(US)、英国(GB)、瑞士(CH)和日本(JP)等国专利技术数据。检索字段同中国专利技术数据库,数据内容主要包括专利名称、专利号、公开公告日、申请(专利)号、申请日期、申请(专利)人、发明(设计)人、摘要、优先权、同族专利项、欧洲主分类号等。

11.1.2.6 国家科技图书文献中心(NSTL)——专利文献数据库

国家科技图书文献中心(NSTL)专利文献数据库是NSTL网络服务系统的一个子库。包括中国专利库和西文专利库。

中国专利库主要收录中国国家知识产权局从1985年以来的所有公开(告)的发明、实用新型和外观专利。提供申请号、申请日期、公开(告)号、公开(告)日期、主分类号、副分类号6个检索字段。西文专利库分为8个子库:美国专利库、英国专利库、法国专利库、德国专利库、瑞士专利库、日本专利库、欧洲专利库、世界知识产权组织专利。西文专利库提供公开(告)号、发明名称、申请号、公开(告)日期、主分类号、副分类号、申请人、申请人地址、权利要求、发明人、摘要、申请日期12个检索字段。

11.1.3 国外专利数据库

11.1.3.1 德温特专利(Derwent Innovations Index DII)数据库

(1)概况

德温特专利索引(Derwent Innovation Index,DII)是德温特公司与ISI(Institute for Scientific Information)公司合作开发的基于"ISI Web of Knowledge"平台提供服务的网络版专利数据库。德温特(Derwent)是全球最权威的专利信息和科技信息机构之一,1948年在英国创建。

DII由Derwent World Patents Index(德温特世界专利索引,简称WPI)和Derwent Patents Citation Index(德温特专利引文索引,简称PCI)整合而成,收录全球1963年以来的约1400万项基本发明和3000多万项专利,并提供与部分专利全文的链接。每周增加1.5万篇记录。数据来源于38个国家和两个国际组织的专利公布机构,以及两个重要的国际技术报告刊物:《研究公开》、《国际技术公开》。

DII按学科分为三个子数据库,即:Chemical(化学)、Electrical and Electronic(电子与电气)和Engineering (工程)。首先选择要检索的子数据库,如果不选择,系统默认全选。同时需要进行检索年限的限定。

(2)检索方式

ISI WOK(4.0)平台提供三种检索方式:基本检索、专利引用检索和高级检索。检索模式和检索规则同科学网(ISI Web of Science)。

1)检索(Search)。提供对主题/关键词、专利权人、发明人、专利号、国际专利分类号(IPC)、德温特分类号、德温特人工代码、德温特入藏号等字段的检索,以及这些字段的组合检索。

- 德温特分类代码(Derwent Class Code):德温特专利分为20个学科大类,又被分为三组:化学(A—M),工程(P—Q),电子与电气(S—X)。每一大类都被分为3个字符的子类。A—M和S—X由德温特主题专家使用,工程类P—Q的类号由IPC自动赋予。当分类代码和其他检索字段如主题检索等组合使用时,这些代码可将检索结果限定在相关的学科领域。可点击"Derwent Class Codes"后的图标选择分类代码。
- 德温特手工代码(Derwent Manual Code):手工代码是由德温特的专业人员为专利标引

的代码。代码可用于显示一个发明中的新颖技术特点以及其应用。利用手工代码进行专利的检索可改进检索的速度和准确性。输入 H01 - B * 可找到石油/钻井领域的专利记录,输入 H01 - B01 * 可找到所有有关海上石油钻探设备结构与仪器领域的专利。也可通过"Derwent Manual Codes"选择手工代码。

• 德温特入藏登记号(Derwent Primary Accession Numbers):可检索专利记录中的德温特入藏登记号字段。入藏号登记号(PAN)是德温特为每一个专利家族中的第一条专利记录指定的唯一标识号(或唯一编号),其形式是出版年加六个字节的序列号(YYYY - NNNNNN)。一个带有两位数的方括号"[]",代表德温特出版专利文摘的时间。如:2001 - 580453 [65]。

2)被引专利检索(Cited Patent Search)。被引专利检索可以通过被引专利号、被引专利权、被引专利发明人、被引德温特入藏号字段以及这些字段的组合检索,查询引用了该专利的专利文献。

3)高级检索(Advanced Search)。在文本框中直接输入检索式。利用系统提供的检索字段代码、逻辑算符、位置算符和通配符组成的检索式进行检索。

(3)检索结果。检索结果列表包括专利号、专利题名、专利受让人、专利发明人、专利引用以及全文图标(Original)。点击专利题名显示详细记录格式,点击"Original"查看专利全文。

11.1.3.2 欧洲专利局——欧洲专利数据库检索系统 esp@ cenet

利用欧洲专利局的 esp@ cenet 欧洲专利数据库可以免费检索欧洲专利局(EP)、世界专利组(WO)和 70 多个国家的专利文献,其中大部分专利有全文。该数据库包括:世界专利数据库(Worldwide)、欧洲专利数据库(EP)、世界知识产权组织的 WO 专利数据库(WIPO),数据库提供快速检索(Quick Search)、高级检索(Advanced Search)、专利号检索(Number Search)、分类检索(Classification Search)四种检索方式。

在检索列表中点击专利名称显示该专利详细信息和摘要。内容有专利描述、专利要求、专利图、专利原文、法律状态。点击"View INPADOC patent family"链接显示国际专利文献中心的同族专利文献,点击"View list of citing documents"可查看引用该专利的列表。

11.1.3.3 美国专利与商标局(USPTO)——专利数据库

美国专利与商标局(United States Patent and Trademark Office, USPTO)是美国审批专利与商标的政府机构,其网站是美国专利商标局建立的政府性官方网站。USPTO 专利数据库收录了 1790 年以来颁布的所有美国专利说明书,可免费使用,数据库每周更新。

点击首页左侧"Search Patents"进入专利数据库检索界面。检索界面上有两个专利检索数据库:

• 授权专利数据库——Issued Patents(PatFT):收录 1790 年 7 月 31 日至今的美国专利说明书。其中,1790 年至 1975 年的专利只提供图像格式(TIFF 格式)专利说明书,1976 年 1 月 1 日后除图像型全文外还提供了 HTML 格式专利全文。

• 公告专利数据库——Published Applications(AppFT):收录 2001 年 3 月 15 日以来公布的(未授权)美国专利申请公布文献,提供文本型和扫描图像型美国专利申请公布说明书全文。专利类型包括:实用专利(Utility Patent)、外观设计专利(Design Patent)、植物专利(Plant Patent)、再公告专利(Reissued Patent)、防卫性公告(Defensive Publication)和法定发明登记(SIR)。数据每周更新一次。

两个数据库检索模式相同,都提供快速检索、高级检索和专利号检索。

11.1.3.4 世界知识产权组织(WIPO)——PCT国际专利申请数据库

PCT国际专利申请数据库由世界知识产权组织网提供。PCT是"Patent Cooperation Treaty"(专利合作条约)的简称。按照PCT提出的申请称为PCT国际申请。PCT体系规定国家申请提出后12个月内按照PCT规定提交国际申请,要求巴黎公约的优先权,在完成国际阶段程序后,在30个月内进入国家阶段。授予专利的决定由进入其国家/地区阶段的国家局、地区局做出。PCT体系是专利申请体系,不是专利授权体系。只有发明可以通过PCT申请专利、实用新型和其他类似的权利保护,外观设计和商标不能通过PCT途径获得保护。目前有177个成员国家加入PCT系统。目前该数据库收录了自1978年以来WIPO主办的PCT公报所发布的所有通过PCT途径申请的专利的全文约143.1万多件。

数据库提供按题名字段和任意字段进行关键词检索,设置了12组检索框,可对31个字段进行逻辑组配。检索结果详细页面包括的主要项目有:专利描述(Description)、专利权项(Claims)、国家阶段(National Phase)、文档(Document),"Document"界面提供专利全文(PDF和HTML格式)及相关文档,"National Phase"显示该专利在国家申请的情况。

11.2 检索标准文献

11.2.1 标准文献概述

11.2.1.1 标准文献的含义

标准文献指按规定程序制订,经公认机构批准,在一定范围内必须执行的规范性文件,具体包括标准、规范和技术要求,简称标准。

标准文献是标准化活动的产物。所谓标准化是为在一定的范围内获得最佳秩序,对实际的或潜在的问题制定共同的和重复使用的规则的活动,它包括制定、发布及实施标准的过程。广义的标准文献指与标准化工作有关的一切文献,包括标准形成过程中的各种档案,宣传推广标准的手册及其他出版物,揭示报道标准文献信息的目录、索引等。标准文献是准确了解该国社会经济领域各方面技术信息的重要信息源。

在公元前1500年的古埃及纸草文献中即有关于医药处方计量方法的标准,是现存最早的标准。我国秦代的"车同轨,书同文",统一了度量衡,这是历史上一次规模很大的标准化运动。现代标准文献产生于20世纪初。1901年英国成立了第一个全国性标准化机构,同年世界上第一批国家标准问世。此后,美、法、德、日等国相继建立全国性标准化机构,出版各自的标准。

我国于1957年成立国家标准局,次年颁布第一批国家标准。20世纪80年代,已有100多个国家和地区成立了全国性标准化组织,其中90多个国家和地区制订有国家标准。国际标准化机构中最重要、影响最大的是1947年成立的国际标准化组织(International Organization for Standardization,ISO)和1906年成立的国际电工委员会(International Electro-technical Commission,IEC),它们制定或批准的标准具有广泛的国际影响。据统计,ISO 20世纪50年代平均每年制定20个标准,1983年起平均每年制定620个,现每年制订和修订1000个国际标准。到2007年ISO共制定了16 500个国际标准。美国自20世纪70年代以来共制定了1万多个国家标准,标准总数量达10万多件;苏联、联邦德国、日本、法国等主要工业国家每年制定标准的数量也大致在1000个左右。通常所说的国际标准主要是指ISO(国际标准组织)、IEC(国际电工委员会）和ITU（国际电信联盟）的标准，同时，还包括国际标准组织认可的其他27个国际组织制定的标准。据统计，截至2006年底，我国已经有国家标准21 410项、备案行业标准33 552项，备案地方标准10 304项和备案企业标准130多万项。在2万多项国家标准中，强制性国家标准3084项，推荐性国家标准18 231项。

11.2.1.2 标准文献的类型

按标准的性质划分，标准文献分为技术标准和管理标准。技术标准按内容又可分为基础标准、产品标准、方法标准、安全和环境保护标准等；管理标准按内容分为技术管理标准、生产组织标准、经济管理标准、行政管理标准、管理业务标准、工作标准等。

按照标准化对象，通常把标准分为技术标准、管理标准和工作标准三大类。技术标准是指对标准化领域中需要协调统一的技术事项所制定的标准。技术标准包括基础技术标准、产品标准、工艺标准、检测试验方法标准、安全标准、卫生标准、环保标准等。管理标准是指对标准化领域中需要协调统一的管理事项所制定的标准。管理标准包括管理基础标准、技术管理标准、经济管理标准、行政管理标准、生产经营管理标准等。工作标准是指对工作的责任、权利、范围、质量要求、程序、效果、检查方法、考核办法所制定的标准。工作标准一般包括部门工作标准和岗位（个人）工作标准。

依照标准的约束效力和成熟程度划分，标准可以分为法定标准（强制性标准）、推荐标准、试行标准和标准草案等。法定标准主要指保障人体健康、人身及财产安全的标准和法律、行政法规规定强制执行的标准，其他标准是推荐性标准。

按标准的使用范围划分有国际标准、区域标准、国家标准、行业标准、地方标准和企业标准。《中华人民共和国标准化法》将我国标准分为国家标准、行业标准、地方标准、企业标准四级。

11.2.1.3 标准文献的特征

标准文献一般有如下四个特点：

• 权威性。标准文献是以科学技术和实践经验为基础，一般由国际组织、国家机关、行业组织等制定和发布，因而具有权威性。

• 统一编号、格式一致。每个国家对于标准的制订和审批程序都有专门的规定，并有固定的代号，标准格式整齐划一。

• 具有约束性。标准文献是从事科学研究、科学试验、工程设计、生产建设、商品流通、技术转让和组织管理的共同依据，在一定条件下具有某种法律效力。

• 具有时效性。标准文献只以某时间阶段的科学、技术和经验的综合成果为基础，需要适应科技发展不断地修订、补充、替代或废止。各国的标准化机构都对标准使用周期及标准复审周期作了严格规定。通常标准平均时效为5年，标准复审周期为3年—5年。

10.2.1.4 标准文献的分类

标准文献的分类主要采用《中国标准文献分类法》和《国际标准分类法》（ICS）。

《中国标准文献分类法》由国家标准局于1984年编制，是目前国内用于标准文献管理的主要工具。该分类法由24个一级大类目组成，用英文字母表示，每个一级类目下分100个二级类目，二级类目用两位数字表示。一级类目如下：

A 综合	J 机械	S 铁路
B 农业、林业	K 电工	T 车辆
C 医药、卫生、劳动保护	L 电子元器件与信息技术	U 船舶
D 矿业	M 通信、广播	V 航空、航天
E 石油	N 仪器、仪表	W 纺织
F 能源、核技术	P 工程建设	X 食品
G 化工	Q 建材	Y 轻工、文化与生活用品
H 冶金	R 公路、水路运输	Z 环境保护

《国际标准分类法》(International classification for standards,ICS)主要用作国际、区域性和国家以及其他标准文献的分类,是由国际标准化组织(ISO)编制的标准文献分类法。主要用于国际标准、区域标准和国家标准以及相关标准化文献的分类。ISO 发布的标准 1994 年以前使用《国际十进分类法》(UDC),1994 年以后改用 ICS 分类。我国自 1997 年 1 月 1 日起在国家标准、行业标准、地方标准上标注新的 ICS 分类号。2006 年在原版 ICS 第四版的基础上推出了中文版《国际标准分类法(第三版)》。

ICS 是一个等级分类法,由三级类构成。一级类包含 40 个标准化专业领域,各个专业又细分为 407 个组(二级类),407 个二级类中的 134 个又被进一步细分为 896 个分组(三级类)。国际标准分类法采用数字编号。第一级和第三级采用双位数,第二级采用三位数表示,各级分类号之间以实圆点相隔。ICS 一些二级和三级类类名下设有范畴注释和/或指引注释。一级类目如下:

01 综合、术语学、标准化、文献	49 航空器和航天器工程
03 社会学、服务、公司(企业)的组织和管理、行政、运输	53 材料储运设备
07 数学、自然科学	55 货物的包装和调运
11 医药卫生技术	59 纺织和皮革技术
13 环保、保健和安全	61 服装工业
17 计量学和测量、物理现象	65 农业
19 试验	67 食品技术
21 机械系统和通用件	71 化工技术
23 流体系统和通用件	73 采矿和矿产品
25 机械制造	75 石油及相关技术
27 能源和热传导工程	77 冶金
29 电气工程	79 木材技术
31 电子学	81 玻璃和陶瓷工业
33 电信、音频和视频工程	83 橡胶和塑料工业
35 信息技术、办公机械	85 造纸技术
37 成像技术	87 涂料和颜料工业
39 精密机械、珠宝	91 建筑材料和建筑物
43 道路车辆工程	93 土木工程
45 铁路工程	95 军事工程
47 造船和海上构筑物	97 家用和商用设备、文娱、体育

10.2.1.5　标准文献的编号

标准编号有国际标准编号和我国的国家标准编号两种。

1)国际、国外标准代号及编号

国际及国外标准号形式各异,但基本结构为:标准代号+专业类号+发布顺序号+发布年代号。其中:标准代号大多采用缩写字母;专业类号因其所采用的分类方法不同而各异,有字母、数字、字母数字混合式三种形式;标准号中的顺序号及年号的形式与我国基本相同。

2)我国国家标准代号及编码

我国国家标准的编号由标准代号、标准发布顺序和标准发布年代号构成。

国家标准的代号由大写汉字拼音字母构成,强制性国家标准代号为GB,推荐性国家标准的代号为GB/T。格式为GB××× - ×××、GB/T××× - ×××。除了GB、GB/T之外,尚有军用、卫生标准等给出了专门标准代号,如GB. W(国家卫生标准)、GJB(国家军用标准)等。

行业标准代号由汉语拼音大写字母组成,再加上斜线T组成推荐性行业标准,形式如为XX/T,如JY/T(教育)、WH/T(文化)、QJ/T(航天)、SJ/T(电子)、JB/T(金融系统)等。行业标准编号格式为:×× ×××× - ××××(强制性)、××/T ×××× - ××××(推荐性)。

地方标准代号由大写汉语拼音DB加上省、自治区、直辖市行政区划代码的前面两位数字(如北京市11、天津市12、上海市13等)组成强制性地方标准代号(DBXX)。再加上斜线T组成推荐性地方标准(DBXX/T)。地方标准的编号由地方标准代号、地方标准顺序号和年号三部分组成,格式为:DB××/×××—××(强制性)、DB××/T×××—××(推荐性)。

企业标准的代号由汉字大写拼音字母Q加斜线再加企业代码组成(Q/XXX),企业代码可用大写拼音字母或阿拉伯数字或者两者结合,如Q/JB1 - 79。

11.2.2　国内标准文献数据库

11.2.2.1　CNKI——国内外标准数据库(知网版)

(1)概况

“国内外标准数据库”属CNKI系列数据库。包括国外标准数据库和中国标准数据库。

• 国外标准数据库。收录了国际标准(ISO)、国际电工标准(IEC)、欧洲标准(EN)、德国标准(DIN)、英国标准(BS)、法国标准(NF)、日本工业标准(JIS)、美国标准(ANSI)、美国部分学协会标准(如ASTM,IEEE,UL,ASME)等题录信息,共计标准约16万条。标准收录起始年代为1919年。该库收录的标准内容来源于中国标准化研究院标准馆,相关的文献、成果等信息来源于CNKI各数据库。

• 中国标准数据库。收录了所有的国家标准(GB)、国家建设标准(GBJ)、中国行业标准的题录信息,共计标准约8万条。标准收录起始年代为1957年。数据库提供标准分类浏览和检索2种方式。检索模式同CNKI国内外标准数据库(知网版)——国外标准数据库相同。

(2)检索方式。系统提供标准分类浏览、初级检索、高级检索、专业检索4种检索方式。

• 标准分类浏览。提供中国标准分类、国际标准分类、学科导航(CNKI设立的10大专辑导航)。根据各级分类导航浏览。

• 初级检索。提供10个检索字段:中文标准名称、英文标准名称、中文主题词、英文主题词、标准号、发布单位名称、摘要、发布日期、被代替标准、采用关系。可以在标准数据来源列表中选择数据来源。

• 高级检索。支持多项双词逻辑组合检索，即可选择多个检索项进行并且、或者、不包含组配，可在一个检索项中输入两个检索词（在两个输入框中输入），每个检索项中的两个词之间可进行五种组合：并且、或者、不包含、同句、同段。其他检索项同初级检索。

• 专业检索。根据系统的检索语法编制检索式进行检索。检索语法规则同“中国期刊全文数据库”。

(3) 检索结果显示

检索结果列表内容包括：序号、中文标准名称、标准号、发布单位名称、发布日期。点击文章篇名，进入该标准知网节，内容包括标准细目及与该标准相关的最新文献、科技成果、专利等信息。内容主要有：标准间关联、本领域专利与科技成果、本标准研制背景、本标准应用动态、所涉核心技术研究、国外研究动态和知识连接。

11.2.2.2　国家标准化管理委员会网——标准数据库

国家标准化管理委员会是国务院授权的统一管理全国标准化工作的主管机构。该网提供的标准数据库包括国家标准目录查询（现行/废止）、国家标准计划查询、强制性国家标准电子全文库。

• 国家标准目录查询。包括现行/废止国家标准。设置国家标准号、中文标准名称、英文标准名称、标准属性、国际标准分类号（ICS）、中国标准分类号（CCS）、采用国际标准号、被代替国标号、发布日期、实施日期、归口单位、主管部门等检索字段框。勾选“现行”或“废止”，在检索字段输入框输入检索词，或在下拉菜单中选择检索项，点击“提交”即可。题录信息包括序号、标准号码、中文标准名称、英文标准名称、状态和备注。

• 国家标准计划数据库。主要收录起草、报批和批准阶段的标准。题录信息包括：项目编号、标准号码、中英文项目名称、标准性质、被修订标准号、计划完成年限、起草单位、采用国际标准号、项目进行阶段等。

• 强制性国家标准电子全文库。可以通过标准号、标准名称、中标分类三种途径检索已发布的强制性国家标准。检索结果列表包括标准号和标准名称。点击名称或标准号前的图标显示详细题录，点击“下载阅读”按钮，可以免费下载/阅览标准的 pdf 全文。

11.2.2.3　中国标准网——标准目录数据库

标准网是由国家发展和改革委员会工业司主管，机械科学研究院中机联咨询中心维护的我国工业行业的标准化门户网站。标准网提供的标准目录数据库收录了国内外现行标准19.6万多个。其中行业标准 2 万多个、国家标准 2.1 万个，国际标准 2.2 万个、国外标准 13.3 万个。其高级查询界面包括以下内容：

• 现行标准查询。现行标准库包括行业标准、国家标准、国际标准和国外标准 4 大类。可以通过标准号、标准名称、标准英文名称查询各类标准。标准内容包括：标准编号、标准名称、英文名称、代替号、采用标准、归口单位、起草单位、分类号、国际分类号、发布日期、实施日期和内容介绍。

• 标准作废代替查询。可通过标准编号查询废止和替代标准。

• 行业标准分类查询：提供 18 个行业的分类检索。点击行业名称即可浏览该行业的标准题录。18 个行业是：机械行业标准（JB）、轻工行业标准（QB）、纺织行业标准（FZ）、化工行业标准（HG）、电力行业标准（DL）、石油行业标准（SY）、石化行业标准（SH）、煤炭行业标准（MT）、冶金行业标准（YB）、建材行业标准（JC）、有色金属行业标准（YS）、汽车行业标准

(QC)、锅炉压力容器行业标准(JB)、制药装备行业标准(JB)、包装行业标准(BB)、商业行业标准(SB)、物流行业标准(WB)、稀土行业标准(XB)、黄金行业标准。

• 国家标准分类查询:点击“国家标准(GB)”,即可浏览国家标准所收录的2.1万多个国家标准题录信息。

• 国际标准分类查询:查询国际标准化组织(ISO)和国际电工委员会(IEC)的现行标准题录信息。

• 国外标准分类查询:提供10个国外标准化组织的现行标准查询。10个国外标准化组织是:欧洲标准(EN)、法国标准化协会(AFNOR)、美国国家标准学会(ANSI)、美国保险商实验所(UL)、美国机械工程师协会(ASME)、美国材料与试验协会(ASTM)、英国国家标准学会(BS)、德国标准化学会(DIN)、美国电气与电子工程师协会标准(IEEE)、日本工业标准调查会(JIS)。

11.2.2.4 中国标准咨询网——标准数据库

中国标准咨询网由北京新标方圆在线软件技术有限公司等单位联合建立。该网提供的标准数据库现收录国内外标准23.8万多个。分为ISO标准、ANSI标准、ASTM标准等14个标准库。该数据库提供14个标准库的分库浏览、基本检索和高级检索。检索字段有中文标准名称、发布日期、发布单位、实施日期、英文标准名称、采用关系、标准号码、中国标准文献分类号。

11.2.2.5 中国标准服务网——标准数据库

中国标准服务网由国家标准化管理委员会和中国标准化研究院主办。该网提供国内标准(国家、行业、地方)和国外标准(国际、国家、学协会)共195个数据库的检索,其中国家标准9个,行业标准71个,国际标准11个,国外标准104个。分为标准高级检索、标准模糊检索和标准分类检索。提供的检索字段包括:标准号、中文标题、英文标题、中文关键词、英文关键词、被代替标准、采用关系、中标分类号、国际分类号。此外该网还提供地方标准库检索,包括上海、云南、台湾、哈尔滨、山东、河北、福建、重庆和黑龙江等地的标准。

11.2.2.6 万方——中外标准数据库

中外标准数据库是“万方数据资源系统”系列数据库之一,包括中外标准数据库和中外标准全文数据库。中外标准数据库收录了中国国家标准、中国行业标准、国际标准和美英德等国的国家标准,以及国外的一些行业标准、协会标准等。截至2008年4月,积累记录25.5万多件。可以通过标准编号、标准名称、发布单位、起草单位、发布日期、实施日期、中图分类号、中国标准分类号、国际标准分类号码、关键词等途径检索。中外标准文献数据库现收录标准全文6.4万篇,检索模式同数字化期刊全文数据库。

11.2.3 国外标准数据库

11.2.3.1 国际标准化组织(ISO)——ISO标准数据库

国际标准化组织(ISO)成立于1947年2月23日。其前身为国家标准化协会国际联合会(ISA)和联合国标准协调委员会(UNSCC)。它是世界上最大的非政府性标准化专门机构,在国际标准化中占主导地位。目前ISO由150个国家标准化成员团体组成,主要通过227个技术委员会(TC)开展技术活动,负责制订除电气工程和电子工程领域以外的国际标准。ISO标准已被世界各国广泛采用。ISO目前的文件系统由17 000多个国际标准组成,几乎涉及了每个部门的活动。

ISO 通过其网站提供 ISO 的所有已颁布标准。选择“ISO Store”,在检索 ISO 目录(Search the ISO Catalogue)输入框输入标准号或关键词检索所需标准;也可点击浏览 ICS(Browse by ICS)链接,在 ICS 分类列表中选择所需标准分类,浏览标准顺序号查找所需标准,标准内容包括标准号、英文题名、版本、页码、TC 编号、文摘、价格等信息。可在线订购全文。

11.2.3.2　国际电工标准化组织(IEC)标准检索

国际电工委员会(International Electrotechnical Commission,IEC)于 1906 年成立,是世界上成立最早的非政府性国际电工标准化机构。IEC 现有 60 个成员国,88 个技术委员会,106 个分技术委员会。主要负责制订电子、电力、电信和原子能领域的国际标准。目前已经有 4600 多个国际标准。在 IEC 网站主页面检索框直接输入关键词或短语,可以查询 IEC 制订或颁布的国际电工标准。

11.2.3.3　国际电信联盟(ITU)标准检索

国际电信联盟(International Telecommunication Union,ITU)是世界各国政府的电信主管部门之间协调电信事务的一个国际组织,也是联合国机构中历史最长的一个国际组织,于 1865 年成立。ITU 的实质性工作由国际电信联盟标准化部门(ITU－T)、国际电信联盟无线电通信部门(ITU－R)和国际电信联盟电信发展部门(ITU－D)三大部门承担。其中国际电信联盟标准化部门(ITU－T)的主要职责是开发制定电信技术的全球标准。目前已经制定国际标准 2800 多个。提供简单检索和高级检索。

11.2.3.4　世界标准服务网(WSSN)

世界标准服务网(World Standards Services Network,WSSN)是全世界标准化组织的公共服务门户网。在其网站列有 IEC、IEC、ITU 国际标准化机构,ISO 和 IEC 的成员国标准机构,区域标准化组织的网站链接。

11.2.3.5　全球标准化资料库(NSSN)

全球标准化资料库(Search Engine for Standards,NSSN)现有全球 600 多家标准组织制订的 22.5 万个标准的目录。提供简单检索和高级检索。可在线定购全文。

11.2.3.6　美国国家标准化组织(ANSI)标准检索

美国国家标准学会(American National Standards Institute,ANSI)成立于 1918 年,是非赢利性质的民间标准化团体。ANSI 协调并指导美国全国的标准化活动,同时又起着美国标准化行政管理机关的作用。在主页选择“eStandards Store”, 可通过关键词和标准号进行检索。可在线订购全文。该网还提供 ISO 和 IEC 标准数据库浏览。

11.2.3.7　IEEE/IET Electronic Library(IEL)标准检索

提供美国电气电子工程师学会(IEEE)和英国电气工程师学会(IEE)出版的标准信息检索。其主页设置了标准浏览查询,选择“ + ”符号可以查看标准的版木,点击标准数字即是标准详细信息。具“Search”项提供作者检索、高级检索和引用检索。

11.2.3.8　其他

查询其他国家和标准组织的标准文献,也可以直接登录其网站。主要有:英国标准化组织(BSI)、德国标准化组织(DIN)、法国标准化组织(AFNOR)、日本工业标准委员会(JISC)、加拿大标准委员会(SCC)、加拿大标准协会、俄罗斯标准化协会(TOCTP)、瑞士标准化协会(SNV)、意大利标准化协会(UNI)等。

第12章　网络学术资源检索

12.1　网络学术资源概述

12.1.1　网络学术资源的含义

(1)网络资源

网络资源是经过数字技术处理的,通过网络以数字形式发布、存取、利用的信息资源总和。网络资源可以有两种理解,广义的理解是指对各类数字资源进行不同程度的组织、整序而形成的众多的数字资源系统,狭义的理解是指存储在不同系统中的具体的数字资源对象。

依据表现形态,网络资源大致可分为规范性资源和非规范性资源两类,规范性资源是指经过严格元数据标引后存储于各类数据库中的资源,具有一定的格式,即第6—10章所列举的各类数据库中的资源。非规范性资源则是没有经过严格元数据标引、结构不规则、不完整或没有结构的信息。如被搜索引擎搜集标引的以各种媒体形式存在的HTML、XML网页,存储于文件系统中的Word、Excel、Pdf文档等。

(2)网络学术资源

网络学术资源是一种学术信息源,是网络资源的组成部分,主要指进入学科领域,具有学术价值和利用价值的那部分资源。从广义上讲,网络学术资源一般包括:各种类型的学术性数据库、数字型出版物(期刊、报纸、工具书)、学术网站(综合性学术网站和专业性学术网站)、组织机构(政府机构、教育及研究机构、学会协会等学术团体机构)、相关资源(学科专业论坛、专家个人主页)等。

12.1.2　网络学术资源的特征

网络学术资源的主要特征是局部有序而整体无序。

局部有序是指将分散、无序的信息资源进行不同程度的有序化,并存储于某一数据库系统中,从而呈现出局部有序的状态。例如,以不同方式提供网络服务的各种类型的文献型数据库(全文型、题录/文摘型)、非文献型数据库(术语型、事实型、数值型)、多媒体数据库,以及各种形式的数字资源库等;众多的基于万维网的信息处理系统搜索引擎,也可看作是一种数据库,只是比常规型数据库更巨大、复杂性更高。从序化程度上看,前者序化程度较高,后者序化程度则较低。

整体无序主要指以下几种情形:一是资源的整体分布呈无序分散状态,信息发布自由,信息来源广泛,难以控制;二是资源内容交叉重复、冗余信息量大;三是资源类型复杂多样,既有文本,也有图形、图像、声音和超文本等多种类型;四是信息动态变化,经常更替。

12.2 搜索引擎的应用

搜索引擎是利用一定的技术手段对网络资源进行组织、整序并提供检索的工具,是目前网络信息资源组织与检索的主流方式。按检索方式与检索机制的不同,搜索引擎可以分为独立搜索引擎和元搜索引擎两类,其中独立搜索引擎中的关键词搜索引擎是目前搜索引擎的主流,也是检索网络学术信息的重要工具(参见第5章 信息检索工具:搜索引擎)。

12.2.1 搜索引擎的使用方法

搜索引擎(这里主要指关键词型搜索引擎)的检索方法及检索技术与数据库检索基本相同,只是在某些表现形式及使用符号上有所不一。

12.2.1.1 基本检索模式

搜索引擎一般包括简单检索和高级检索两种模式。

(1)简单检索

简单检索也称模糊检索。即直接在搜索框中输入检索词,不需作什么限制,这是最常用的方法。在搜索框中输入一个检索词,搜索引擎就会将包括该词的所有网址,以及与该词意义相近的网站全部搜索出来。简单检索反馈网址的排列,一般是完全符合检索词的在最前边,其次是相近的。现在大多数搜索引擎都有这种功能,只是模糊的程度不同。这种检索结果往往不太精确。

(2)高级检索

也称复杂查询、进阶查询,是对检索要求进行逻辑条件限制和特殊操作符限制,以提高检索结果的准确率。很多搜索引擎在提供布尔逻辑检索的基础上,还提供截词检索、字符串检索、字段检索、位置检索、模糊检索等,有的还在字段、范围、时间、语言、类型、网站等方面进行必要的限定。此外,搜索引擎一般都能保留检索式并能对其进行修改,实现二次检索。

12.2.1.2 常用检索技术

(1)布尔逻辑检索

几乎所有的搜索引擎都支持布尔逻辑检索。但不同的搜索引擎的表现形式各异。

• 支持的程度不同。对于逻辑“与”(AND)、逻辑“或”(OR)和逻辑“非”(NOT)三种运算,有的搜索引擎是三种全部支持;有的则只支持AND、OR两种运算;有的只在其“高级检索”模式中全部支持,而在“简单检索”模式中是部分支持。

• 提供运算的方式不同。大部分搜索引擎采用常规的命令驱动方式,也有的是采用菜单选项方式。

• 运算符号的表示不一。许多搜索引擎中用空格、逗号、括号、“&”、“|”、“!”表示布尔逻辑算符。空格、“&”的作用与逻辑“与”(AND)相同;逗号、“|”的作用类似于逻辑“或”(OR);有的搜索引擎使用“!”表示逻辑“非”(NOT)。

(2)截词检索

在英文搜索引擎网站,使用“*”、“?”、“$”和“#”作为截词符(或称通配符)。“*”表示匹配的数量不受限制,当“*”置于一个词的末尾时,表示将相同词干的词全部检索出来。有一些搜索引擎支持自动截词,用户不需要专门输入截词符,系统自动将相同词干全部找出来。但是,“ * ”不能用在检索词的开始和中间。“?”表示匹配的字符数量要受限制。

(3)邻近位置检索

在英文搜索引擎中,邻近位置检索(near 运算)用 near/n(n 为 1,2,3…)精确控制检索词之间的距离,“n”表示检索词的间距最大不超过 n 个单词。检索结果输出时,间隔越小的排列位置越靠前。

(4)精确检索

精确检索又称字符串检索和短语检索。它将一个检索词当作一个独立的运算单元,进行严格匹配,以提高检索的精度和准确度。一般是输入关键词时,加一对双引号,则可实现精确查询。几乎所有的搜索引擎都支持精确检索,并且都采用双引号来表示。

(5)字段限制检索

字段限制检索是将检索词出现的范围限制在记录的某个或所有的字段范围内。不同的搜索引擎有不同的限定方法,实现的形式也不尽相同,有的是通过在关键词前加特殊的字符,有的是通过下拉式菜单选择,有的是直接输入。字段限制类型主要有:

- 检索词位置。即限定检索词出现的位置,如是在网页的任何地方,还是在网页的标题中,还是仅在网页的 URL 中。
- 网站类型。即限定在某一类型的网站中查询,如 WWW、Ftp、Gopher、BBS、新闻组等,以查找指定站点上的所有页面。
- 地域范围。即限定在某一国家或某一地区中查询信息。
- 时间范围。即限制查询某一时间范围内建立的网站或编写的网页。
- 其他特殊限定。一些搜索引擎提供了特殊范围的限定,如域名后缀(. com、. gov、. org 等)、文件类型(文本、图形、声音等)。

12.2.2 常用独立搜索引擎

目前国内外独立搜索引擎非常多,这里介绍几个常用的关键词型搜索引擎。各搜索引擎主要检索界面见光盘:30. 常用搜索引擎。

12.2.2.1 谷歌(Google)

Google 中文名称为谷歌,是斯坦福大学 Larry Page 与 Sergey Brin 于 1999 年在美国硅谷创立的高科技公司。2000 年 7 月,Google 成为 Yahoo 公司的搜索引擎,同年 9 月成为中国网易公司的搜索引擎。据悉目前 Google 搜索引擎有 1.5 万多台服务器,200 多条 T3 级宽带;Google 搜索目录中收录了 80 亿多个网址,支持 100 多种语言,包括简体中文和繁体中文。

Google 搜索引擎主要提供简单搜索、高级搜索和一些专项搜索功能。

(1)简单搜索

直接在搜索框内输入关键词,选择需检索网页的范围(所有网页、中文网页、简体中文网页、中国的网页),点击“Google 搜索”按钮。对于英文字符不区分大小写。检索规则如下:

- 布尔逻辑算符:逻辑“与”(and)用空格表示,在关键词之间加一空格;逻辑“或”(or)用大写“OR”表示; 逻辑“非”(not)用减号“ - ”表示,减号前需添加一个空格。
- 其他运算符:用英文双引号将字符串检索和短语扩起表示精确匹配;用“ + ”表示检索常用字词,“ + ”号放在该字词前面,“ + ”号前需留一空格;用“ * ”替代单个字符,包含“ * ”的检索式必须用" "引起来。

(2)高级搜索

点击高级搜索链接,进入高级搜索界面。Google 高级搜索界面与功能类似数据库的高级检索。主要提供各种条件项对检索结果进行限制,以缩小检索范围,提高检索精确度。

• 搜索结果:提供 4 组输入框,可将检索结果限定在:包含以下全部字词(相当于逻辑与)、包含以下完整字句(相当于精确匹配)、包含至少一个下列字词(相当于逻辑或)和不包含以下字词(相当于逻辑非)。4 组输入框之间的是“AND”关系。

• 语言:默认任何语言。可选择检索内容的语种,提供 43 种语言,在下拉菜单中选择。

• 区域:默认任何区域。提供 337 个可供检索的区域,在下拉菜单中选择。

• 文件格式:默认任何格式。可将检索结果限定在 pdf、xls、psc、ppt、doc、rtf、swf、dwf、kml、kmz 等格式文件。在下拉菜单中选择。提供“仅”或“除去”两种关系,“仅”表示仅检索该格式的文件,“除去”表示排除该格式的文件。

• 日期:默认任何时间。可在下拉菜单选择过去一天内、过去一周内、过去一个月内、过去 2 个月、过去 3 个月、过去 6 个月、过去一年内。

• 字词位置:默认网页内任何地方,可将检索词限定在网页的标题、网页的正文、网页内的网址、在网页的链接内。在下拉菜单中选择。

• 网域:对搜索的网站进行限制,在输入框中输入网页的网站/域名即可。可以选择“仅”或“除去”,“仅”表示仅在该网站/域名中检索,“除去”表示排除该网站/域名。

• 使用权限:限制检索结果的使用权限范围。默认未经许可可过滤,还可选择可随意使用或共享、可随意使用或共享/可用于商业目的、可随意使用/共享或修改、可随意使用/共享或修改/可用于商业目的。

• 搜索特定网页:包括搜索类似网页和链接。输入搜索类似网页或与该网页存在链接的网页的网址。

• 特定主题搜索——Google 代码搜索:即搜索互联网上可公开访问的源代码,可以直接使用正则表达式进行搜索,按语言、许可或文件名限制搜索,并可查看源文件(包含指向其所在的整个包及网页的链接)。

(3)其他功能

1)网页快照/类似网页:检索结果除了网页标题/URL、摘要外,还设置了网页快照/类似网页链接。网页快照是 Google 索引某网页时存储的网页内容,如果网站链接不能链接到当前页面,可以通过网页快照的版本找到所需信息。在快照页面还提供了该网页“最新版”和“缓存文本”的链接。类似网页则是与该检索结果相关的一组网页。

2)使用偏好:该界面列出 43 种语言供选择,可以勾选多个语种同时检索。同时提供简繁体转换功能。

3)语言工具:该页面主要提供语言翻译功能。可以将搜索查询翻译成多种语言在网上搜索,然后把搜索结果翻译成所选择的语言。

• 跨语言搜索:目前提供中文简/繁体、法、德、俄、日、荷兰、朝鲜、西班牙、葡萄牙、意大利、希腊等语言和英语的互译。在搜索框内输入检索词,在“我的语言”下拉框中选择所用语种,点击“翻译并搜索”按钮,经过翻译的搜索结果页面分为左右两栏,右栏为英语原文的网页列表,左栏为中文翻译的网页列表。

• 翻译下列文字:谷歌提供了 29 项语言互译功能,在该输入框中输入需要翻译的文字,在下拉列表中选择翻译项,(如中文到英文、英文到中文、日语到英语、英语到日语),点击“翻译”按钮。

• 翻译网页:在输入框输入需要翻译的网址,在下拉列表中选择翻译项,点击“翻译”按钮。

• 谷歌语言界面:可以将谷歌主页、消息和按钮设置成所熟悉的语言。目前提供117种语言界面。

4)专项搜索。谷歌还提供了图片、视频、地图等专项搜索功能。Google主页和高级搜索页上都有搜索图片、视频和地图的链接。

• 图片搜索。在图片搜索框内输入查询图片的关键词,点击“搜索图片”按钮即可。点击要查看的图片的缩略图,可看到放大的图像,还可链接到原始图像所在的页面。在“高级图片搜索”页面,可对图片搜索进行搜索结果、内容类型、图片大小、档案类型、图片颜色、网域等多项限制。

• 视频搜索。Google包含数百万个已编制索引并可观看的视频。在视频搜索框内输入查询词,点击“搜索”按钮即可。点击要查看的视频的缩略图版本,即可看到放大的视频版本,以及原始视频所在的网页。其“高级视频搜索”页面提供对视频搜索进行查找结果、语言、时长、网域、类型等多项限制。

• 地图搜索。提供搜索地点的地理位置、联系信息以及行车路线指示等。选择搜索地图、搜索周边或公交/驾车,在搜索框输入查询词即可。

12.2.2.2 Google学术搜索(Google Scholar)

2004年,Google与众多学术文献出版商合作,推出针对学者和科研人员的免费学术文献搜索服务——“Google Scholar”服务。其搜索的范围涵盖所有知识领域的学术研究资料,主要包括论文、专业书籍以及技术报告等。2006年推出面向国内用户的中文版“Google学术搜索”。由于受知识产权、信息更新滞后等多种因素的限制,目前谷歌学术搜索除了少量已进入公用领域或是已获得授权的可获得全文外,目前大部分文献只能获取题录,而不能看全文。

(1)检索方式

Google学术搜索的模式同Google普通搜索。主要提供简单搜索、高级搜索和学术搜索使用偏好。

1)学术简单搜索。直接在搜索框内输入关键词,选择需检索网页的范围(所有网页、中文网页、简体中文网页),点击“搜索”按钮。简单搜索模式与规则同Google普通搜索。

2)学术高级搜索。主要提供各种条件项,对检索结果进行限制,以缩小检索范围,提供检索精确度。

• 查找文章:在提供的包含全部字词、包含确切的词语、包含至少一个字词和不包含字词的输入框中输入检索词,选择字词出现的位置,默认在文章中的任何位置,可以选择位于文章标题。

• 作者:如果知道文章作者名,输入其姓氏。如果某个词既是人名也是普通名词,可使用“作者:”操作符(作者加英文冒号),“作者:”和字词之间不能有空格。由于Google学术搜索编入索引的某些来源仅提供首字母,所以尽量使用首字母而不要使用全名。

• 出版物:如果确定文章的出版物,直接输入出版物名称。期刊杂志名称可能会用多种方式拼写,为了得到完整的搜索结果,需要对同一出版物尝试几种拼写方法。由于Google学术搜索从许多来源收集书目数据，包括从文字和引言中自动提取，信息可能不完整甚至不准确，所以出版物限制搜索可能并不完整。

• 日期：直接输入日期。由于有些网站资源没有标注出版日期，有些文献无法通过日期限制搜索到。

3）学术搜索使用偏好

主要提供界面语言和搜索语言的使用限制。目前提供了42种界面指令语言供选择，提供搜索语言主要有德文、日文、法文、简体中文、繁体中文、英文、葡萄牙语、西班牙文和韩文，默认所有语言，可以勾选一种也可多选。点击“存储使用偏号”按钮，可以保存所选择语言偏好。

（2）检索结果显示

• 结果列表。每项记录包括标题、作者、出版物名、出版年/期、摘要。

• 相关链接。提供被引用次数、相关文章、网页搜索的链接。被引用次数链接是引用该项研究成果的列表，包括这些文献被引用和连续被引用的情况。相关文章链接提供引用该研究成果的其他论文。网页搜索链接提供 Google 普通搜索中关于该研究成果的信息。

• 主要作者。页面下方显示与该研究成果同属一个专题研究的作者名，点击作者名，可以看该作者成果。

（3）文献获取

点击文献题名，其细览页内容包括题名、作者、摘要、关键词、文章出处、分类号、相关文章及参考文献列表。目前 Google 学术搜索提供的绝大多数学术文献都来自出版商数据库，其本身不提供原文服务，可以通过提供的有关链接以不同方式获取原文。

12.2.2.3　百度

百度是全球最大的中文搜索引擎，2000年1月创立。2000年5月，百度首次为门户网站——硅谷动力提供搜索技术服务，成为国内最主要的搜索技术提供商。2001年8月，发布 Baidu. com 搜索引擎 Beta 版，独立提供搜索服务，并且在中国首创了竞价排名商业模式，2001年10月22日正式发布 Baidu 搜索引擎。据悉百度搜索目录中收录了10亿多个的网址，网页已超过80多亿，目前可以支持30多种形式的语言检索，包括中文简体和中文繁体。

百度提供的搜索方式主要是简单搜索与高级搜索。

（1）简单搜索

直接在搜索框内输入关键词，点击“百度一下”按钮即可检索。检索规则如下：

• 布尔逻辑算符：逻辑“与”（and）用空格表示，在关键词之间加一空格；逻辑“非”（not）用减号“-”表示，前一个关键词和减号之间必须有空格，减号和后一个关键词之间有无空格均可。

• 精确匹配符号——双引号和书名号：用双引号将检索词扩起表示不拆分查询词，即检索词的完整匹配；用书名号（《》）表示被书名号扩起来的内容不会被拆分检索，主要用于检索图书等。

（2）高级搜索

百度高级搜索界面与功能类似 Google 普通搜索引擎。主要集成了各种条件项，设置检索限制，以提高检索精确度。检索条件包括：搜索结果、搜索结果显示条数、时间、语言、文档格式、关键词位置、站内搜索，同时还有一些个性化设置，如可以选择搜索语言范围（全部语言、仅在简体中文中、仅在繁体中文中）、搜索结果打开方式（在原窗口打开、新窗口打开）、搜索结果是否显示新闻等。点击“保存设置”按钮可以保存检索设置。

百度也设置了一些特殊功能,如百度快照、图片搜索、视频搜索、新闻搜索等。

12.2.2.4 Scirus科学搜索引擎

Scirus是由国际著名的荷兰爱思唯尔(Elsevier)出版公司于2001年5月推出的科学搜索引擎。它是专为搜索高度相关的科学信息而设计的,能够找到普通搜索引擎找不到的免费或者访问受限的科学信息资源。目前Scirus搜索目录中收录了4.5亿多个含有科学文献的网页,其中包括:1.56亿个“.edu”站点、5400万个“.org”站点、900万个“.ac.uk”站点、5200万个“.com”个站点、3600万个“.gov”站点以及超过1.43亿个与STM(科学、技术和医学)相关的站点及世界各地的大学站点。覆盖的学科范围包括:农业与生物学、天文学、化学与化工、计算机科学、地球与行星科学、经济/金融与管理科学、工程/能源与技术、环境科学、语言学、法学、生命科学、材料科学、数学、医学、神经科学、药理学、物理学、心理学、社会与行为科学、社会学等。

Scirus提供基本检索、高级检索、精炼检索等方式。

(1)基本检索(Basic Search)

直接在搜索框内输入关键词,点击“search”按钮即可得到相关资料。可在搜索框下方列出的来源选项中选择检索结果范围,包括:期刊来源(Journal sources)、首选的网络来源(Preferred Web sources)、其他网络来源(Other Web sources)、精确短语检索(Exact phrase)。

(2)高级检索(Advanced Search)

高级检索模式提供了2组检索框,可对7个检索字段进行逻辑“AND、OR、ANDNOT”的组配检索。检索字段有:文章题目(Article title)、刊名(Journal title)、作者(Author(s) name)、作者单位(Author affilation(s))、关键词(Keywords)、网址(URL)、ISSN号等。同时提供3种检索结果限定条件供选择:All of the words(检索结果中必须包括输入的每一个检索词)、Any of the words(检索结果中可包括一个或多个检索词)、Exa phrase(检索结果与输入短语完整匹配)。

高级检索模式中还设计了其他限定检索项,主要有:日期(1900—2008的任意区间)、信息类型(摘要、文章、书、公司、专利、会议、科学家主页等)、文件格式类型(PDF、HTML、PPT、Word、TeX等)、信息来源(期刊资源和网络资源)、主题学科类目(包括农业与生物学、生命科学、材料科学、计算机科学、天文学、数学、化学和化工等20个学科主题)。

(3)搜索参数选择(Search Preferences)

点击搜索参数选择链接,进入该页面。提供的选择参数主要有:结果显示数(Number of results),可以选择每页显示10、20、50、100个结果;结果打开窗口(Results window),可以选择在新窗口打开;结果类聚(Results clustering),可以选择按学科领域分类结果;结果链接合作者(Library Partner Links),提供按音序选择合作伙伴,也可选择不启用(Disable)。

(4)检索结果显示与精炼

检索结果题录信息包括文献题名、作者、刊名、文摘,标明信息来源以及相关文献(similar result)。界面左栏显示信息来源和文件类型的命中数量,并设有精炼检索(Refine your search)功能,将反映主题内容的关键词,以列表形式显示在界面的左侧,点击列表中的某一词,显示该词的检索结果。

(5)检索规则:

• 关键词限制符号+、-、“”:关键词前加“+”号,表示所有检索结果里都要包含这个关键词,关键词前加“-”号,表示检索结果里不包含这个关键词,几个关键词用引号引起来,表示检索词精确完整的匹配。

• 布尔逻辑运算符:Scirus 支持检索之间使用布尔运算符 AND(检索结果中包含所有词)、OR(检索结果中包含任何词)、ANDNOT(检索结果中不包含词)。运算符要大写。

• 通配符“?”、“*”:“?”表示替代一个字符,“*”代表多个字符。

• 字段限制检索:在所需限制的字段名称后加“:”,可缩小检索范围。字段名称包括:au:(作者)、ti:(题名)、jo:(期刊名)、ke:(关键词)、url:(网址)、dom:(域名)、af:(作者单位)。

12.2.2.5 其他独立搜索引擎

其他常用关键词型独立搜索引擎如有道、搜狗、中国搜索、Live Search、Ask Jeeves、AltaVista 、All the Web 等,分类型搜索引擎有搜狐、新浪、中国雅虎、网易、天网资源、Yahoo 等。

12.2.3 常用元搜索引擎

元搜索引擎近几年发展很快。主流的元搜索引擎除了在主界面提供基本检索(或简单检索)外,一般都具有高级检索(或参数设置)功能,提供检索结果、语言(英文元搜索引擎)、时间、文件格式、返回数量、返回时间、内容过滤、网址/网域等检索限制项;比较优秀的元搜索引擎对来自多个独立引擎的结果进行筛选、去重,显示来源引擎及其检索数量,并支持布尔逻辑、通配符和精确检索等运算规则。下面介绍常用的国内外元搜索引擎。各搜索引擎主要检索界面见光盘:30.常用搜索引擎。

12.2.3.1 中文元搜索引擎

(1)万纬搜索

万纬搜索汇集的成员搜索引擎主要有 Google、Yahoo、搜狐、新浪、百度、中国雅虎、中文 Google、天网。

1)基本检索。在万纬搜索提供的统一检索界面上,输入要查询的中、英文关键词,在下拉菜单中选择查询结果的数量:10 个、20 个、50 个、100 个、150 个、200 个(默认为 20 个查询结果)。点击“万纬搜索”,即可得到来自各搜索引擎的检索结果。

2)高级检索。高级检索界面设置了如下检索限制项:

• 结果排列方式。可以选择相关度、时间、域名分类和所属引擎。相关度:搜索结果按与关键字的相关程度排列。时间:搜索结果按信息返回的时间长短递减排列。域名分类:搜索结果按信息所属站点排列分为商业(.com)、教育(.edu)、政府(.gov)、组织(.org)、ISP(.net)五种,每种中再按相关度的递减排列。所属引擎:按信息所属引擎分类后,再按相关度的递减排列。

• 使用搜索引擎选择:可以选择“中文搜索引擎”和“英文搜索引擎”中的任何一种或数种搜索引擎,也可以按“全选”键选择所有的引擎。

• 时间及快速显示。可以选择“等待结果的时间”,提供 6 种选择:7 秒、12 秒、20 秒、28 秒、43 秒、60 秒。默认为 20 秒等待搜索时间。

检索结果界面提供了“精确查找”功能,键入关键词,点击“精确查找”按钮,将提供最符合关键词的 20 条结果。检索结果内容包括题名、来源搜索引擎、摘要、被搜索的网页的网址、相关度和信息返回时间。

(2)比比猫(Bbmao)

比比猫(Bbmao)也称为“聚类元搜索引擎”,于2005年创建。主要汇集了来自Google、雅虎、百度、搜狗、中搜、Live、有道、百度博客等搜索引擎的搜索结果。支持中英文搜索。具有网页、文档、收藏、图片等类型搜索功能。

在Bbmao提供的统一检索界面上,输入关键词,即可得到来自各搜索引擎的检索结果。Bbmao将搜索结果自动分类并去重,呈现在检索结果界面的左侧。点击需要的类别,即可得到相应的结果。在各检索记录的后面,显示该结果的来源搜索引擎以及它在该来源检索结果的排名。如“百度3”,即在百度的检索结果是第3条。检索结果屏蔽掉了重复的信息,如果查看未去重结果,点检索结果页面底端“浏览所有结果”按钮。

在Bbmao首页,点击“选项”按钮,可对检索的搜索引擎,内容是否去重、搜索结果条数等进行选择。

(3)Xooda.com—China

Xooda.com—China集合了Altavista、Baidu、Google、Yahoo、Accoona、iAsk、Sogou、Exalead、ZhongSou、MSN、Gigablast、Dmoz等12个独立搜索引擎。提供简单检索、进阶检索和设定偏好。

1)简单检索。可选择网站范围,包括所有网站、中国网站、中文(简体)网站、中国及中文(简体)网站,勾选某一网站便显示相应的搜索引擎,可对搜索引擎再进行选择。

2)高级检索。主要提供快速搜索和额外选项。快速搜索提供3组检索框,可将检索结果限定在:包含全部字词、不包含指定字词、包含完整字句。额外选项的限制条件有:国家/地区(提供17个国家地区)、语言(支持13种语言)、成人过滤(筛选含有成人内容的结果)、档案类型(pdf、xls、ps、ppt、doc、rtf、txt)、日期、网址/网域。

3)设定偏好。设置的偏好有:成人过滤、每页检视结果数目、结果开启方法(现有视窗、新视窗(共有)、新视窗(独立))、预设Xooda(选择检索内容的语种)。

检索结果显示总记录数量和从相关结果中选出的独特网页数量,每条记录包括:网页名称、摘要、来源引擎网址、网页快照、更多此站结果。并列出“相关搜索”的关键词供进一步检索。

(4)酷爱搜索

原名北斗元搜索引擎,创立于2006年4月。集成了百度、雅虎、搜狗等中文搜索引擎的检索结果。当输入关键词时,搜索框会自动列举出相关的关键词列表。对检索结果进行智能排序,提供“深入搜索”和“相关搜索”功能,列出深入搜索和相关搜索的关键词列表,可进一步细化结果。检索结果每条记录包括图片、题名、摘要、来源网址、网页快照和来源搜索引擎及排名。具有网页、MP3、房产、餐饮、搜人等类型搜索功能。

酷爱搜索的检索规则有:支持布尔逻辑算符,逻辑“与”可用“+”、“AND”和空格表示,逻辑或使用“|”和“OR”,逻辑非用“-”,但减号之前必须留一空格,减号后不能有空格;如果在检索结果中排除含有一些站点的网页,使用“-site:”(site后面有个冒号,前面有个-号);英文关键字支持通配符搜索,“?”匹配任意一个字符,“*”匹配任意长度的字串;关键字词前后加上引号,将严格匹配引号内的所有文字。

(5)百度狗

集成了百度和Google搜索引擎。可以进行聚合搜索和分屏搜索,聚合搜索结果的页面是整合了2个搜索引擎检索结果,分屏搜索的页面为左右两部分,左边是Google检索结果,右边为百度检索结果。

(6) Seekle 元搜索

集合了谷歌、百度、搜狐、雅虎 4 个中文搜索引擎的结果。检索结果左栏提供“深入搜索”和“相关搜索”功能，可进一步细化结果。

12.2.3.2 英文元搜索引擎

(1) Ixquick

Ixquick 可同时检索 All the Web、Yahoo、Exalead、Open Directory 、CNN Search、Gigablast、Wikipedia、EntireWeb、MSN、中国搜索、Baidu、搜狐、Yodao 、新浪、TOM 等引擎。支持英、法、德、荷兰、日、韩、芬兰、挪威、意大利、简体中文和繁体中文等 18 种语言界面的搜索。可查询的类型有网页(Web)、国际电话目录(International Phone Directory)、视频(Video)、图片(Pictures)等。

Ixquick 除在主页提供简单检索外，还提供强力搜索(Power Search)/专家搜索(Expert Search)、我的设置等功能。Ixquick 不提供可调用的源搜索引擎列表，不支持对各个源搜索引擎的自行指定和选择。

1) 强力搜索(Power Search)/专家搜索(Expert Search)。点击强力搜索按钮进入检索页面。该页面提供 4 组检索框，可将检索结果限定在：至少包含一个关键词、包含所有关键词、包含整个词组、不包含关键词。在强力搜索页面点击专家搜索按钮，进入专家搜索界面，专家搜索增加了如下搜索框：包含此文本(可选择标题或 URL)、在此域名下搜索、包含指向此域名的链接、在此类型的域名下搜索(可选择 cn、com、gov、net、org、edu、任何类型)。

2) 我的设置(my settings)。在主页和检索结果页面点击我的设置按钮进入该界面，Ixquick 提供了一些个性化选项，包括家用筛选器(不包含成人内容的搜索结果)、视频筛选器、自动突出显示(在页面上突出显示搜索词)、在新窗口打开搜索结果、每页的结果数量、国家/地区、搜索语言、显示语言、结果页颜色、字体大小、主页搜索模式(Ixquick 搜索、专家搜索、强力搜索)等。

3) 检索结果的筛选。Ixquick 有一套星级评定体系。Ixquick 只获取每个搜索引擎返回的前十条记录，如果一条记录被一个搜索引擎列入前十位了，它将获得一颗星星，如果被两个搜索引擎列入前十位了，它将获得两颗星星，依此类推。星级越高，说明其认可度越高。

4) 检索结果。检索结果页面右上方显示所调用的搜索引擎列表，检索结果内容包括网页名称、星级数、文摘、URL、源搜索引擎及该记录在该源搜索引擎中的位置信息等。点击某源搜索引擎，可打开另外一个窗口，全面了解该搜索引擎的检索结果。

5) 检索规则

• 所有的搜索都用小写(不区分大小写)。如需要区分，输入正确的大小写，可以避免大小写不一样的结果(区分大小写)。

• 包含某个词：在必须包括的每个词前放一个“ + ”号，或在必须包括的两个词或短语之间加“和”字(其间各空一格)。如果有的词是必须包括的而有的词可有可无，只在必须包括的词前放“ + ”号。

• 省略某个词：在不需要的词前放一个减号，减号前需添加一个空格。

• 短语检索：如果需要所有的单词组成一个短语而不是分散于一个网页上，把该短语放在引号里。

• 通配符“ * ”：代表一个通配符。

• 字段限制:指定信息出现的字段,在所需限制的字段名称后加冒号。目前支持的字段包括:标题(title:)、域(domain:)、主机(host:)、图像(image:)、URL(url:)、链接(link:)。

(2) Dogpile

Dogpile 可以调用 Google、Yahoo、Live Search、Ask Jeeves、LookSmart、About、overture、Teoma 等 20 多个独立搜索引擎。它首先并行地调用 Google、Yahoo、Live Search、Ask Jeeves 4 个源搜索引擎,如果没有得到 10 个以上的结果,再调用另外的搜索引擎。提供网页、图片、音频、视频、新闻、黄页、白页等类型搜索。Dogpile 不提供可调用的源搜索引擎列表,不支持对各个源搜索引擎的自行指定和选择。

Dogpile 设有高级检索和参数设置功能。其高级搜索可以对检索词语进行限制,提供英、法、德、丹麦、荷兰、意大利、挪威、葡萄牙、西班牙、瑞典等语言的选择。支持"AND"、"OR"、"NOT"等布尔逻辑运算和优先运算符"( )"、词组或短语精确搜索符"" ""、通配符" * "、临近搜索符"NEAR"等。参数设置可对搜索内容过滤、搜索时间、搜索结果显示等参数进行设置。

Dogpile 采用自动聚类技术,对来自源搜索引擎的结果进行相关性比较,聚合生成并提供最符合查询提问的无重复的结果列表。

(3) MetaCrawler

MetaCrawler 可以同时调用 Google、Yahoo、MSN Search、Ask Jeeves、About、MIVA、LookSmart 等独立引擎。支持英、丹麦、荷兰、法国、德国、意大利、挪威、葡萄牙、西班牙、瑞典等语言检索。设有高级检索和参数设置功能。模式同 Dogpile。

(4) Search. com

Search. com 能并行调用 Google、Ask、DMOZ 等搜索引擎,支持多达 35 种语言的搜索。可进行网页、图像、视频等类型资源的分类搜索。其高级搜索提供了检索结果、语言、文件格式、更新时限、网域等限制检索项;其参数选择功能可选择来源引擎和搜索内容过滤。

(5) WebCrawler

WebCrawler 可同时检索 Google、Live Search、Yahoo、Ask 等搜索引擎。支持丹麦、荷兰、英、法、德、意大利、挪威、葡萄牙、西班牙、瑞典等语言搜索,提供图像、音频、视频、新闻、黄页、白页的分类搜索。在参数选择页面,可对内容过滤、时间、语言等进行设置。

12.2.3.3 其他元搜索引擎

其他元搜索引擎还有 Mamma、Ithaki、SurfWax、Searches、Query Server、Widow Search 等。

第13章　学术论文的设计与撰写

13.1　学术论文概述

13.1.1　学术论文的特征

学术论文是某一学术课题在实验性、理论性或观测性上具有新的科学研究成果或创新见解和知识的科学记录，或是某种已知原理应用于实际取得新进展的科学总结。简单说，学术论文是科学研究成果的体现。论文写作完成后通常在学术刊物上发表，或在学术会议上宣读交流。学术论文具有以下基本特征：

（1）科学性。所谓科学性是指选题必须有理论和事实根据；内容真实可信，忠于事实和材料；论点明确，论据可靠而充分；结论能经得起实践检验。学术论文以记录和总结科学研究实践过程，表述和论证并传播科学信息为职能，因而必须具有科学性。

（2）学术性。所谓学术性即指所提出和论述的问题，是在学科不同层次的研究中产生的问题。在学术论文中，应介绍比较专门系统的理论知识或实践知识，揭示事物的现状或发展规律，以促进学科发展。学术性是学术论文区别于其他文体的本质特征。

（3）逻辑性。所谓逻辑性是指所提出和论述的问题必须具有一定的逻辑顺序和内在联系，其逻辑结构应是步步为营、层层推进，应运用演绎推理或归纳推理等研究方法，推出必然的结论。逻辑性是一篇学术论文成功的重要保证。

（4）创新性。学术论文的创新性大致表现在以下几方面：开拓新的研究领域，提出前人所无的全新论断；深化和发展前人的研究成果；从不同的角度，或以新的论证方式，或利用新资料来研究老问题，提出新见解等。创新性是衡量学术论文是否有价值的根本标准。

（5）规范性。规范性是指学术论文具有统一的书写格式和语言规范。为了便于交流和应用，学术论文必须运用规范的语言文字系统和符号系统进行表述。

13.1.2　学术论文的类型

按照研究层次和研究内容的表述形式，学术论文一般分为理论性、应用性、调查性和综述性四种类型。这几种形式的学术论文互为条件、互相渗透，在具体写作时往往你中有我，我中有你。

（1）理论性论文。是基础理论性研究成果的表达形式。即从学术性角度对基础理论研究信息进行收集、筛选、评价、分析、研究而形成的论文。其表现特征是具有抽象性，即以概念、判断、推理等逻辑思维方式而达到的高度抽象的理性认识形式；其基本研究方法主要是理论证明、数学推导和综合考察，有的也涉及实验和观测。

（2）应用性论文。是应用性研究成果的表达形式。即运用基础理论知识，研究社会实践中的具体问题而形成的研究成果。其特点是具有明确的目的性和针对性，提出能够指导实践的具有可操作性方案、措施；其成果能够直接应用于社会生活和生产实践中，具有社会和经济效益。应用性论文包括对策性研究报告、实验型论文、设计型论文等。

(3)调查性论文。是对通过社会现象、客观事物以及文献资料的调查所获得的资料进行整理研究而形成的成果。其研究方法是对有关资料进行分析、综合、概括、抽象,通过归纳、演绎、类比,以得出某种新的理论和新见解。其主要特征是所记载的材料、数据的真实性、全面性以及对事实材料所作的理论概括的深度。调查性论文包括概况调查报告和专题调查报告。

(4)综述性论文。是对分散的、不易集中的某学科领域的发展状况、研究现状、发展趋势等资料进行收集、整理、浓缩、介绍,并记录成文的成果形式。

13.2 学术论文的准备

13.2.1 选题

13.2.1.1 选题的原则

学术研究活动往往受到许多因素的限制,应当研究什么问题,不应当研究什么问题,需要遵循一定的原则。选题一般包括适应需要、具有学术价值和现实可能性三个原则。

(1)适应需要。是说要针对学科发展和社会发展的需要进行论文选题。

(2)注重学术价值。是指选题在学科发展中应是具有重要意义、迫切需要解决并能够写出新意的问题。

(3)现实可能性。是说完成所选课题应具备的主体条件和客体条件,主体条件即对所选课题的掌握程度,客体条件主要指研究必备的资料、设备、工具等各种物质手段。

13.2.1.2 选题的方法

(1)在调查研究的基础上选题。全面了解本学科专业的研究历史和研究现状,是选择论题的基础。要弄清楚以下问题:前人的研究成果中已经解决的问题、是否有学科“空白点”、研究的不足之处、存在争议的问题、争议的焦点问题、研究的薄弱环节、尚待深入研究的领域、在实践中出现的新情况新问题等。如果熟悉本学科研究概况,掌握本专业领域的基本研究成果,并能深入了解某一专题的研究动态,才有可能选择合适的论题。一般说来,应最好选择别人还没有研究过的或没有研究透的选题,或是国外研究过的而本国尚未研究过的课题,或是过去研究过的而现在尚需继续研究的课题,或是从新角度、新侧面去研究老问题的课题等。

(2)在学术研究的争论中选题。从某种意义上说,选题就是抓矛盾。在学科发展进程中,往往在一些关键问题上或对学科基本概念的理解上,存在分歧或对立;随着学科发展和社会实践的进步,一些旧观点也不能适应新形势的发展需要,会产生一些有争议的问题。善于发现旧理论观点的不适应性,注意对学术争论中具有矛盾、分歧、对立的问题进行分析提炼、归纳综合,就有可能发现有意义的论题。

13.2.1.3 选题需注意的问题

(1)要注意选题的内容范围不宜太大。论文的题目有大有小,有难有易。如果选题较大,难度过深,会力不从心而难以驾驭,即使勉强完成,也容易流于表面,难以说深讲透。选择大小适中、难易适度的论题,才有可能抓住问题的要害和重点,才能够做到分析透彻精辟、有独到见解,最终形成有分量的论文。

(2)要注意扬长避短。有待研究的问题虽然很多,但并不是每个论题自己都具备研究条件。所以选题要切合自身实际,力求选择那些与自己所学专业对口,或者自己原有知识基础较好,又有一定研究条件的论题。

13.2.2 收集、整理资料

13.2.2.1 资料的收集

资料的收集是科学研究的依据和基础。可以说,科学研究过程就是文献信息的获取、积累、整理、加工的过程。科学研究资料主要来源于两个方面,即文献收集和社会调查。

(1)文献收集。文献收集即是通过检索工具或检索系统查找所需要的文献资料。要迅速获取文献资料,需要熟悉各类信息源的分布,熟悉各种信息检索系统的功能与使用,掌握信息检索的途径与方法。这即是本书第1章至第13章所讲述的内容。

(2)社会调查。社会调查是通过与有关的社会现象及其行为者的直接接触以获得研究资料和数据的方法。这些资料和数据常常是尚未用文字表现出来,必须通过实践进行调查了解和分析研究。社会调查主要包括访谈调查、问卷调查等方式。进行社会调查需要遵守一些一般的规范与原则,掌握一些基本方法。关于这方面可以参看有关书籍。

13.2.2.2 资料的整理与分析

经过各种途径收集来的资料,不能直接利用,需要进行质和量的分析,需要经过选择和整理。其基本做法就是按照信息的内容和形式特征实现微观和宏观的有序化。这一过程一般包括两个环节:审核与鉴别、分类整理与提炼。

(1)审核与鉴别

所谓审核鉴别,就是要对搜集来的资料作可靠性、新颖性、适用性和典型性的判断。相比文字资料的整理来说,数据资料的整理更为复杂。数据资料的整理要根据研究的目的,对能反映社会现象各种变项、指标的数量特征的资料进行审核、汇总、分组及简单的数据处理,有的需要编表显示各项数据资料。

(2)分类整理与提炼

经过选择后的资料还需作进一步的有序化处理,从而获得高度浓缩和有序的信息。这一环节主要分为两步:分类整理与系统综合。

分类整理的一般作法就是将选择后的文献资料按照论题的需要进行分类、分析、比较,形成一个宝塔式的分类体系(或者说信息集合)。通常是按照一定的标准进行分类,比如对某一课题资料,可以按历史线索分类;可以按不同的观点分类;可以按研究问题的性质分类;还可以按子课题分类,等等。

分类后,使纷繁复杂的零散资料形成脉络分明、层次清晰的有机整体。在此基础上,再根据课题的不同需要,对资料进行集中、比较、高度浓缩,找出它们之间的相互联系,做出大致的分析和构思,为构造论文提纲打下基础。

13.2.3 设计论文结构

13.2.3.1 论文结构的设计要求

设计论文结构的基本任务在于理清写作思路,为表达论文内容建立一个整体结构形式。设计论文结构应注意以下问题:一是论文结构要能正确反映论题内容的内在联系,内容安排要具有逻辑性;二是论文结构应服从表现中心论点的需要;三是论文结构要适应论文类型的特点与要求;四是论文结构要完整、严谨、匀称、自然。

13.2.3.2　论文结构的基本形式

学术论文尽管表现形式多种多样，但其基本形式为："总—分—总"，包括序论、本论和结论三个部分。序论的内容主要是提出问题，明确全文论述的中心，并说明研究本论题的目的意义与论证的方法。本论是论文的核心部分，主要是运用论据以论证分论点，进而论证中心论点。论文的结论部分主要总结全文论证的结果，以及对论题研究的展望。

13.2.3.3　论文提纲的拟定

论文提纲不仅勾画出论文的框架结构，而且要体现出写作总体思路及逻辑顺序。拟定提纲的方法很多，一般说来应考虑以下内容：一是题目；二是中心论点；三是分论点及主要论据的要点；四是结论。在确定论文框架后，要力图通过层层分解，把要研究和探讨的问题进行逐级分类，使问题层层展开。提纲可按论文论述的顺序列出，可采用标题写法，也可使用句子写法，前者是用大小标题显示分论点，后者则是以句子形式将分论点或段落大意加以说明。

13.3　学术论文的撰写

13.3.1　前置部分

论文的前置部分包括题名、作者和作者单位、摘要、关键词、分类号。

13.3.1.1　标题（题目、题名、篇名）

标题是标明文章内容的简短语句。学术论文的标题应以最恰当、最简明的词语表达论文的中心内容，体现论文的重要论点。标题应避免使用不常见的缩略语、首字母缩写词、字符、代号和公式等。中文篇名一般不宜超过20个字，必要时可加副题名。英文篇名应与中文篇名含义一致。

13.3.1.2　作者及工作单位

作者署名是文责自负和拥有著作权的标志，应是参加论文撰写的主要人员，应以常用名或笔名署名，署名数量一般不超过6个人。一般在圆括号内书写作者的工作单位（用全称）、城市名及邮政编码；若为外国的工作单位，则加国名。多个作者为不同工作单位时，在名字的右上角分别加注1、2，或在地址前注1、2。

13.3.1.3　摘要

摘要是论文的简短陈述，反映论文的实质性内容。摘要内容一般包括研究目的、研究方法、研究结果和结论。应尽量写成报道性文摘，也可以写成指示性或报道/指示性文摘。摘要一般不分段，不用图表和非公知公用的符号或术语；应采用第三人称表述，不使用"本文"、"作者"作为主语。字数为300字左右。英文摘要一般与中文摘要内容相对应。

13.3.1.4　关键词

关键词是为了便于文献标引和检索而选取的能反映论文主题概念的词或词组。关键词的选取要注意对论文主题进行概念分解，对确定的主题进行再分析，从中找出那些最能够表达主题内容，具有检索价值的重要词汇。论文的关键词应标注4—8个。所选关键词中必须包括论文主要工作或内容所属的二级学科名或三级学科名称。

13.3.1.5　中图分类号

应按照《中国图书馆分类法》对论文标引分类号。涉及多主题的论文，一篇可给出几个分类号，主分类号排在第1位，分类号之间以分号分隔。

13.3.2 正文部分

13.3.2.1 引言(前言)

学术论文一般都有引言或前言,以概述研究工作的目的、范围、意义、背景、前人工作程度、目前研究现状和存在问题、研究设想、研究方法和实验设计、预期结果等。必要时还可写出该项研究工作的区域范围、合作单位和个人。引言应能起到引导全文和为正文主体部分奠定基础的作用。引言的写作要注意开门见山,言简意赅,不要与摘要雷同,或成为摘要的注释。一般文字不宜太长。“引言”或“前言”二字通常可以省略。

13.3.2.2 主体部分

(1)层次标题(文内标题)

层次标题是指文章题名以下的各级分标题。层次标题应简短明确,准确反映该层次的内容。同一层次的标题应尽可能“排比”,即语词类型意义相同或相近,语气一致。层次标题力求简短,一般不超过 30 字,标题内尽量不用标点符号。标题编号一般有两种方式,一种是用阿拉伯数字连续编号,不同层次的数字之间用小圆点“.”相隔,末位数字后面不加点号,如 1;1.1;1.1.1 等;一种采用“一、”,“(一)”“1 ”,“(1)”,“1)” 编号。文内标题层次不宜过多,一般为 3—4 级。

(2)论证

学术论文以议论为主要表达形式。所谓议论,就是阐明道理和评论是非。学术论文中的议论是通过概念、判断、推理等逻辑形式进行的,包括论点、论据和论证三个要素。论点和论据在选题、分析整理资料和设计提纲时已经形成,行文中的论证主要解决论文的具体论证问题。论证离不开推理,推理是由一个或几个已知判断推导出未知判断的思维过程,论证是用论据证明论点的推理过程,两者有密切联系。常见的推理方法包括即归纳法、演绎法和类比法。

在具体论证过程中,较常用的论证方法有例证法、引证法、分析法、比较法。例证法是以客观事实、统计数字、实验结果、图表照片等为论据来证明论点的论证方法;引证法是运用已被实践证明了的科学原理、定义、定律和尽人皆知的常理等作为论据证明或推理的论证方法;分析法是通过对问题所包含的事理进行分析,揭示其内在联系,使论点得到证明和深化的论证方法;比较法是应用与论题同类,相近或相对的事物或观点作论据,通过比较说理,从而证明论点的论证方法。比较法是学术研究和学术论文主要的论证方法。实际论证过程中,上述集中论证方法往往是综合采用的。

(3)数字的用法

1)阿拉伯数字

根据 GB/T 15835—1995《关于出版物上数字用法的试行规则》中规定:凡是可以用阿拉伯数字而且又很得体的地方,均应使用阿拉伯数字。以下情况应该使用阿拉伯数字:

• 公历世纪、年代、年、月、日和时。例如:21 世纪,90 年代,2004 年 5 月,6 时 30 分。年份不能简写,如 1993 年不能写成 93 年,九三年。

• 记数和计量单位前的数字,包括 9 以下的个位数字。例如:9 个月、5 年、45 岁、10mg、12h、80kg、5℃、5.5 倍、60 多种、50%、3/4 等。非物理量的量词即计数单位,一般情况下也多用阿拉伯数字,如 1 只猕猴、3 台拖拉机、4 艘舰艇、100 例等。

• 4 位以上数字采用国际通行的三位分节法,即节与节之间空 1/4 字距(半个阿拉伯数字的位置)。例如:1,329.476,5 应写:1 329. 476 5。

• 尾数"0"多的,5 位以上数字,可以改写以万和亿为单位的数。一般情况下不得以十、百、千、十万、百万、千万、十亿、百亿、千亿等作单位(百、千、兆等词头除外)。如 1800000 可写成:180 万。

• 部队番号、证件号码、药品批号、文件批号、仪器型号、手术器械型号、实验动物编号、正文中图表序号和其他序号。例如 84062 部队,国家标准 GB/T 15835 - 1995,国办发[2002]9 号文件,HP - 3000 型电子计算机等。

• 卷次,版次,页码(除古籍外)。例如第 1 卷,第 2 版,第 80 页。

2)汉字数字

宜使用汉字数字表达的有:

• 数字作为词素构成定型的词、词组、惯用语、缩略语或具有修辞色彩的语句。例如一律、一方面、三叶虫、十滴水、星期五、四氧化三铁、八国联军、十月革命、九三学社、四书五经、第三季度、五省一市、二元一次方程。

• 含有用日月简称表示事件、节日和其他意义的词组。例如五四运动,七七事变,"十一五"规划,五一国际劳动节。

• 邻近两个数字并列连用所表示的概数。例如三五天、四五年、六七十种等。

• 不是表示科学计量和具有统计意义数字中的一位数,如一个人、两次实验、三本书、五个百分点、四种产品、读了十遍。

• 农历和中国清代以前的历史纪年用汉字,并采用阿拉伯数字括注公历。

(4)计量单位的使用

在学术论文的写作中,量和单位的使用应严格执行国家标准 GB 3100—3102 - 93《量和单位》的规定,一律采用中华人民共和国法定计量单位。量的符号一般采用单个拉丁字母或希腊字母,量值的表达要使用单位的国际符号且要用正体。

(5)图示和表格

图示和表格是论文的重要组成部分。表格可以方便地列举大量精确数据或资料,图形则可直观地表达复杂数据。表格和图示是根据文字叙述的需要而设置的。如果强调展示精确的数值,就采用表格形式,如果要强调展示数据的分布特征或变化趋势,则采用图示方法。

图表的编制应遵循简洁、清楚、重点突出的原则,图表的题名、数据(或资料)与注释要相互配合,能够做到自我说明;图表中的符号、单位、数值等要与文字叙述保持一致。图表的题名中应避免使用不常见的缩写或含义不明的公式符号。

13.3.2.3 结论(结语)

论文主体部分之后通常有结论。结论是文章的总结性说明,应准确、简明、完整、实事求是。结论的内容可包括:研究工作最终得出的结果,说明的问题和规律,还有哪些不足尚需继续研究等。

13.3.3 参考文献

(1)著录参考文献的意义

文后参考文献是对正文中征引他人的观点、数据、定义、论断、方法等所作的注释,是学术论文的必要组成部分。著录参考文献的意义和作用主要表现为:

• 体现科学的继承性，反映出作者对于前人研究成果的继承。

• 是尊重知识产权的表现，也是区别自己的成果与他人的成果的凭据。

• 便于读者查阅引用原文，便于编辑和审稿人评价论文水平。

• 为引文统计提供依据，通过引文分析对作者论文和期刊水平做出客观评价。

(2)参考文献著录基本原则

1)著录直接引用的文献。所列参考文献应限于亲自阅读过的并在论文中直接引用的文献。不可使用别人文章中的参考文献。除综述类文章中参考文献引用较多外，其他论文参考文献的引用一般不应少于5条。

2)著录正式出版的文献。正式出版的文献包括连续出版物(期刊)、专著(图书)、论文集、报纸文章、期刊文章、学位论文、报告、标准、专刊等印刷版文献，还包括数据库、计算机程序、电子公告及电子文献(磁带、磁盘、光盘、联机网络和网络版文献)等。未公开发表的资料，一般不宜列入参考文献表，可紧跟在引用的内容之后注释或标注在当页的地脚；不能公开的内部文件和资料，更不可作为参考文献引用，也不能作为注释列出。

3)著录最新、最重要的文献。著录的参考文献要精选，要以最新和最重要的文献为首选。最新文献即指2—3年内出版发表的文献，最重要的文献一般指发表在具有较高学术权威性的核心期刊上的文献。

4)著录"合理自引"的文献。合理自引是指由于研究课题的连续性，作者在论文中引用并在文后著录自己曾发表过的论著。"合理自引"自己的文献能体现作者科研中的阶段性和继承性。但要注意自引的文献一定是在论述中确实需要直接引用的内容，防止随意自引和不当自引。

5)采用标准化的著录格式。GB/T 7714—2005《文后参考文献著录规则》详细规定了参考文献的著录项目、著录格式、著录来源和著录细则，应该熟练掌握，严格执行。参考文献按标准著录，便于存储、检索、评价和利用，也有利于文献管理和学术交流。

13.4 《文后参考文献著录规则》(GB/T 7714—2005)

为了指导著者著录文后参考文献，我国于1987年5月5日批准并于1988年1月1日起实施了《文后参考文献著录规则》(GB 7714—1987)。它的实施不仅为著者和编辑提供了规范化的著录方式，也是文后参考文献著录与国际接轨的一种体现。

2005年3月23日，国家质量监督检验检疫总局和中国标准化管委会发布了GB/T 7714—2005《文后参考文献著录规则》代替GB/T 7714—1987，并于同年10月1日起开始实施(以下简称新版《规则》)。该标准非等效采用国际标准ISO 690《文献工作文后参考文献内容、形式与结构》和ISO 690—2《信息与文献工作参考文献—第2部分：电子文献》，规定了各个学科各种类型出版物的文后参考文献的著录项目、著录顺序、著录用的符号、各个著录项目的著录方法以及参考文献在正文中的标注法。

13.4.1 新版《规则》的有关规定

13.4.1.1 著录信息源

新版《规则》规定：文后参考文献的著录信息源是被著录的文献本身。专著、论文集、学位论文、科技报告、专利文献等可根据书名页、版本记录页、封面等主要信息源著录各个著录项目；专著、论文集中析出的篇章与报刊上的文章依据参考文献本身著录析出文献的信息，并依据主要信息源著录析出文献的出处；缩微制品可依据题名帧、片头、容器上的标签、附件等著录；光盘依据标签、附件著录；网络信息依据特定网址中的信息著录。

13.4.1.2　著录用文字

新版《规则》规定：文后参考文献原则上要求用文献本身的文字著录；著录数字时，须保持文献原有的形式，但卷期号、页码、出版年、版次等用阿拉伯数字表示，外文书的版次用序数词的缩写形式表示；个人著者，其姓全部著录，而名可以缩写为首字母，如用首字母无法识别该人名时，则用全名；出版项中附在出版地之后的省名、州名、国名等以及作为限定语的机关团体名称可按国际公认的方法缩写；西文期刊刊名的缩写可参照 ISO 4《信息与文献——出版物题名和标题缩写规则》的规定；著录西文文献时，大写字母的使用要符合文献本身语种的习惯用法。

13.4.1.3　参考文献在正文中的标注法

新版《规则》规定，正文中引用的文献的标注方法既可采用“顺序编码制”，也可采用“著者—出版年制”。

• 顺序编码制是按正文中引用文献出现的先后顺序连续编码，并将序号置于方括号中；同一处引用多篇文献时，将各篇文献的序号在方括号内全部列出，各序号间用“，”（如遇连续序号，可标注起讫序号）；多次引用同一著者的同一文献时，在正文中标注首次引用的文献序号，并在序号的方括号外著录引文页码。

• 采用著者—出版年制时，正文引用的各篇文献的标注内容由著者姓氏与出版年构成，并置于圆括号内（倘若只标注著者姓氏无法识别该人名时，可标注著者姓名，如中国人著者、朝鲜人著者、日本人用汉字姓名的著者等；集体著者著述的文献可标注机关团体名称；倘若正文中已提及著者姓名，在其后的圆括号内只需著录出版年）；在正文中引用多著者的文献时，对欧美著者只需标注第一个著者的姓，其后附“et al”，对中国著者应标注第一著者的姓名，其后附“等”字，姓氏与“等”之间留适当空隙；多次引用同一著者的同一文献，在正文中标注著者与出版年，并在圆括号后以角标的形式著录引文页码。

13.4.1.4　著录使用的符号

新版《规则》规定，除参考文献中的第一个著录项目（如主要责任者、析出文献主要责任者、专利申请者或所有者）前不使用任何标志符号外（按顺序编码制组织的参考文献表中的各篇文献序号可用方括号，如：[1][2]……），其他著录项目前均分别使用标志符号：“.”、“:”、“,”、“;”、“//”、“()”、“[]”、“/”、“-”。具体意义如下：

. 用于题名项、析出文献题名项、题名、其他责任者、析出文献其他责任者、连续出版物的“卷、期、年、月或其他标志”项、版本项、出版项、出处项、专利文献的“公告日期或公开日期”项、获取和访问路径以及“著者 - 出版年”制中的出版年前。每条文献的结尾可用“.”号。

: 用于其他题名信息、出版者、引文页码、析出文献的页码、专利国别前。

, 用于同一著作方式的责任者、“等”或“译”字样、出版年、期刊年卷期标志中的年或卷号、专利号、科技报告号前。

; 用于期刊后续的年卷期标志与页码、同一责任者的合订题名前。

// 用于专著（包括图书、期刊、报纸、论文集）中的析出文献的出处项前。

( ) 用于期刊年卷期标志中的期号、报纸的版次、电子文献更新或修改日期以及非公历纪年。

[ ] 用于文献序号、文献类型标志、电子/网络文献的引用日期以及自拟的信息。

/ 用于合期的期号间及文献载体标志前。

-用于起讫序号和起讫页码间。

13.4.1.5 文献类型、电子文献载体类型及其标志代码

新版《规则》列有文献类型和标志代码以及电子文献载体和标志代码。

文献类型标志代码为:M—普通图书;C—论文集(会议录);G—汇编;N—报纸;J—期刊;D—学位论文;R—研究报告;S—标准;P—专利;DB—数据库;CP—计算机程序;EB—电子公告。

电子文献载体标志代码为:MT—磁带;DK—磁盘;CD—光盘;OL—联机网络。

13.4.2 新版《规则》的各类文献的著录格式

13.4.2.1 专著

主要责任者. 题名:其他题名信息[文献类型标识]. 其他责任者. 版本项. 出版地:出版者,出版年:起止页码.

[1] 陈嘉明. 知识与确证[M]. 第2版. 上海:上海人民出版社,2003:1-3.

[2] Zhuge H. The Knowledge Grid[M]. Singapore:World Scientific Publishing Co,2004:34-36.

[3] 王夫之. 宋论[M]. 刻本. 金陵:曾氏,1845(清同治四年).

[4] 马费成. 李纲,查先进. 信息资源管理[M]. 武昌:武汉大学出版社,2004:250-260.

[5] 温有奎. 徐国华,赖伯年,等. 知识元挖掘[M]. 西安电子科技大学出版社,2005:1.

[6] 托马斯·库恩. 科学革命的结构[M]. 金吾伦,胡新和,译. 北京:北京大学出版社,2003:10-22.

13.4.2.2 专著中析出文献

析出文献主要责任者. 析出文献题名[文献类型标识]//专著主要责任者. 专著题名:其他题名信息. 版本项. 出版地:出版者,出版年:析出文献的起止页码.

[7] 李未,顾煜,卢剑. 海量数据的存储与检索[M]//高文,刘封,黄铁军. 数字图书馆——原理与技术实现. 北京:清华大学出版社,2000:111-143.

[8] 马克思. 关于《工资、价格和利润》的报告札记[M]//马克思,恩格斯. 马克思恩格斯全集:第44卷. 北京:人民出版社,1982:505.

[9] Weinstein L,Swertz M N. Pathogenic properties of Invading microorganism[M] //Sodeman W A,Jr. ,Sodeman W A. Pathologic physiology:mechanisms of disease. Philadephia:Saunders,1974:745-772.

13.4.2.3 期刊中析出的文献

析出文献主要责任者. 析出文献题名[文献类型标识]. 期刊名称,年,卷(期):起止页码.

[10] 李保利,陈玉忠,俞士汶. 信息抽取研究综述[J]. 计算机工程与应用,2003,39(10):1-5,66.

[11] Fensel D. The semantic web and its languages. IEEE Intelligent Systems, 2000,15(6):

67 - 73.

13.4.2.4　报纸中析出的文献

析出文献主要责任者. 析出文献题名:其他题名信息[文献类型标识]. 报纸名,年 - 月 - 日(版次).

[12] 路甬祥. 个别院士兼职过多活动过滥浮躁浮夸[N]. 中国青年报,2006 - 06 - 06(2).

13.4.2.5　论文集中析出的文献

析出文献作者. 析出文献题名:其他题名信息[文献类型标识]//论文集主编者. 论文集名. 出版地:出版者,出版年, 起止页码.

[13] 王军. 我国数据库建设的现状及发展[C]//辛希孟. 文献信息服务论文集. 北京:北京图书馆出版社,1999:44 - 47.

13.4.2.6　学位论文

主要责任者. 题名:其他题名信息[文献类型标识]. 保存地:保存者,年份:起止页码.

[14] 王晓东. 基于 Ontology 知识库系统建模与应用研究[D]. 上海:华东师范大学,2003:1 - 2.

13.4.2.7　专利

专利申请者或所有者. 专利题名:专利国别,专利号[文献类型标识]. 公告日期或公开日期.

[15] 李本. 辅送带跑偏自动调整器:中国,ZL00231686.2.[P]. 2001 - 02 - 10.

13.4.2.8　标准

起草责任者. 标准代号 标准顺序号一发布年 标准名称[文献类型标识]. 出版地:出版单位,出版年.

[16] 全国量和单位标准化技术委员会. GB3100 ~ 3102 - 93 量和单位[S]. 北京:中国标准出版社,1994.

13.4.2.9　电子文献

主要责任者. 题名:其他题名信息[文献类型标志/文献载体标志]. 出版地:出版者, 出版年(更新或修改日期)[引用日期]获取和访问路径.

[17] 杜小勇. 下一代搜索引擎[J/OL]. (2006 - 07 - 8)[2006 - 07 - 23].
http://www.baoye.net/bencandy.php? fid = 336&id = 12201.

[18] 傅刚. 大风沙过后的思考[N/OL]. 北京青年报,2000 - 04 - 12(14)[2002 - 03 - 06]. http://www.bjyouth.com.cn/Bqb/20000412/GB/4216%5ED0412B1401.htm.

[19] 萧钰. 出版业信息化迈入快车道[EB/OL]. (2001 - 12 - 19)[2002 - 04 - 15].
http://www.creader.com/news/200112190019.htm.

[20] Online Computer Library Center, Inc. History of OCLC[EB/OL]. [2000 - 01 - 08].
http://www.oclc.org/about/history/default.htm.

[21] 马建霞. 主题图技术在沙尘暴知识导航中的应用研究[D/DB]北京:中国科学文献情报中心,2004:35 - 47[2006 - 06 - 06]. http://e27.cnki.net/kns50/Navigator.aspx? ID = 2.

[22] 中国互联网络信息中心. 中国互联网络发展状况统计报告[R/OL]. (2006 - 07 - 19[2006 - 07 - 28]. http://www.cnnic.net.cn/uploadfiles/pdf/2006/7/19/103651.pdf.

13.5 学术规范

13.5.1 学术规范的含义

学术规范有广义和狭义的理解。狭义的学术规范主要指学术研究规范，广义的学术规范的内容除了学术研究规范，还包括学术评审规范、学术批评规范和学术管理规范等。

从狭义的角度讲，学术规范是指人们在长期的学术研究实践中总结出来的、被学术界所公认的、在学术研究中研究者应该遵循的准则。学术规范作为外在的约束机制，明确地规定了学术研究过程中能做什么，不能做什么。学术规范是保证学术研究活动得以有序进行的必要条件。

学术规范一般包括内容、技术和道德三个层面。内容层面的规范主要包括科学研究的方法、理论框架、概念范畴体系、是否具有原创性等；技术层面的规范是指在学术研究中应遵循相应的写作格式和技术标准；道德层面的规范是指研究者在学术研究中应遵循的一些学术界认同和共同遵守的观念道德和价值取向。

13.5.2 学术规范的主要内容

国家教育部于2004年8月发布了《高等学校哲学社会科学研究学术规范（试行）》（以下简称《规范》）。这是一部关于高等学校哲学社会科学研究工作者在学术活动中应当遵循的自律准则和规范的文件。其目的是：通过学者的自律和社会的监督，规范高等学校人文社会科学研究工作，加强学风建设和职业道德修养，保障学术自由，促进学术交流、学术积累与学术创新，进一步发展和繁荣高校人文社会科学研究事业。

《规范》对高校哲学社会科学研究的基本规范、学术引文规范、学术成果规范、学术评价规范和学术批评规范作了明确的规定。《规范》虽是针对哲学社会科学研究的，但就其制定规范的目的和内容而言，完全适用于自然科学研究，具有普适性。下面将主要条款列出：

（1）学术引文规范

• 引文应以原始文献和第一手资料为原则。凡引用他人观点、方案、资料、数据等，无论曾否发表，无论是纸质或电子版，均应详加注释。凡转引文献资料，应如实说明。

• 学术论著应合理使用引文。对已有学术成果的介绍、评论、引用和注释，应力求客观、公允、准确。伪注，伪造、篡改文献和数据等，均属学术不端行为。

（2）学术成果规范

• 不得以任何方式抄袭、剽窃或侵吞他人学术成果。

• 应注重学术质量，反对粗制滥造和低水平重复，避免片面追求数量的倾向。

• 应充分尊重和借鉴已有的学术成果，注重调查研究，在全面掌握相关研究资料和学术信息的基础上，精心设计研究方案，讲究科学方法。力求论证缜密，表达准确。

• 学术成果文本应规范使用中国语言文字、标点符号、数字及外国语言文字。

• 学术成果不应重复发表。另有约定再次发表时，应注明出处。

• 学术成果的署名应实事求是。署名者应对该项成果承担相应的学术责任、道义责任和法律责任。

• 凡接受合法资助的研究项目，其最终成果应与资助申请和立项通知相一致；若需修改，应事先与资助方协商，并征得其同意。

• 研究成果发表时，应以适当方式向提供过指导、建议、帮助或资助的个人或机构致谢

(3)学术评价规范

• 学术评价应坚持客观、公正、公开的原则。

• 学术评价应以学术价值或社会效益为基本标准。对基础研究成果的评价，应以学术积累和学术创新为主要尺度；对应用研究成果的评价，应注重其社会效益或经济效益。

• 学术评价机构应坚持程序公正、标准合理，采用同行专家评审制，实行回避制度、民主表决制度，建立结果公示和意见反馈机制。评审意见应措辞严谨、准确，慎用“原创”、“首创”、“首次”、“国内领先”、“国际领先”、“世界水平”、“填补重大空白”、“重大突破”等词语。评价机构和评审专家应对其评价意见负责，并对评议过程保密，对不当评价、虚假评价、泄密、披露不实信息或恶意中伤等造成的后果承担相应责任。

• 被评价者不得干扰评价过程。否则，应对其不正当行为引发的一切后果负责。

(4)学术批评规范

• 应大力倡导学术批评，积极推进不同学术观点之间的自由讨论、相互交流与学术争鸣。

• 学术批评应该以学术为中心，以文本为依据，以理服人。批评者应正当行使学术批评的权利，并承担相应的责任。被批评者有反批评的权利，但不得对批评者压制或报复。

主要参考文献

[1]马文峰.社科文献检索[M].第2版.北京:中国人民大学出版社,2000.

[2]马文峰.人文社会科学信息检索[M].北京:北京图书馆出版社,2004.

[3]章云兰,万跃华,舒炎祥.数字资源检索教程[M].北京:科学出版社,2006.

[4]Baeza - Yates R, Bibeiro - Neto B, et al.现代信息检索[M].王知津,贾福新,郑红军,等.译.北京:机械工业出版社,2005.

[5]陈雅芝,等.信息检索[M].北京:清华大学出版社,2006.

[6]刘振西,李润松,叶茜.实用信息检索技术概论[M].北京:清华大学出版社,2006.

[7]李晓明,闫宏飞,王继民.搜索引擎 - 原理、技术与系统[M].北京:科学出版社,2005.

[8]钟义信.信息科学原理[M].北京:北京邮电大学出版社,2002.

[9]冷伏海.信息组织概论[M].北京:科学出版社,2003.

[10]周宁.信息组织[M].武汉:武汉大学出版社,2001.

[11]戴维民.信息组织[M].北京:高等教育出版社,2004.

[12]马张华.信息组织[M].北京:清华大学出版社,2001.

[13]余君立,陈树年.文献分类学[M].武汉:武汉大学出版社,2001.

[14]叶继元.核心期刊概论[M].南京:南京大学出版社,1995.

[15]张琪玉.情报语言学基础(增订二版)[M].武汉:武汉大学出版社,1997

[16]国家技术监督局.GB13190—91.汉语叙词表编制规则[M].中国标准出版社,1991.

[17]《中国图书馆分类法》第六届编委会.第二版 修订说明[M]//国家图书馆《中国图书馆分类法》编辑委员会.《中国分类主题词表(第二版)》北京:北京图书馆出版社,2005:12 - 26.

[18]卜书庆,汪东波.网络时代的《中国分类主题词表》的发展与应用[J].图书情报工作,2005(7):25 - 28,75.

[19]卜书庆,贺庆玲.《中国分类主题词表》电子版研制概述[J].国家图书馆学刊,2006(2):10 - 14.

[20]韩秀华,王芳.论文献信息及其相关概念[J].江西图书馆学刊,2006(4):115 - 118.

[21]郭华.论重要的科技信息资源—会议文献[J].图书馆工作与研究,2006(1):25 - 27.

[22]崔晓文.国际会议产业概观[OL].(2006 - 01 - 26)[2007 - 08 - 31].http://www.istis.sh.cn/qbxh/xhtx/0601_13.htm.

[23]汪滨.全国标准文献信息资源建设的现状、差距及建议[J].中国标准化,2005(3):26 - 29.

[24]高一平,邹颖.标准文献的现状与发展趋势[J].企业标准化.2001(4):29 - 30.

[25]徐恩元,徐建华.文献老化理论研究[J].四川图书馆学报.2006(6):63 - 67.

[26]中国高等教育文献保障系统[OL].http://www.calis.edu.cn/calisnew/.

[27]中国科学院国家科学图书馆[OL].http://www.las.ac.cn/.

[28]国家科技图书文献中心[OL].http://www.nstl.gov.cn/index.html.

[29]中国高校人文社会科学文献中心[OL].http://www.cashl.edu.cn/search/default.asp.

[30]北京大学图书馆[OL].http://www.lib.pku.edu.cn/portal/index.jsp.

[31]清华大学图书馆[OL].http://www.lib.tsinghua.edu.cn/.

[32]武汉大学图书馆[OL].http://www.lib.whu.edu.cn/.

[33]浙江大学图书馆[OL].http://libweb.zju.edu.cn/newportal/.

[34]中国人民大学图书馆[OL].http://www.lib.ruc.edu.cn/.